意愿与现实

中国高等院校统一招生英语考试的反拨作用研究

亓鲁霞◎著　徐　良◎译

U0360122

上海交通大学出版社
SHANGHAI JIAO TONG UNIVERSITY PRESS

序

　　《意愿与现实:中国高等院校统一招生英语考试的反拨作用研究(英文版)》是广东外语外贸大学亓鲁霞教授基于她在香港城市大学的博士论文,在 2004 年修订并由外语教学与研究出版社出版的专著。

　　该书研究采用了肖哈密(Shohamy,2001)提出的以语言运用为导向的测试方式调查了全国高等院校统一招生英语考试的反拨作用。具体来说,该书研究的目的是为了确定考试是否实现其预期反拨效应,让高中英语教学的重心从重视语言知识转向重视语言运用能力。研究分析了可能决定考试能否实现其预期反拨效应的因子。研究还采用了混合研究方法,通过访谈、课堂观察和问卷方式收集了八位考试命题人员、六位英语教研员、338 位中学教师和 986 位中学生的数据。

　　研究结果表明:全国高考英语很大程度上没有实现预期的反拨效应,主要原因是考试的两个功能之间的冲突。第一个功能是选拔功能,第二个功能是通过考试给教学带来正面影响,后者是考试的反拨效应之所在。在给考试本身赋予高风险的同时又赋能考试推动教育改革,其结果是选拔功能约束了考试的设计和研发,阻碍了预期反拨功能的实现。此外,来自考试过程中的压力导致教学目的变成了获取高分而不是培养有效运用语言的能力。这些发现表明,高风险考试会导致应试教学,对于促进学习和培养相关的知识和能力也是一种无效手段。

　　研究显示,其他和考试产生互动并导致教学产生变化的因素包括教师自身的语言能力和学习精力,以及错误使用考试结果评价学校和教师的做法。

　　基于该书研究的结论和其他同类研究的结果,我们可以得出结论:能否通过考试来实现预期反拨效应很大程度上取决于考试本身的风险。低风险或高风险考试不会产生较大的预期反拨效应。那些可以成功实现预期反拨效应的考试往往是风险合适的考试,其风险足够高,能让用户关注考试本身,但没有高到牺牲教学来进行应试。

亓鲁霞教授是广东外语外贸大学教授、博士生导师,2003 年获香港城市大学语言测试博士学位,目前从事语言测试和阅读教学研究;主持过国家社科项目"全国基础教育阶段英语学习质量检测系统研究"以及考试科研课题,参与过国家社会科学人文科学"七五"规划重点项目;主要学术著作有《意愿与现实:中国高等院校统一招生英语考试的反拨作用研究(英文版)》(外语教学与研究出版社),主要论文有"Stakeholders' conflicting aims undermine the washback function of a high-stakes test"(*Language Testing*)、"Is testing an efficient agent for pedagogical change? Examining the intended washback of the writing task in a high-stakes English test in China"(*Assessment in Education*:*Principles*,*Policy & Practice*)、《背景知识与语言难度在英语阅读理解中的作用》(《外语教学与研究》)、《阅读速度决定于眼睛扫描的速度吗?》(《现代外语》)等;曾向教育部考试中心等部门提交多份外语考试改革的咨询报告,为广东省乃至全国的高考改革做出了贡献。

本书译者徐良是上海外国语大学英语语言文学专业语言测试方向在读博士生,上海市重点高中的英语老师,持有国家人社部颁发的中华人民共和国英语翻译专业资格(水平)证书(同声传译方向)以及世界翻译工作者联合会(FIT)口笔译工作证。徐良在语言测试研究方面有一定的学术积累和实操经验。他曾在专业学术刊物上发表与上海高考英语相关的研究论文。他的博士论文与本译作的主题相关,也是有关上海高考英语反拨作用的研究。

作为我国第一部高考英语反拨效应的研究专著,相信本译作的出版对考试命题人、语言测试方向的研究生和学术同行具有一定的参考价值。

邹 申

上海外国语大学教授,博士生导师

全国高等学校英语专业四、八级测试专家组组长

中国英汉语比较研究会语言测试与评价专业委员会副会长

致　谢

本书中的研究是本人在香港城市大学开展的博士论文。许多人都为这项研究和此书的完成做出了贡献。在此，我想衷心感谢这些人。

首先，我要感谢我的两位导师，艾伦·阿拉斯泰尔(Allan Alastair)博士和祝建华博士，感谢他们在我的研究前期和后期给予的建议和支持。同时要感谢指导小组的其他两位成员：马修·皮科克(Matthew Peacock)博士和凯恩·罗丝(Ken Rose)博士，他们都对我研究的进展提供了宝贵的建议。我还要感谢查尔斯·奥尔德森(Charles Alderson)教授、利兹·汉普-莱昂斯(Liz Hamp-Lyons)教授和练美儿博士，他们是我的博士口试考官，为本书的前期初稿提供了关键的和建设性的反馈。

同时我要感谢李筱菊教授，作为全国高考英语考试的命题人之一，她慷慨地与我分享信息。何舟博士与我花时间进行了有益的讨论。卡罗尔·麦克伦南(Carol MacLennan)博士提供了宝贵的建议和建设性的反馈。其他的同事和朋友也给予了帮助，包括欧阳护华博士、刘建达博士、欧爱华教授、罗德尼·琼斯(Rodney Jones)博士、贝蒂·李(Betty Li)博士、金建斌博士和查尔斯·曼(Charles Man)博士、吴旭东博士。

我非常感激参与研究的考试命题人、英语教研员、教师和学生奉献了他们的宝贵时间接受访谈、和我交流，并完成了问卷。有些老师也允许我坐在他们的教室里听课并做课堂观察。他们慷慨的帮助和合作对我完成研究做了很大的贡献。

我要感谢利铭泽黄瑶璧慈善基金授予我奖学金，促成了这项研究。香港城市大学不仅给予了我做研究的场所，还提供了良好的服务，尤其是图书馆服务。

我的家人非常善解人意，也很支持我。我的丈夫经常和我一起讨论研究，抽样翻阅我的手稿和编码,给了我实用的反馈,同时鼓励我坚持完成整个研究的过程。他在我求学期间承担了所有的家庭责任。我 99 岁的祖母、我年迈的母亲和十几岁的女儿在我研究期间无怨无悔地接受了我因求学而对他们的照顾不周。

没有上述这些人的指导、支持和帮助,我无法完成此研究报告,在此我对他们表达衷心的感激。

亓鲁霞

目　　录

图目录

表目录

第一章

引　言

　　反拨的问题，或语言测试对教与学的影响，在过去十年中一直是备受争议的话题。人们相信，所有测试，尤其是用于做出重要决定的公共测试，都会对学生、教师、家长、管理人员、教育督导和其他个人产生影响，尤其是对应试者产生影响（例如，Messick，1989，1996；Paris，1991）。语言测试也不例外（例如，Bachman & Palmer，1996；Davies，1977）。这些影响在语言教育中通常被称为"反拨效应"（例如，Alderson & Wall，1993），在通识教育中被称为"影响"（例如，Crooks，1988）。

　　反拨效应在语言测试中占据中心位置。一个测试可能昙花一现，主要是因为它的反拨效应是有害的，因此社会不接受它（例如，Shohamy，Donitsa-Schmidt & Ferman，1996：300）。公共考试经常被指责为教育中的低效甚至有害做法（例如，Bracey，1987；Frederiksen，1984；Stake，1991）。因此，我们经常建议测试设计人员对反拨效应给予充分的考虑，以使负面影响最小化、正面影响最大化（Alderson，1986；Bachman & Palmer，1996；Baker，1989；Cohen，1994；Davies，1990；Heaton，1988；Hughes，1989；Morrow，1986；Wall，1997，2000）。

　　尽管测试反拨效应或影响在教育界受到了很多关注，但对其性质的研究还不够充分（Alderson & Wall，1993；Bailey，1996；Cheng，1997；Hamp-Lyons，1997）。引用奥尔德森（Alderson）和沃尔（Wall）（1993：119）的话来说，"反拨效应的假设过于简单化，并且对人们如何受到影响做出了太多未经检验的假设"。我希望本研究能为上述情况的改善做出一些贡献。

　　因此，本研究的目的是了解中国普通高等学校招生全国统一考试（高考）英语测试(NMET)是否以及在多大程度上达到了预期的反拨效应,即为中国的英语教学(ELT)带来变革。为此,需要对学校的英语教学实践进行调查,并将其与高考英语测试设计者的意图进行比较,以揭示测试设计者的意图与课堂上实际发生的事情之间的关系。换言之,本研究关注的重点不是中国的英语教学改革,而是旨在揭示大规模测试在这项改革中的作用。英语教学改革超出了本研究的范围,因为改革涉及更大的社会、文化和教育变革,以促进其完成。

1.1 研究问题

中国高考英语测试与其他一些科目的考试一起,用于选拔全日制普通高中毕业生和具有同等学历的中华人民共和国公民进入普通高等学校学习。除了选拔性目的,该测试还用于实现一个附加功能,即为学校的英语教学带来可取的变化(《关于进一步深化普通高校招生考试制度改革的意见》,1999)。对测试的后一种功能的使用体现在考试命题人的观点中,他们认为英语的教授是服务于交流的目的,而不是作为语言知识的形式来教授(Li,1990)。因此,应该教学生如何通过各种活动来听和读以获得意义,以及如何以交际为目的进行说和写。这种观点与中国的英语语言教学实践背道而驰,后者重视语言知识的教学,即孤立的语法规则和单词在字典中的字面含义。改变这种做法是中国高考英语测试的目的之一。但是,这一目的在多大程度上得到了实现仍是未知数。本研究旨在通过将考试命题人预期的教与学方法与课堂实际的实践进行比较来探讨这个问题,希望有助于揭示测试对教与学的影响。如果发现学校的英语教学实践强调语言运用,这将作为实现考试预期反拨效应的证据。如果课堂教学尽管受到中国高考英语测试的影响,但仍然继续关注语言知识,这将被视为考试未能按照考试设计者的预期方式指导教学和学习。因此,本研究的目的是确定全国高考英语考试是否鼓励学校的英语教学从以前的关注于语言知识转向强调语言运用,并提供原因来解释观察到的转变或为何缺乏转变。

对阻碍或促进预期反拨效应的因素的探索被纳入研究的整个过程。研究人员不断地寻找信息来回答以下问题:①为什么考试设计者以他们的这种方式来设计和开发 NMET? ②为什么教师和学生会在课堂上和课后做他们所做的事情?

1.2　研究背景

1.2.1　中国教育体系

中国的教育体系提供九年义务教育——六年小学和三年初中(刘英杰, 1993),或五年小学和四年初中。在 20 世纪 90 年代,几乎所有的孩子都在六七岁时上小学。但在初中结束时,只有大约一半的学生能够在高中继续接受三年的正规教育,进入高中的学生大约只有一半能继续在大学学习四年。其余的要么进入就业市场,要么进入就业导向的学校,如技术学校和职业学校(Han,1997)。表 1 提供了有关中国不同层次教育系统升学率的更详细信息。

表 1 显示,中国已经形成了具有高度选拔性的教育体系,只有少数的学生处于教育阶梯的高端位置。以 1997 年为例,小学毕业生升学率为 93.7%,而初中毕业生升学率下降至 57.5%,高中毕业生升学率进一步下降至 45.1%。其他年份的升学率也是如此,只有 1999 年例外,这一年初中毕业生升学率急剧下降,而高中毕业生升学率有所上升。因此,尽管从 1987 年到 1999 年,各级教育的升学率都有明显的进步,但高等教育仅向一小部分中国人口提供(见表 1)[①]。

表 1　各级学校毕业生升学率

年份	学龄儿童净入学率(%)	小学毕业生升学率(%)	初中毕业生升学率(%)	高中学校毕业生升学率(%)
1987	97.1	69.1	39.1	25
1989	97.4	71.5	38.3	25
1992	97.2	79.7	43.4	33.4
1995	98.5	90.8	48.3	46
1997	98.9	93.7	57.5	45.1
1999	99.1	92.9	24.9	60.7

备注:数据来自人民教育出版社每年在北京出版的《中国教育统计年鉴》。

[①] 升学率不断提高,是因为在政府的普及教育政策下,许多大学和学院自 1999 年以来每年都增加了招生人数。

1.2.2 重点学校

在中国,各级学校和大学在人力和财力上都分为两类:重点学校和普通学校。20世纪50年代形成了重点学校建设制度。周恩来在第二届全国人民代表大会(1959年4月18日)的年度政府工作报告中说:"我国的教育事业的发展,必须采取普及和提高相结合的办法……应当首先集中较大力量办好一批重点学校……"(引自刘英杰,1993)。

重点学校享有一些特权。它们获得了更大份额的教育预算、更优秀的教师,以及被允许在普通学校之前招收学生。几乎所有的父母都想把孩子送到重点学校,大多数学生都想去其中一所。但是,由于重点学校数量有限,只有一小部分在各项竞争性考试中取得高分的学生能够进入重点学校。下面简单介绍一下广州市重点学校与普通学校的区别。

广州是华南地区最发达的沿海城市之一。2002年,它有121所提供高中课程的中学。其中,省市级重点学校6所,下级重点学校20余所,即8个区(现为11个区——译者注)各自有区域的重点学校。其余都是普通学校。让我们以排名前六的学校A和普通学校B为例,看看它们之间有何不同。

A学校位于市中心。仅2002年一年,这所学校就从政府获得了2 200万元拨款,这些财政资源使学校能够建造一座拥有60间教室的新教学楼,每间教室都配备了多媒体设施。

A学校为学生的入学设定了很高的学业标准,其毕业生被优秀大学录取继续深造的几率要大得多。2002年这所学校共有2 170名学生。他们在六个年级学习,从初一到初三和从高一到高三。由于中国所有初三的学生如果要继续读高中,都必须参加入学考试,因此学校往往有一批考试成绩最好的学生。1999年该校录取的276名高中学生在语文、英语、数学、物理、化学、政治、体育七门科目总分800分中至少得到738分。[①] 考试方案由广州市教育部门制定和管理,教育部门也负责确定各学校的录取分数线。当年A校的录取分数线为738分,在全市所有学校要求的分数中排名第三。三年后,276名学生中有212人在竞争激烈的全国高考中脱颖而出,被国内重点大学录取。55名学生进入了普通大学,2名进入了三年制大学。只有7名学生未能进入大学。

A学校的教师学历都不错。学校现有教职工196人,其中教师159人。教

---

① 英语、语文、数学各150分,物理、化学、政治各100分,体育50分。

师中硕士 3 人，学士 139 人，大专 16 人，高中毕业 1 人。A 学校还聘请了三名以英语为母语的教师教授英语口语。

A 学校的教师有机会接受在职培训。以一位英语教师为例，在过去的三年里，他以函授方式修读了华东师范大学的硕士课程。他获得了大约三个月的带薪学习假，以便去上海与导师会面讨论硕士论文，并参加毕业答辩。与此同时，作为在职培训的一部分，他还有机会去加拿大访学，并休了三个月的带薪假。

学校 A 的学术活动频繁。教师需要定期开展内部和外部公开课。内部公开课使校长等学校管理人员可以检查教师的工作，也让同事可以互相学习。外部公开课向公众开放。参加这些课程的人可能是希望为孩子选择学校的父母或希望学习如何更好地教学的其他学校的教师。当为后一种目的提供公开课时，它被称为示范课。在 A 学校，每位教师必须每年开展 3 次内部公开课，许多教师每年提供一次外部公开课。除了公开课外，A 学校还寻求与中国其他省市的中学进行学术交流，其中包括香港的两所中学。此外，它还与日本的一所中学建立了联系。

相比之下，同样位于市中心的普通学校 B 学校没有 A 学校享有的很多优势。其 2002 年的预算是 700 万，为 A 学校的三分之一。由于财力有限，学校只有一栋 30 间教室的旧楼，其中只有 8 间配备了多媒体设施。B 校没有学生宿舍，所有学生都来自附近的家庭。

2002 年，B 校在校生 1583 人。那一年的高三学生成绩不如 A 校的同龄人。在参加高考的 201 人中，没有一个分数高到可以进入重点大学。被普通大学录取的只有 19 人。97 人所获得的分数足以满足三年制大学的要求，其余的则未能进入大学。考虑到学生的中考成绩，这是可以理解的。1999 年，B 校的录取分数线为 652 分，远低于 A 校的 738 分。

B 校共有教职工 171 人，其中教师 120 人。具有硕士学位的教师有 1 人，具有学士学位的 82 人，具有大专文凭的 30 人，具有中专学历的 7 人。教师亦须在本校开展公开课，但目的主要是供教师内部学术交流及供上级视察。他们很少需要向其他学校的教师开放课程。这所学校的教师很少有在职培训。他们中的一些人已经在学校任教十多年，没有接受过任何形式的在职培训。此外，B 校从未聘请任何以英语为母语的教师在该校教授英语，近期也因预算不足而不会聘用。它与中国境内外的其他学校没有任何学术联系。

显然，A 校和 B 校在教师资格和培训、资金分配、招生质量、教学设施以及学生和家长的偏好方面存在很大差异。这些差异无疑给学校管理在教与学方向、高考成功率等方面带来了不同的压力。

1.2.3　课程大纲与教材

由于中国实行集中教育制度，中小学采用统一的课程设置和同一套教材。直到过去十年左右，在经济社会改革的推动下，地方教育部门才被赋予了按照集中课程编制或选择自己教科书的权力。在高中阶段，使用最广泛的教材仍然是全国统一的教材，涵盖了语文、数学、英语、历史、地理、政治、物理、化学、生物、体育、音乐、美术等学科。人民教育出版社课程教材研究所负责设计课程和编写出版教材。全国中小学教材审定委员会负责对教材进行审查和批准（刘英杰，1993）。

1993 年以前的英语课程在语言教学中整合了语法翻译和行为结构法。它的总体目标是让学习者掌握语法和词汇。语言的运用被认为是学习和掌握语言的语言系统后的自动结果（《全日制十年制中小学英语教学大纲》，1980）。与本课程配套的一套英语教科书是基于语法系统的。课文的编写或改编以涵盖基于拉丁语的规定性语法类别为目的。没有要求将听力、阅读、写作和口语作为交流技能（匿名，1981）。

1993 年，一种更注重交际的新英语课程被开发以取代旧课程（《全日制高级中学英语教学大纲》，1993）。其目的是帮助学生学习如何有效地用英语进行交流。伴随课程改革，由朗文公司与人民教育出版社联合编写的一套英文教材于同年在部分省市投入使用（Jacques & Liu，1994）。

这些教科书包含语言的一些主题和功能，以及练习听、读、说和写的活动。书中也有一些明确关注语言形式的练习，例如动词形式的填空。尽管在一些省市已经使用了近十年，但这些教材仍被中国许多教师称为"新英语教材"。

1.2.4　考试的作用

考试在中国教育体系中起着至关重要的作用。学生一开学就面临着无数的考试。最重要的两项考试是市级的高中入学考试和国家级的大学入学考试。后者测试的是国家课程规定的几个科目。根据申请的大学类型的要求，学生必须参加五或六门科目的考试。无论选择哪所大学，语文、数学和英语是所有考生的三门必修课。只有那些在这些标准参考考试中得分高的候选人才有机会进入大学。

高考的体系由教育部的直属部门教育部考试中心①设计开发，这个部门独立于课程设计的机构。系统中的每一项考试都有学科专业人员负责。他们的工作是临时聘请测试专家和经验丰富的教师编写每年的考试试题。

1.2.5 全国高考英语考试作为选拔工具

中国高考英语测试是 1985 年引入的标准化的常模参照测试，以替代旧的全国大学入学英语考试(Li，1990)。② 如上所述，它是高考体系中的三大核心测试之一。过去每年约有 300 万考生参加考试。2001 年，考生人数上升到 450 万(《高考试题分析》，2002)。与世界其他地方使用的测试类似(例如，Cooley，1991；Smith，1991b)，中国高考英语测试的结果被社会用来评估学校，同时，学校、家长和学生也可以根据这些测试结果评估教师。

中国社会高度重视高考。有许多案例表明了这一重要性。例如，据《羊城晚报》报道，在 1999 年 7 月 9 日的高考听力测试中，一些在广州某考点外等候的家长因为害怕交通噪声影响考试，把考场外的路都堵死了，公交车和小汽车只好绕行。据搜狐网报道，2000 年，中国北方城市长春也发生了类似的事件。此外，据新浪网报道，2001 年考试期间(6 月 7 日至 9 日)，河北省 12 万考生都穿着印有"高考"字样的 T 恤衫。任何穿着这种 T 恤的人都可以免费乘坐公共汽车，并在需要时获得帮助。这些 T 恤由当地政府提供，作为简化考试管理的一种手段。在北方城市沈阳，一家出租车公司的 2300 名出租车司机在考试期间为考生提供了免费服务。还是在长春，据搜狐网报道，在考试期间，有 24 个建筑工地因违反噪声控制规定而被罚款。据新浪网报道，山东省教育厅、公安厅、卫生厅等五部门联合通知各有关部门，要千方百计保障高考工作顺利进行。

上述案例表明，包括英语考试在内的高考在中国社会中占有举足轻重的地位。毫无疑问，它们可以被视为高风险测试，是一种对教学和学习产生深远影响的测试类型(Madaus，1988)。

1.2.6 全国高考英语考试作为变革推动者

由于高考在中国教育体系中的重要作用和在社会中的突出地位，它被赋予了推动中国中学教育改革的使命。政策制定者，即教育部官员，要求高考对中学

---

① 2022 年更名为教育部教育考试院。——译者注
② 考试改革先于课程和教科书的变化，主要是因为两个机构(一个负责考试，一个负责课程和教材)相互独立，尽管它们都在教育部却很少合作。

的教学和学习产生有益的影响(《关于进一步深化普通高校招生考试制度改革的意见》,1999)。全国高考英语考试的设计者表示,他们希望测试产生的有益反拨效应在中学英语教学实践中实现"从正式的语言知识转向语言的实践和使用"(Li,1990:402)。从本质上讲,变革的最终目标是用国际通行的交际方式取代中国英语教学实践中确立已久的传统方式。

值得注意的是,预期的中国英语教学实践被表述为"语言运用"而不是"交际教学方法"。这是因为全国高考英语考试设计者们深知改革中的困难,他们所期待的只是向交际教学模式迈出一小步,而不是仅仅通过考试就能带来根本性的改变(李筱菊,1999)。

从语言形式到语言运用的转变被认为是必要的,因为测试设计者认为中国传统的英语教学实践方法是无效的(桂诗春、李筱菊、李葳,1988;李筱菊,1988;李筱菊、桂诗春、李葳,1990)。它的特点是专注于强化学习,专注于测试语法结构,对词汇死记硬背,以及缺乏对更多交际技巧的关注(Harvey,1990)。第四章更详细地描述了测试设计者对当时英语教学状况的看法(有关中国英语教学历史的更多信息,请参见 Cortazzi & Jin,1996;Dzau,1990;Heidi,1993)。在这里我只想说,在这种看法的推动下,人们尝试以全国高考英语考试作为变革推动者来改革学校的英语教学实践。

这项改革只是邓小平在 20 世纪 80 年代后期在中国领导发起的旨在将中国建设成为具有中国特色的社会主义现代化国家的更广泛的全国性改革的一小部分,该改革涵盖了教育、经济和技术等多个领域。随着改革在 20 世纪 90 年代初出现成效,我国对精通英语以掌握西方先进技术的人才的需求急剧增加。使用像中国高等院校统一招生考试这样的高风险测试来激励和加强英语教学实践变革以提高教学和学习的效率似乎符合国家的改革运动,也是适当和及时的。

然而,由高风险考试驱动的教育改革,可以想象其特点是自上而下的方法和过度控制。由于涉及的变化过程可能复杂得难以控制,且在许多情况下"不可知",它可能最终以失败告终(Fullan,1993)。一个例子是使用高风险的英语考试来改变斯里兰卡集中教育系统中的英语教学实践。沃尔(Wall,1996)证明,这种改革通常不如测试设计者希望的那样有效。

上述研究从社会和微观政治的角度审视了中国的英语教学改革,并得出了对整体英语教学改革特别是教师培训计划具有重要意义的研究结果。鉴于调查的重点不同,研究结果对阐明中国高考英语测试在中国更大规模的英语教学实践改革中的作用没有太大帮助。将全国高考英语考试作为变革推动者的研究不仅会加深我们对高风险测试的预期反拨效果的理解，而且还会增加我们对当今中国更广泛的英语教学改革的了解。

1.3 研究意义

很遗憾的是，尽管全国高考英语考试宣称其目的是促进教学法的变化，除了1987年进行的问卷调查（引自 Li，1990）之外，对其对教与学的反拨效应尚未有过系统的调查（《关于进一步深化普通高校招生考试制度改革的意见》，1999）。因此，本研究对中国的教育体系尤其具有现实意义。它将为考试命题人和决策者提供反馈，说明测试在实现其目标方面的成功或不成功以及成功或失败背后的原因。[①]

此外，该研究将提供新的实证证据，有助于加深我们对反拨现象的性质和机制的理解。关于与测试相互作用以影响课堂教学的因素的调查结果将为该问题提供新的视角，并有助于相关文献的扩充。迄今为止，现有文献无法解释为什么有些情况下会出现一些预期的反拨效应而其他情况下却没有。

1.4 测试效果有关的术语定义

在文献中可以找到许多与测试[②]效果相关的术语。这些术语在下面列出，它们的定义需要澄清。

（1）"反拨效应"（washback）是专门创造的，特指的是测试对教学的影响（Alderson & Wall，1993；Bailey，1996），没有字典支持（Spolsky，1994：55）。

（2）"washback"的同义词是"backwash"（Hughes，1989）。与"washback"不同，"backwash"出现在多个词典中（例如，Sinclair 等人，1987；Fowler & Fowler，1976）。它的一个含义是"一种意想不到的、通常不受欢迎的、次要的结果或反应"（Spolsky，1994：55）。这个词的贬义含义导致斯波尔斯基说："严格来说，当考试的首要目的是控制课程时，这个词最好只用于考试的意外副作用，而不是预期的那些效果。"（Spolsky，1994：55）

（3）"影响"也用于表示测试和教学之间的关系。它有时可与"反拨效应"互

---

① 研究结果的报告将被撰写并提交给教育部的政策制定者，其中将包括评估和教学改革的详细建议。

② 本书中，术语"测试"（test）与"考试"（examination）和"评估"（assessment）互换使用。

换使用,但通常会在两者之间进行区分。"反拨效应""经常用于指代测试对教学和学习的影响",而"'影响'指测试可能对个人、政策或实践、课堂、学校、教育系统或整个社会的影响"(Wall,1997:291)。

(4)通识教育中还创设了其他术语。它们是"课程一致性"(Madaus,1988)、"系统效度"(Frederiksen & Collins,1989)和"构念效度的后果等方面"(Linn,1998;Messick,1989,1996)。在本书中,我遵循沃尔(Wall,1997)提出的区分概念,采用了术语"反拨效应"和"影响"。

(5)"预期反拨效应"是本研究的重点,目前作者在操作上将其定义为测试命题人喜欢并试图通过相关测试引入课堂的教学方法。这种方法涉及测试影响的教学内容、教学方法和学习活动,首先存在于测试设计者的脑海中(如果他或她希望测试带来一定的效果),然后会在某种程度上找到它在测试和相关文件中的测试描述中的表现方式(这里的相关文件指支持这种方法的测试大纲和论文等)。

1.5 组织结构

本书共分七章。第一章提供了研究的目的和背景。

第二章是文献综述,目的是了解反拨的概念在文献中是如何被描述的,以及在这个问题上有哪些过往研究。相关文献的综述和回顾涉及通识教育和语言教育的相关文献。

第三章描述了研究设计,包括概念背景、研究问题和采用的混合研究方法,并详细说明了参与者、工具、数据收集程序和数据分析。

第四章讨论了当今的中学高三年级的英语教学实践和全国高考英语命题人预期反拨效应的相关性的研究结果。两者的比较显示出它们之间的巨大差异。

第五章介绍了有关全国高考英语考试中书面表达任务的预期反拨效应的发现。该任务具有一些交际特征,体现了考试命题人为实现预期的反拨效果而采取的措施。然而,这些特点却被许多教师和学习者所忽视。

第六章探讨了为什么全国高考英语考试在很大程度上未能按照其命题人所期望的方式影响教学。确定的主要原因是测试的主要选拔功能与其诱导教学变化的次要功能之间的内部冲突。研究还发现了其他原因,例如将测试结果滥用于不相关的评估目的。

第七章讨论了研究结果,然后是对反拨效应理论的重新定义和对全国高考英语改革带来的启示的总结。

第二章

文献综述

本章中回顾了相关文献，以了解是什么让测试变得强大，评估和测试在教育改革中的作用，反拨/影响现象在通识教育和语言教育中是如何被定义的，过往有哪些针对反拨效应的实证研究，以及它们的发现是什么。然后，对研究中采用的方式和方法进行了评论，以确定需要对反拨现象进行进一步研究的领域。最后，给出了文献综述后的总结。

2.1 测试的赋权：反拨效应的起源

在学校，通常会组织测试以衡量学习成果或诊断问题。在教育系统或更大范围内，测试还常被用于其他目的。当它们被用于多种目的时，测试和考试变得强大和有影响力。

在 19 世纪的英国，学校和教师的有效性是通过测试和考试来衡量的（Eckstein & Noah，1993）。在当今的以色列，阅读理解测试的结果被用于对人口进行量化、分类、判断、缩放和标准化群体（Shohamy，1994）。在美国，有关未来教学计划资助的决定是根据测试和考试做出的（Frederiksen，1984）。这些不同的用途赋予了测试和考试权力。

为测试和考试赋予更强大权力的一个特殊功能是，测试结果被用于为各种目的选拔人员。在中国古代，皇帝用考试来选拔"公务员"（郭齐家，1997）。在现代中国，政府也会组织考试。这种做法不仅限于中国。在 18 至 19 世纪，日本、英国和法国组织了招聘政府官员和私人招聘人员的测试（Eckstein & Noah，1993）。无论是历史上还是现在，在中国、日本、德国、英国、澳大利亚、肯尼亚、苏联和其他国家都使用考试来选拔学生进入教育阶梯上更高的学校(Eckstein & Noah，1993；Heyneman，1987；Mathews，1985；Oliver，1961)。

使用考试和测试来决定进入各种公务员队伍和教育机构的人选的一个重要原因是，这种做法被认为在限制赞助、徇私和腐败以及确保平等和公平方面是有效的(Eckstein & Noah，1993；Heyneman，1987；Mathews，1985；Morris，1961)。人们认为，一个国家从最聪明的公民中选出的技术和行政精英可以对其经济表现产生重要影响(Heyneman，1987)。这种方法对发展中国家尤其重要，因为它符合评估系统所根植于的教育系统的情况。根据比格斯(Biggs，1996)的说法，学校有两个功能要执行。一是为了选拔而区分学生，二是通过教育改变学生。在国家治理和行政管理需要受过教育的中产阶级而大多数人的工作不需要更高水平的教育的情况下，学校的选拔功能至关重要。在许多发展中国家都是如此(Heyneman，1987)。

马道斯(Madaus，1991，引自 Shohamy，1994：58)正确地指出，测试代表了一种深深植根于教育、政府和商业的社会技术，因此它们提供了执行权力和控制的机制。反拨效应或影响的产生是由于测试的多种用途赋予了测试权力。因此，特定考试的影响程度取决于它给个人、教育系统和社会带来的后果，因此考试可以分为高风险考试和低风险考试。引用马道斯(Madaus，1988)的话：

> 高风险测试是指那些结果被学生、教师、管理人员、家长或公众正确或错误地视为被用来做出立即直接影响他们的重要决定的测试……例如与诸如以下重要决定相关的测试：(a)学生的毕业、升学或就业安排；(b)对教师或管理人员的评价或奖励；(c)针对学校或学区的资源分配；(d)学校或学校系统认证……与高风险测试相比，低风险测试被认为没有与测试表现直接相关的重要奖励或制裁。

2.2 高风险测试在教育改革中的作用

在赋予测试的众多用途中，使用测试来控制课程并改进学校的教与学有着悠久的历史。在 18 世纪的法国和 19 世纪的英国，考试被用来控制教学和协调不同学校的课程(Eckstein & Noah，1993；Spolsky，1994)。在过去的 50 年中，美国发生了五次教育改革浪潮，其中高风险的考试发挥了关键作用(Linn，2000)。在肯尼亚等一些发展中国家，考试被用来改进课堂教学法(Heyneman，

1987)。在中国香港也观察到了同样的现象，被描述为"评估的尾巴摇着教育的狗"(Biggs，1992：11)。

旨在控制和指导教学的测试必须具有两个特征。首先，它们是高风险的测试，强大到足以引起教育系统各方面(如管理人员、教师和学生)的反应。其次，它们被设计为教学和学习的适当模型，从而可以实现预期的反拨效应。在下文中，将详细讨论这两个特征。

2.2.1　测试作为行动的促进动力

用于激发教育变革的考试的第一个特点是考试附带的风险很高。如前所述，"高风险"一词是指测试结果被用于做出重要决定或往往会给考生和其他测试利益相关者带来严重后果。当被引入教育领域时，高风险的测试必然会引起受影响者的反应。一个典型的例子是 20 世纪 70 年代和 20 世纪 80 年代美国的问责运动。国家规定的中小学生成绩测试用于评估所有 50 个州的教师和学校(Linn，2000；Nolen，Haladyna & Haas，1992)。因此，教学针对这些测试评估的目标和内容开展，被广泛称为"应试教学"(Bracey，1987；Mehrens & Kaminski，1989)。这些标准化成就测试的分数在制度实施后的最初几年有所提高(Linn，2000)。分数的进步如此之大，以至于导致了沃比根湖效应，即大多数地区都报告说他们的学生得分高于国家标准(Cannell，1987)。

这一结果一点也不奇怪，正如波帕姆(Popham，1987：680)所说，"无论是关心自己的自尊心还是学生的幸福感，教师显然都希望学生在这样的测试中表现出色。因此，教师倾向于将大部分教学活动集中在此类测试评估的知识和技能上。"随着分数的提高，老师们的努力得到了回报。那么问题是：更高的分数是否反映了学生对这些标准化考试所评估的知识和技能的掌握程度同时提高？一些人表示怀疑(Madaus，1988；Nolen 等人，1992；Smith & Rottenberg，1991)。

据我所知，几乎没有实证证据来消除通识教育和语言教育中的此类疑问。即便如此，有一件事是肯定的：当高风险与考试挂钩时，它会引起教学反响。换句话说，高风险的考试是对应试教学的强大推动力。这一事实能否实现预期反拨效应的关键在于"应试教学"是否会带来理想的教学内容和方法，以及考试命题人是否应该致力于为教师和学习者提供可效仿的模型。

2.2.2　测试作为教学模型

在教育改革中发挥关键作用的测试的第二个特点是，它的设计方式应使其可以作为教与学的模型。在我看来,根据它对教学活动的适应程度,一个测试可以分为微调模型或粗调模型。

2.2.2.1　微调模型

微调模型是指那些项目和任务可以直接用于教学和学习的测试。梅西克(Messick,1996:41)提出,"理想情况下,从学习练习到测试练习的转变应该是无缝的。因此,为了获得最佳的正反馈,学习语言的活动和准备考试的活动之间应该几乎没有差异"。科恩(Cohen)以派普(Pipe)提出的标准参照教学(CRI)为例(1974,引自Cohen,1987),讨论了教学对齐的有效性:

> CRI提出了在教学过程和最终评估中要完成的相同任务,这是确保所教内容、测量内容和预期学习内容之间精确匹配的理想方法。这是效果接近完美的学习……(第16页)

因此,一个经过微调的模型要求测试内容和形式与教学内容和学习活动保持一致。从逻辑上讲,这种类型的测试有可能以测试开发人员期望的方式来塑造教学和学习的方式。

然而,将测试与教学相结合的倡导者往往忘记了两者之间的本质区别。教学是学校的例行日常实践,而测试只是偶尔进行,并且基于对学生表现的抽样,为要测试的知识或能力提供证据。为了使测试成为一种微调的教学模型,它应该广泛地采样它声称要测试的知识和技能。此外,它的测试形式也应该被设计成包含尽可能多的任务,这些任务可以直接转移到课堂教学和学习中。换句话说,为了成为一个微调的教学模型,测试首先需要模仿好的教学。这种评估系统的实用性令人怀疑。这就是为什么对此类测试的讨论通常与"理想"一词相关联(Messick,1996;Pearson,1988),正如皮尔逊(Pearson,1988)所说:

> 理想很明确:好的测试将鼓励使用有益的教学过程,并且或多或少可以直接用作教学活动。同样,好的教学任务或多或少可以直接用于测试目的,即使现实或财政状况限制了可能性。(第107页)

显然,皮尔逊赞成将测试等同于教学,尽管他敏锐地意识到实际的限制。由于这些限制,微调模型通常过于理想,以至于并不现实。妥协是一种出路,这导致了粗略调整模型的观点出现。

2.2.2.2　粗调模型

一些教育家提出了一种通过测试进行教学和学习的粗略调整模型。如果不能直接适用于教与学，则应抽取理想的教与学目标，采用直接的考试形式，为教学改革提供方向。参照标准的表现性测试被认为是用于此目的的良好模型（Akoha，1991；Bailey，1996；Davies，1968；Frederiksen & Collins，1989）。

波帕姆（Popham，1987）是测量驱动教学（MDI）最热情的拥护者之一，他提倡这种模型，认为测量驱动教学计划中使用的测试应该是标准参照的，具有可辩护的内容和可管理的目标数量，并且应该以鼓励教师设计有效的教学顺序的方式设置。他声称（Popham，1987：679）："如果构思和实施得当，以测量为导向的教学目前是提高美国公共教育质量的最具成本效益的方式。"休斯（Hughes，1988）也赞同标准参考测试，因为"当测试是标准参照并直接基于学生的语言需求时，为测试而教学就变成了朝着课程的正确目标进行的教学"（第145页）。

微调模型和粗调模型之间的区别只是程度问题。目前似乎不存在微调模型。为教学提供粗略调整模型的测试已在许多国家实施，例如斯里兰卡（Pearson，1988；Wall & Alderson，1993）、以色列（Razel，1991；Shohamy，1993）[①]、中国（Li，1990；Cheng，1997）。

尽管当有意使用测试来促进教育改革时，评估的目标之一是有益的反拨效应，但非预期的和不想要的影响仍然会发生或被认为是由此类测试产生的。事实上，对使用高风险的考试和评估来进行教育改革的批评并不少。

2.2.3　对高风险测试的批评

许多研究人员已经记录了高风险测试对教学和学习的负面影响（Nolen等，1992；Paris，1991；Smith，1991a，1991b）。布雷西（Bracey，1987）是对测试驱动教学最严厉的批评者之一，他声称测试驱动的教学总是使课程、教学和学习变得支离破碎、狭隘、偏离重点和琐碎化。他特别批评了大多数旨在推动教学的测量程序中采用的选择题测试形式。这是因为"当测试项目集中在一个正确答案的回忆上时，很难将科学呈现为一个像侦探故事那样的、持续的发现过程"（Bracey，1987：686）。

----

① 肖哈密（Shohamy，1993）所描述的英语口语测试如果只考虑测试的内容和形式，可以被认为是一种微调的教学模式。它的角色扮演、讨论等任务可以直接应用于课堂教学。但是，我认为它仍然是一个粗略调整的模式，因为它是标准化考试，任务年复一年保持稳定，这意味着它没有使用其他类型的演讲活动，如辩论、访谈、演讲等。换句话说，该测试的抽样范围不够广泛，无法作为微调的教学模式。

测试驱动教学的另一个主要批评者是马道斯，他指出，高风险的考试将课程的控制权转移给了设置或控制考试的机构，并不可避免地导致了应试教学。从长远来看，这种做法会缩小课程范围并提高考试成绩，但不一定会提高被测试的技能（Madaus，1988）。

显然，使用测试及其实际应用来促进教育改革的建议已成为教育中的普遍做法。对这种做法的尖锐批评同样普遍。持续的辩论和争议使我们更加意识到反拨（或影响）在教育中的重要性以及回顾文献以确定教育测量领域的研究人员和专家如何概念化反拨问题的重要性。

2.3　反拨效应/影响的概念化

2.3.1　关于反拨效应/影响作为效度的一个方面的争论

在教育测量领域，关于如何将反拨效应和影响概念化的争论一直在进行。一些测量专家认为，反拨效应和影响应该纳入效度的概念，而其他人则认为不应该。支持前一立场的人包括梅西克（Messick，1989，1996）。他认为，构念效度是一个统一的概念，包含六个不同的方面：内容、实质性、结构、概括性、外部和结果方面。反拨是效度的结果方面的一个实例，它"包括评估分数解释和长短期使用的预期和非预期后果的证据和理由，特别是那些与评分和解释中的偏见相关的，与测试使用中的不公平有关系的，以及对教学和学习产生积极或消极的反拨效应的后果"（Messick，1996：251）。

弗雷泽里克森和柯林斯（Frederiksen & Collins，1989）、林恩（Linn，1997）、莫罗（Morrow，1986）、谢泼德（Shepard，1997）等人也持有类似的观点。例如，弗雷泽里克森和柯林斯（1989）声称测试不是系统性有效的，除非它引起教育系统的课程和教学变化，并促进测试旨在衡量的认知特征的发展。在效度框架中包括反拨效应和影响的一个主要原因似乎是这种现象可以在教育测量中获得合法的位置，以便对其给予足够的重视。正如林恩（1997：16）所说，"鼓励充分考虑测试使用的主要预期积极影响和可能的意外消极影响的最佳方式是将评估这些影响作为测试验证的核心方面。"

相反，一些专家持有不同的观点。奥尔德森和沃尔（Alderson & Wall，1993：116）认为"反拨效应"可能是一种复杂的现象，不能直接与测试的效度相关。奥尔德森（2002）进一步证明了他的论点，指出许多后果可能是由滥用测试引起的,这超出了考试命题人的控制范围,因此不应该是他们的责任。戴维斯(Davis,1997:335)同意奥尔德森的观点,从他的论述中可以看出:"充分考虑后效效度的提议不现实。我坚持认为,作为专业人士的测试设计人员不可能考虑所有可能的社会后果。"另一种反对将影响/反拨效应作为构念效度的一个方面的意见认为,它会给效度的概念带来不必要的混淆(Popham,1997;Mehrense等人,引自Shepard,1997;Wiley,1991)。尽管存在不同的观点,但对于调查测试的效果和后果的必要性似乎没有任何争议(Linn,1997;Messick,1989;Popham,1997;Yen,1998)。

然而,正在进行的辩论对测试命题人有一些重要的影响。如果将测试的效度扩展到包含社会影响,则测试命题人应负责评估测试对社会或教育系统的影响。如果他们不承担责任,考虑到测试后果的中心地位,其他人必须承担责任。莫斯(Moss,1998)建议那些授权、开发和使用测试的人应该尝试开发做法和产品,以增强测试的积极影响,同时防范消极影响。汉普-莱昂斯(Hamp-Lyons,1997)从伦理的角度看待这个问题,认为语言测试者必须为他们知道的所有后果承担责任。

尽管现有观点强烈认为有必要根据预期和非预期影响来评估测试,但几乎没有提出任何建议,也没有提出如何最好地评估或研究测试的模式。成熟的测试验证程序,例如多特征-多方法矩阵(Bachman,1990)不适合研究测试效度的后果(如果这样定义),因为测试的后果本质上与测试的构念不同。鉴于在测试理论中反拨和影响的地位存在争议,并且缺乏一致和可靠的方法来研究它们,因此必须寻找一种新的方法来摆脱这种不理想的情况。

2.3.2 以使用为导向的测试和反拨效应

一些专家已经提出了关于如何最好地概念化反拨效应的建议。肖哈密(Shohamy,1993)赞成将效度概念扩大到包括语言运用和反拨效应。她(2001)更进一步地提出以使用为导向的测试,其中,包括反拨效应在内的测试效果占据中心位置。

以使用为导向的测试与传统测试形成了对比。根据肖哈密(2001)的说法,传统测试是一个具有精确边界和标准的科学领域,侧重于测试质量的信度和效度。它通常忽略了引入测试的意图和理由,以及测试对考生、教师、其他测试用户和整个社会的影响。相比之下,"'以使用为导向的'测试将测试视为根植于教育、社会和政治环境中的一部分"(Shohamy,2001:4)。它解决了与考试相关的广泛问题，例如考试的基本原理，考试对考生、教育和社会的影响，以及考试的道德和公平性。意图和效果被特别挑出来作为测试使用研究的焦点。意图分为公开意图和隐蔽意图。"公开意图是指通常向公众公开的意图，通过引入测试的机构发布的正式文件公开……隐蔽意图是指公众不知道的意图，是只能从其他来源进行推测和推断的意图"(Shohamy，2001：45)。

意图进一步区分为有意的和无意的。引用肖哈密(Shohamy，2001：46)的话来说，"关于意图的另一个区分指标是有意的还是无意的。虽然引入测试的机构可能有特定的意图(无论是公开的还是隐蔽的)，但测试的结果可能会出现意想不到的结果，即使这些结果本不该发生。"

影响的范围包括"与测试结果相关的行为变化的现象"(Shohamy，2001：46)。效果是一个综合性的术语，用于涵盖反拨、影响和后果。测试效果可以是教育性的或社会性的。考试在课程、教学方法、学习策略、材料开发、评估实践等方面带来的变化就是教育效果的例子。社会影响是指对意识形态、伦理道德等社会方面的影响。此外，就其性质而言，效果可能是好的，也可能是坏的。

在我看来，这种以使用为导向的测试方法对扩大专业范围并加强其与社会的联系有很大帮助。它要求政策制定者和测试生产机构对其产品承担更多责任。这意味着当测试已经制作和实施，分数已经计算并报告给相关方，并且已通过判断和统计程序确定效度和信度时，测试工作依然没有结束。关于如何解释和使用分数，以及它们如何影响个人、相关教育系统和社会，还需要做更多的工作。从这个角度进行的研究应该能够告知政策制定者和测试研发机构他们的测试和滥用测试分数的后果(如果有的话)。他们还应该能够告知考生、教师和其他利益相关者考试的目的、考试背后的理据以及如何使用考试。与只强调测试的技术方面的传统方法不同，以使用为导向的方法似乎更人性化，有利于促进更好地为使用测试的教育系统和社会服务的测量实践。

但是，这种方法的某些要点没有被明确定义。例如，有意和无意的意图之间的区别似乎模糊且缺乏逻辑(Shohamy，2001：46)。《韦氏新世界词典》(Guralnik，1968)将"意图"定义为将某事作为目的或计划的行为或事实。因此，意图不能是无意的。这种区别用在效果上更好。事实上，包括肖哈密本人在内的一些研究人员对预期效果和副作用或非预期效果进行了区分(例如 Spolsky，1994；Messick，1996；Shohamy，2001)。

另一个没有充分阐述的观点是两个关键研究领域之间的联系，即意图和效果。肖哈密提到了这种联系(Shohamy，2001：45)，但尽管她和她的同事在他们的反拨研究中研究了这两个领域,其对这两个领域的探讨就好像它们可以相互独立地研究(参见 Shohamy,2001:50-74)。在我看来,如果要在测试与教育或社会中的某些实践之间建立因果关系,就需要强调意图和效果之间的联系。如果以某些意图作为目标或目标之一引入测试,则必须研究测试如何达到预期效果。

尽管存在上述问题,但使用导向的测试方法提供了一个新的视角,可以从中研究测试的用途。与其他反拨和影响的研究方法相比,这种方法使我们能够更好地看待意图和效果之间的关系,尤其是在语言教育中。下面对其中的一些进行介绍,以加深我们对反拨效应问题的理解。

2.3.3 反拨效应的范围、模式和机制

在语言教育中,大多数专家从其范围、机制以及教育系统受语言测试影响的方面来讨论反拨效应。

巴赫曼和帕尔默(Bachman & Palmer,1996:30)绘制了下图来说明影响的范围。

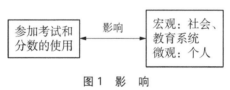

图 1 影 响

从图 1 可以看出,影响在两个层面发挥作用:宏观层面(社会和教育系统)和微观层面(个人)。巴赫曼和帕尔默所说的个人是指所有直接或间接受到考试影响的人,例如考生、决策者以及考生未来的同事或雇主。指向左侧方框的箭头表明,考试成绩所承载的价值观和目标根植于使用成绩的相关社会和教育体系(Bachman & Palmer,1996:30)。上图给出了影响的一般概念。尽管图中未显示反拨效应,但最好将其归入影响范围内(Bachman & Palmer,1996:30)。

休斯的三分法的观点可以被视为巴赫曼和帕尔默概念化教育系统的有用说明。休斯(Hughes,1993,引自 Bailey,1996:262)讨论了反拨效应的机制,并提出了参与者、过程和产品的三分法。在参与者中,他指的是学生、课堂教师、管理人员、材料开发人员、出版商等。过程包括材料开发、教学大纲设计、教学方法的变化、学习和/或考试策略的使用等。产品涉及所学的知识,例如事实和技能。休斯认为可以在三分法的基础上构建反拨的基本模型。

奥尔德森和沃尔(Alderson & Wall，1993)制定了 15 个反拨效应假设来界定可能受到影响的教学和学习的不同方面。这些假设可以分为以下几类：

一、对教学的反拨①

（1）考试会影响教学。

（3）考试会影响教师的教学内容。

（4）考试会影响教师的教学方式。

（7）考试会影响教学的速度和顺序。

（9）考试会影响教学的程度和深度。

（11）考试会影响对教学和学习的内容、方法等的态度。

二、对学习的反拨

（2）考试会影响学习。

（5）考试会影响学习者的学习内容。

（6）考试会影响学习者的学习方式。

（8）考试会影响学习的速度和顺序。

（10）考试会影响学习的程度和深度。

（11）考试会影响对教学和学习的内容、方法等的态度。

三、反拨的强度

（12）有重要后果的考试会产生反拨。

（13）没有重要后果的考试不会有反拨。

（14）考试将对所有学习者和教师产生反拨作用。

（15）考试会对一些学习者和一些教师产生反拨作用，但对另一些则没有。

第一组关注教学，包括内容、方法和态度等方面。第二组涉及学习方面：态度、内容、策略、程度和深度。第三组中的四个假设涉及反拨效应的强度，这随测试的重要性和个体特征而变化。这些假设与休斯的三分法的共同点是它们也区分了参与者和过程。假设 1 到 10 指的是过程，而假设 11、14 和 15 涉及参与者。休斯三分法与奥尔德森-沃尔假说的区别在于，前者更关注受测试影响的整个教育系统的范围和模式，而后者更关注对教与学的影响。

奥尔德森和汉普-莱昂斯(Alderson & Hamp-Lyons，1996)扩展了这 15 个有关反拨的假设，在其中增加了一个假设，即"测试对一些教师和学习者的反拨的强度和类型与对其他教师和学习者的不同"。他们认为，反拨的强度和类型根

---

① 括号中的数字表示假设的原始顺序。分组旨在帮助阅读当前的讨论。每组的标题由本书的作者添加。

据考试的状态(风险的水平)、考试与当前实践背道而驰的程度、教师和教科书作者对备考的适当方法的思考程度,以及教师和教科书作者愿意和能够创新的程度而有所不同。

　　然而,反拨效应的假设中缺少的是反拨渠道的指标,即测试是否直接或间接影响教与学的各个方面。如果这些假设彼此分开,则可以假定个人和过程直接受到测试的影响。但事实上,影响可能是间接的,这意味着它来自其他个人、过程或产品。例如,学生对学习内容的理解可能不仅受到考试内容的影响,还受到商业备考材料和教师对考试的理解的影响。贝利的反拨模型捕捉到了这一特征。贝利(Bailey,1996:264)基于休斯的三分法和奥尔德森和沃尔的假设,提出了反拨的基本模型(见图2)。

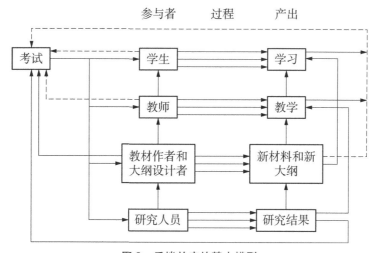

图2　反拨效应的基本模型

　　模型中的箭头表明测试的影响可能并不总是直接的。通过跟随箭头,我们可以追踪反拨的多重路径。例如,对学习的影响可以追溯到测试以及模型的所有其他组成部分。带虚线的箭头表示测试可能会或可能不会受到三分法中不同元素的影响。

　　贝利模型的另一个特点是使用不同的符号来表示不同的组成。参与者和产品放在盒子里,而过程用箭头表示。贝利(Bailey,1996)没有解释她为什么这样做,而是列出了学生可能参与的十种过程(第264-265页)。

　　总而言之,上述的假设和模型对影响或反拨的模式和范围的概念和定义做出了贡献。巴赫曼和帕尔默的图设定了影响的场景。休斯的三分法和贝利的反拨模型①详细说明了场景中对教育系统的影响的范围和模式。奥尔德森和沃尔的反拨假设可以被视为根植于这个模型,但它们在一定程度上阐明了测试对教学和学习的影响的复杂性。尽管这些框架很有用,但它们并不特别适合旨在探索语言测试预期效果的研究,因为它们不包括预期反拨的概念。

2.4 测试影响或反拨效应的实证研究

过往已有一些对测试影响或反拨效应的实证研究。本章回顾的研究的一个共同点是,它们都采用问题驱动的方法,缺乏理论化。本节首先回顾六项通识教育研究,然后讨论语言教育方面的实证研究。

2.4.1 通识教育

此处回顾的六项研究首先汇总在表 2 中(参见下页),以方便参考。需要指出的是,研究中涉及的所有测试都是用于评估教师和学校的高风险测试,唯一的例外是凯拉吉汉(Kellaghan)及其同事的测试,该测试是专门为他们的研究目的而设计的。

需要提及的另一点是,尽管没有研究人员声称拥有指导他们研究的模型,但他们调查的教育系统中的不同领域恰好与语言教育理论立场部分中讨论的那些相似(参见第 2.3.3 节)。然后,这些研究的回顾是围绕这些领域进行组织的:①一般的学校实践(Kellaghan 等人,1982;Smith,1991a;Nolen 等人,1992;Herman & Golan,1993),②教师和教学(Smith,1991b),③学习者和学习(Paris 等人,1991)。

四项研究调查了考试对学校实践的总体影响。凯拉吉汉、马道斯和艾拉斯先恩(Kellaghan,Madaus & Airasian,1982)的研究是关于测试影响的早期研究之一。为了在标准化测试和某些教育实践之间建立因果关系,研究人员设计了一个实验,并选择爱尔兰作为实验环境。与美国和英国不同,这个国家没有使用标准化测试的传统,这使得实验设计变得可行。

来自 170 所小学的参与者参加了这项研究。他们被分配到三组:一个接受成就测试和测试结果信息的实验组以及两个控制组:一个根本没有测试,另一个有测试但没有任何测试结果信息。对学校管理人员、教师、学生和家长的问卷

---

① 我认为贝利的模型是一个影响模型,因为它捕捉到了考试对整个教育系统的影响,而不仅仅是对教学和学习的影响。

表 2　对通识教育影响的研究

研究人员	研究报告标题	发表年份	学习地点	目标测试	方法和工具	参与者	主要发现
Kellaghan. T. 等人	标准化测试的影响	1982	爱尔兰	标准化能力测试和标准化成就测试	实验；考试分数；问卷	来自 170 所小学的学校行政人员，教师，学生和家长	对学校组织和教学实践的影响很小；对测试项目持总体积极态度
Paris. S. 等人	标准化成就测试的发展视角	1991	美国的 4 个州	标准成就测试	调查；问卷	1 250 位学生	对学生的动机，对测试的态度和学习策略的负面影响
Smith. M.	备考的意义	1991a	美国菲尼克斯	爱荷华州基本技能测试	民族志；课堂观察；访谈；文件分析	学生；老师；管理者	确定了考试准备的八类含义，作弊等教学
Smith. M	接受测试：外部测试对教师的影响	1991b	美国菲尼克斯	爱荷华州基本技能测试	民族志；课堂观察；访谈；文件分析	学生；老师；管理者	在减少教学时间，缩小课程设置和教学模式方面对教师产生负面影响
Nolen. S. B. 等人	成就测试成绩的使用和滥用	1992	美国亚利桑那州	州立考试	调查；问卷	2 444 名中小学教师和行政管理人员	负面影响：在没有真正学业成就的情况下提高考试成绩
Herman. J. L. 等人	标准化考试对教学和学校的影响	1993	美国的九个州	标准化成绩测试	调查；问卷；访谈	341 名小学中高年级教师	对教学产生重大影响；测试和课程衔接；教师对标准化考试有消极态度

调查是数据收集的主要手段。主要调查结果是,考试对学校层面的学与教的影响微乎其微。教师和学生对成就测试的反应都非常积极。父母对测试的态度也是积极的,尽管他们中的大多数人并不知道实验中引入的标准化测试计划。

由于"人为"实验设置,研究结果难以推广到其他情况(Alderson & Wall,1993:122)。事实上,测试计划并没有真正的后果,因为"测试不是由任何权威机构强制执行的,信息仅在教师认为合适的情况下使用"(Kellaghan 等人,1982:18)。因此,实验结果实际上表明,测试影响源于根植于测试结果使用的权力。没有重要后果的测试对教育实践几乎没有影响,因此支持了马道斯关于测试影响强度的观点(Madaus,1988)。

爱尔兰的实验可以作为一个教训,即影响研究应该在测试具有实际效力的自然环境中进行。可能这就是为什么所有后续关于影响的研究都无一例外地在自然环境中进行。

史密斯(Smith,1991a)通过对美国两所小学为期 15 个月的参与者观察,对考试影响进行了纵向研究。她观察了课堂和学校生活的其他方面,访谈了教师和管理人员,并分析了相关文件。从如此获得的丰富数据中,她提出了备考的含义分类:①没有特殊准备的普通课程,②应试技巧的教学,③劝告(例如,鼓励学生为考试做好充分准备;在考试的第一天通过广播播放校长的寄语,提醒学生他们应该尽力而为),④教授已知考试涵盖的内容,⑤在形式和内容上进行应试教学,⑥强调信心提升(例如旨在提高学生参加考试的信心的备考练习),⑦练习测试或平行测试项目,以及⑧作弊。从这一分类可以看出,教师花费大量时间和精力帮助学生在心理和策略上为考试做好准备。史密斯认为这些做法会对教学产生负面影响。

史密斯研究的优势在于其民族志设计,它需要自然环境和多种数据来源。该研究的主要局限性在于它仅揭示了测试的一些一般影响,而不是特定测试的影响性质,因为研究没有对测试者的意图和目标测试的特征进行分析和讨论。

另外两项研究还着手调查考试对美国普通学校的教学实践的影响,一项由诺伦、哈拉迪和哈斯(Nolen,Haladyna & Haas,1992)进行,另一项由赫尔曼和戈兰(Herman & Golan,1993)进行。两项研究都使用问卷来收集数据。前者的分析基于 2444 名教师和管理人员的回答,后者基于 341 名教师的回答。据报告,问卷回收率分别为 47% 和 75%。他们的发现是相似的。教师被发现面临来自学校和家长的压力,要求他们使课程与考试保持一致,并寻求务实的方法来提高分数,而不是提高成就水平。

另一项专注于考试对教师和教学影响的研究由史密斯(Smith，1991b)进行，她重新分析了前面描述的纵向研究中收集的数据。这一次，她将注意力转向对教师的影响，因为教师在考试成绩公布后经历了负面情绪(例如，愤怒、焦虑、羞耻、失去自尊等)，他们认为这是有害的，分数被用来针对他们。她还发现，"测试计划大大减少了可用于教学的时间，让课程设置和教学模式变得更狭隘，并可能降低教师教授与标准化测试形式不兼容的内容，以及使用与标准化测试形式不兼容的方法和材料的能力"(第8页)。

尽管在本研究中发现了对教师的负面影响，但教师因素在很大程度上没有引起研究人员的注意。教师在教学行为中被视为被动地受考试指导。值得怀疑的是，教师的教育背景和对学习的理解等因素没有发挥作用。在语言教育的一些研究中，已经发现教师因素与测试相互作用以影响课堂教学(Alderson & Hamp-Lyons，1996；Watanabe，1996)。

帕里斯、劳顿、特纳和罗斯(Paris，Lawton，Turner & Roth，1991)在研究中专注于学习者和学习。他们进行了三项问卷调查，以征求1250名学生对标准化测试效果的回答。他们的研究结果揭示了"对学生的累积性负面影响，可以概括为三个总体趋势：对考试的幻想破灭，付出真正努力的动力降低，以及越来越多地使用不适当的策略"(第14页)。

与刚才提到的其他调查研究一样，这项研究的样本量很大，可能增强了其研究结果的普遍性。但是，如果使用不止一种工具来收集数据，那将更有说服力。

迄今为止，对上述研究的回顾表明，一些标准化考试总体上对学习者、教师和学校实践产生了相当大的影响，而这种影响总体上是负面的。

这些通识教育研究的一个特点是，参与者都按照既定的方式接受了测试，而研究人员没有记录测试设计者或政策制定者所期望的具体影响模式，而是专注于在考试压力下课堂或学校发生的事情。

2.4.2　语言教育

与通识教育的研究相比，语言教育的反拨研究采取了更有成效的方法。其中一些研究从与测试设计者意图相关的预期反拨效应开始，然后将测试引入之前的课堂实践与测试使用后在学校发生的情况进行比较，最终确定测试与教学之间的关系(Cheng，1998；Shohamy，1993；Wall & Alderson，1993)。其他人考虑了测试和教师因素对教学和学习的交互影响(Alderson & Hamp-Lyons，1996；Watanabe，1996)。还有一项研究比较了不同教学和学习测试的反拨模式(Shohamy，Donitsa-Schmidt & Ferman，1996)。在本节中，语言教育中的反拨研究总结在表 3 中，并一一回顾。

在讨论这些研究之前，应该指出，所涉及的所有语言测试都是具有重要后果的高风险测试。此外，它们都是国家或城市层面的大规模测试，只有休斯的研究例外，仅涉及一所大学。这些研究将在下面讨论。

沃尔和奥尔德森(Wall & Alderson，1993)研究了新的 O-level 英语考试对斯里兰卡教学和学习的反拨效应。这次考试，连同一套新系列的教科书，旨在为课堂带来创新。他们采用的方法包括访谈和课堂观察。基线和跟踪数据均来自全国 49 所学校。沃尔和奥尔德森通过对引入新考试前后的教学比较得出结论："虽然证明了对教学内容的影响，但没有发现考试对教师教学方式有任何影响的证据。"(第 42 页)

程李颖(Cheng，1998)研究了新的香港中学会考英语考试(HKCEE)的反拨效应，该考试旨在成为课堂变革的媒介。通过访谈、问卷调查和课堂观察，她从政策制定者、材料编写者、教师和学生那里收集了新测试实施前后的数据(基线和跟踪数据)。她的主要发现是，新测试对教科书出版商、教材编写者等教育系统的宏观层面以及教师和学生对课堂活动的看法等微观层面都有很强的反拨作用，而对教学方法的影响相对较弱。这一发现与沃尔和奥尔德森的研究发现相似，即教学内容比教学方法更受考试影响。

休斯(Hughes，1988)报告了伊斯坦布尔海峡大学英语水平测试的反拨效应。该大学的教学语言是英语。由于学生的英语水平不断下降，因此开发并实施了该测试以激励学生更加努力地学习英语。结果，学生的英语水平有了很大的提高，他们在密歇根英语水平测试中的表现就证明了这一点。正如在大学进行的一项调查中所反映的，学科教师的观点证实了这种积极影响。因此，有理由相信，新的英语测试已经达到了预期的教学反拨效果。

李筱菊(Li，1990)还根据一项中国高考英语考试效果的问卷调查，报告了一些预期的反拨效应的实现。这项调查是在 1987 年进行的，也就是首次进行测试三年后。研究人员收到了 229 名教师和当地英语教研员填写的问卷。基于对结果的分析，研究人员认为该测试在教与学方面取得了一定的预期效果。教学材料的内容扩充了。教学内容已经从单纯的语言知识教学转变为语言知识的传授和读、听、说、写四项技能的练习。最明显的变化是课外学习活动的增加，例如在广播和电视上收听和收看英语节目以及阅读英语课外阅读或杂志。

肖哈密(Shohamy，1993)检测了三种语言测试的反拨：阿拉伯语测试、英语

表 3 对语言教育中反拨效应的研究

研究人员	研究报告标题	发表年份	研究地点	目标测试	研究方法和研究工具	参与者	主要发现
Hughes. A.	将基于需求的英语语言能力测试引入土耳其以英语为教学媒介的大学	1988	土耳其	英语水平测试	新的英语考试成绩;密歇根考试成绩;问卷	外国语学院师生	对教与学产生了积极的反拨作用,体现为学生英语水平的显著提高
李筱菊	语言测试能有多强大?中国的高考	1990	中国	大学入学英语考试	问卷	229 名教师和当地英语教研员	考试对教学内容和材料的正面反拨效应;考试使学生通过看电视、听广播、阅读英语读物进行课外学习
Wall. D. & Alderson. C.	检测反拨作用:斯里兰卡的影响研究	1993	斯里兰卡	新的 O-level 考试	访谈;课堂观察	49 所中学的师生	对教学内容有正面和负面的反拨作用,但对教学方法没有影响
Shohamy. E.	测试的力量:语言测试对教与学的影响	1993	以色列	阿拉伯语测试;英语口试;阅读理解测试	访谈、课堂观察、文件分析	教师和学生	所有三个测试都有很强的反拨效应;对教学内容、方法的正面影响和负面影响;教学变得像考试一样
Andrews. A	反拨还是失败?看考试改革和课程创新的关系	1994	中国香港地区	英语使用(一项口试)	2 套平行问卷	10 名 UE 口语工作组成员;95 名中学教师	对分配给不同教学方面和教学内容的时间产生的影响;对教学过程的质量影响很小

（续表）

研究人员	研究报告标题	发表年份	研究地点	目标测试	研究方法和研究工具	参与者	主要发现
Shohamy, E. 等人	重新审视测试影响：历时的反拨效应	1996	以色列	阿拉伯语第二语言测试（ASL）；英语外语测试（EFL）	问卷；结构化面试；文件分析	ASL课程教师9人，EFL教师16人；62名ASL学生和50名EFL学生；2名ASL教研员和4名EFL教研员	ASL的反拨效应在减少；EFL的反拨效应在增加；测试不稳定的影响取决于其重要性、语言状态等因素
Watanabe, Y.	语法翻译来自于入学考试吗？课堂研究的初步结果	1996	日本	大学入学考试	访谈；课堂观察	来自预备学校的2名教师	反拨效应随教师的背景和个人观念等变化
Alderson, C. & Hamp-Lyons, L.	托福备考课程：反拨效应研究	1996	美国	托福	访谈；课堂观察	同时教授托福预备课程和普通英语课程的2名教师	对教师教学内容和方式的反拨效应；反拨的强度和类型因老师而异
程李颖	公共考试改革对课堂教学的反拨作用	1998（未发表的博士论文）	中国香港地区	香港中学会考	民族志；课堂观察；问卷；访谈	350名教师；1100名学生	对教育系统的反拨效应的宏观和微观层面；对教学内容和材料的影响快而强，而对教学方法的影响缓慢而弱
Hayes, B. & Read, J.	新西兰雅思考试：为学生做好学术类雅思考试的准备	2004	新西兰	雅思	访谈；课堂观察；问卷；前测和后测	2名教师；23名学生	对两个预备课程的反拨效应：对一门课程的负面反拨效应比另一门课程更大

口语测试和阅读理解测试。引入前两种测试主要是为了让教师和学习者更加重视科目。政策制定者没有明确说明引入阅读理解测试的理由（Shohamy，2001）。研究通过访谈、问卷调查和课堂观察从教师那里收集数据。为三项不同测试提供信息的教师人数从 9 名到 45 名不等。主要发现是所有三项测试都对教与学产生了一定的影响。具体来说，它们都成功地"将注意力转移到以前没有明确教授过的领域"（Shohamy，1993：15）。最终，为响应测试而开发的新教科书和材料"在活动和任务方面成为测试的克隆"（Shohamy，1993：11）。在某种程度上，阿拉伯语测试和英语口语测试可以说达到了预期的效果，因为它们使教师和学习者在所测试的领域更加努力。然而，阅读理解测试不仅对教育，而且对整个社会都产生了严重影响，这在很大程度上是有害的（Shohamy，2001）。

安德鲁斯（Andrews，1994）在他关于反拨和课程创新之间关系的研究中包括了测试开发人员。目标测试是香港的英语口语使用测试，研究的参与者是 10 名测试开发人员和 95 名学校教师。研究工具为两份平行问卷。研究发现，虽然测试对课程创新有影响，但效果更量化，即更多的时间被分配到测试的教学方面和内容上。在教学和学习过程方面几乎没有发现质量提升。

安德鲁斯的研究在这一点上需要一些评论，因为它是迄今为止唯一一项将测试开发人员对测试目标、原则和性质的观点与教师的观点进行比较的研究。然而，研究人员并没有讨论太多关于这种比较的发现。研究人员也没有就达到预期的反拨效果的程度得出任何结论。为了了解反拨效应的工作原理，最好检查测试者和教师/学习者之间在他们对测试的看法以及他们对什么构成语言能力和有效的教学策略的信念方面的一致性程度。更重要的是，应调查实际课堂实践，并与测试命题人所期望的反拨效应的具体形式进行比较。

前六项研究表明，某些预期的反拨效应在某些教与学领域发生，对教学内容的影响大于其他方面。与这些研究不同的是，以下两项研究表明，教师的教学经验等教师因素与考试相互作用，从而影响教与学。

奥尔德森和汉普-莱昂斯（Alderson & Hamp-Lyons，1996）研究了一些关于托福的常见说法，例如"学生被教'托福语'"。该研究的设计方式是在调查中考虑教师因素，并通过访谈和课堂观察收集数据。研究人员观察了由同样的两位老师教授的两种课程：托福班和普通教学班。他们发现"托福会影响老师教的内容和方式，但对不同的老师在程度或种类上的影响并不相同，托福与非托福教学的简单差异并不能解释为什么他们教的方式是这样的"（第 295 页）。因此，他们认为"简单形式的反拨假设过于幼稚：托福考试对课堂上发生的事情的影响比未经核实的关于反拨造成的影响的假设要复杂得多"(第 280 页)。

渡边(Watanabe，1996)在他的反拨研究中也包括了教师因素。具体来说，他的重点是高考与课堂教学中语法翻译实践之间的关系。两位老师接受了访谈，并在课堂上接受了观察。根据研究结果，渡边声称，"教育背景、个人观念和教学经验等教师因素可能超过入学考试可能产生的影响"(第 318 页)。

将教师因素纳入调查是这两项研究的优点之一。但参与者仅限于两名教师，因此很难将研究结果推广到其他场景。① 要了解测试对教学方法的影响程度以及教师因素对反拨效应的影响程度，需要更大的教师样本。

海斯和里德进行了另一项调查大规模英语测试反拨效应的研究(Hayes & Read，2004；Read & Hayes，2000)。他们在两门雅思备考课程中研究了国际英语语言测试系统的反拨。课程 A 是为期一个月的雅思备考课程，而课程 B 是为期八个月的通用英语课程，包含雅思备考。他们使用了多种方法，例如访谈、课堂观察、问卷调查以及前后测试来收集数据。主要发现是两个课程不同。课程 A 狭隘地侧重于测试任务的实践，而课程 B 则解决了更广泛的学术学习需求。后者更具交际性，因为它更以学生为中心，涉及更多的师生互动，并鼓励学生在课堂上使用更广泛的技能。造成差异的主要原因被认为是时间和课程目标。课程 A 更短，更密集，其目标是让学生熟悉雅思，教授他们应试策略，并为他们提供练习应试技巧的机会。B 课程要长得多，尽管学生可以报名选择一到八个月不等的课程时间。其目标是发展学术英语技能，让学生熟悉雅思，并在考试条件下提供练习。虽然教师因素是调查的对象之一，但相关论文对这些因素的讨论并不多。

结果表明，尽管两门课程都受到相同测试的影响，并且在相同的环境中运行(交际法似乎是公认的做法)，但两者之间存在显著差异。从这一发现可以得出一个有趣的观察结果。当进行高强度的考试准备时，例如在课程 A 中，课程变得不那么具有交际性。这一点将在第 7.2.9 节中详细讨论。

肖哈密、唐伊萨-史密特和弗曼(Shohamy，Donitsa-Schmidt & Ferman，1996)的研究值得特别提及，因为它的设计不同于其他反拨研究。通过在一项研究中研究两项测试的反拨效应，研究人员设法比较了不同测试的历时反拨效应。这两项测试是以色列的阿拉伯语第二语言测试(ASL)和英语外语测试(EFL)。问卷调查和访谈数据来自 25 名中学教师、112 名学生和 6 名教研员。结果发

---

① 作者没有声称他们的数据会推广到研究范围之外。

现,这两项测试在教与学方面表现出不同的反拨模式。ASL测试中的轻微调整所产生的影响可以忽略不计,而"EFL测试中的轻微调整在教学活动、考试准备时间、新教材的制作等方面产生了重大影响"(第298页)。研究人员得出结论,由于语言状况、测试用途等许多因素,反拨效应会随着时间而变化。阿拉伯语考试收效甚微的原因是它"不是一项高风险的考试,结果不用于任何决策或安置目的,家长和学生不必担心"(第314页)。

这项研究是迄今为止唯一一项比较两种不同测试效果的研究。它的发现支持了这样一种信念,即高风险测试比低风险测试具有更强的反拨效应。

2.5　对反拨/影响研究范式和方法的批判

2.5.1　研究范式

过往的研究已经采取了不同的方法来解决影响或反拨效应问题。在通识教育中,尽管如前所述,考试赋予了各种扩展的作用,但据我所知,实证研究很少旨在找出考试如何发挥这些作用,即它们是否达到了预期的目的和效果。波帕姆和他的同事(Popham, Cruse, Rankin, Sandifer & Williams,1985)引用了美国一个城市和三个州的管理人员报告的全州标准化考试通过率的提高作为实现预期效果的证据。换句话说,根据学生在这些测试中几年来的成绩提高,他们得出结论:测试驱动的教学是有效的。这样的论点是有问题的,因为提高的分数可能是应试教学的产物,而不是学习成果改善的反映。有必要使用测试以外的其他测量方法来评估在标准化测试下取得的学习成果。

大多数通识教育的实证研究并没有探讨预期的影响,而是强调影响的质量,即测试或考试是否对教学、学习和整个教育系统产生了积极或消极的影响(例如,Herman & Golan,1993;Nolen等人,1992)。尽管测试影响的质量是值得探索的现象的一个方面,但这些研究留下了许多没有得到解答的重要问题。例如,预期会有哪些具体形式的影响? 考试中提高的分数是否是预期的结果,无论它们是如何产生的? 如何设计测试以达到预期的影响? 它是否成功地实现了预期的影响? 测试是否对课堂上发生的事情负责?

关于影响的质量,有两点需要说明。首先,负面与正面影响或反拨效应的概念是模糊和流动的,通常与"正面""负面""有益""有害""有利""不利"等术语一起使用(例如,Frederiksen,1984;Herman & Golan,1993;Li,1990;Wesche,

1987）。这些术语传递了价值判断，但做出这些判断的基本标准是无形的。据我所知，研究人员没有明确讨论过任何标准。但是，可以从对测试的批评中推断出所采用的某些标准。一些研究人员在批评考试让学生焦虑时可能会考虑人性原则（例如，Paris 等人，1991）。其他人可能会将相关课程视为理想的标准。当他们看到考试压力下课程变窄时，他们认为这是负面反拨效应的证据（Bracey，1987；Smith，1991b）。关键是他们也没有讨论相关课程。如果课程本身不符合某些标准怎么办？

其次，我们需要明确反拨效应对谁是负面的或正面的。相同的考试可能对不同的考生产生不同的影响。例如，应试者所经历的焦虑通常被认为是有害的反拨效应的指标（例如，Nolen 等人，1992：13）。但焦虑既可以是有益的，也可以是有害的，因为这种情绪可以使人衰弱，也可以对人起到促进作用（Brown，1994；Larsen-Freeman & Long，1991）。事实上，在对阿拉伯语测试影响的研究中，肖哈密发现 62% 的学生声称他们受到了积极的影响，38% 的学生报告说他们受到了消极的影响（Shohamy，1993：9）。

简而言之，反拨或影响的质量没有明确定义。对某些人有益的事情可能对其他人有害。有时好的东西可能在另一种时候变坏。此外，如果质量标准被误解，可能会对测试的反拨效应做出不恰当的判断。显然，如果正面与负面影响是研究的重点，则需要明确说明标准。当故意使用测试来控制课程时，有必要在对影响或反拨的质量做出判断之前对课程和预期变化进行表征。

正如已经提到的，在我看来，一些语言教育反拨的研究人员采取了一种不同的、更有成效的方法。他们从政策制定者和测试开发者的期望出发处理这个问题（Cheng，1998；Hughes，1988；Li，1990；Shohamy，1993；Wall & Alderson，1993）。沃尔、奥尔德森（Wall & Alderson，1993）和程李颖（Cheng，1998）将测试设计者预期的反拨效应作为比较引入相关测试之前和之后的教与学的标准。他们发现测试只是在教学内容上引起了一些变化。

李筱菊（Li，1990）报告说，由于教师开始教授以前被忽视的阅读和写作技巧，测试达到了预期的反拨效应。肖哈密（Shohamy，1993）发现研究中的所有三个测试都成功地"将注意力转移到以前没有明确教授过的领域"（第 15 页）。安德鲁斯（Andrews，1994）得出的结论是，他检查的测试似乎在时间分配和教学内容方面带来了某些预期的变化，但在教与学过程上的变化较少。

尽管上述研究发现测试对教学和学习产生了一些预期的变化，但似乎大多数研究人员都期待进一步的变化。例如，李筱菊（Li，1990）指出，"所有这些可能都不是很大的变化；有些可能还很肤浅。我们工作当然不是为了表面上的改变"（第 402 页）。肖哈密并不认为测试是解决教育问题的充分手段，尽管她发现她研究的所有三个测试都带来了一些预期的变化（Shohamy，1993）。

请注意，到目前为止，很少有研究探讨有关预期反拨效用的更基本的问题，包括未能对教学方法和学习过程产生影响的原因。沃尔（Wall，1996）提出的一个可能原因是没有足够的时间让反拨效应变得明显。在上述研究中，从引入相关测试到最后一轮数据收集之间的最长时滞为四年。因此，还需要研究已运行更长时间的测试的预期反拨效应。

肖哈密和她的同事确实研究了较长时间内的反拨效应（Shohamy 等人，1996）。他们研究的阿拉伯语第二语言测试和英语外语测试分别于 1986 年和1988 年推出。在研究期间，两项测试都发生了某些变化。研究人员着重比较了对这两种测试的不同类型的反应，并得出结论，反拨效应会随着时间的推移而变化，这取决于测试的性质和与之相关的风险等因素。这项研究虽然在其关于反拨性质变化的研究发现上具有重要意义，但并没有回答为什么在相对较长的时间过去后某些预期效果仍然没有发生的问题。

尽管上述研究已经解决了有关预期反拨效应的问题，但对测试设计者和决策者的意图进行的调查不够充分且不够深入。研究人员甚至很少关注这些意图是否以及如何在相关测试中实现，以及可能促进或阻碍预期效果的因素。

沃尔和奥尔德森根据他们对测试目标的官方声明和测试旨在加强的教学目标的理解列出了预期的反拨效应（Wall & Alderson，1993）。肖哈密和她的同事谈到了决策者和测试设计者的意图，但没有详细说明他们如何在测试中实现他们的意图（Shohamy，1993；Shohamy 等人，1996）。安德鲁斯（Andrews，1994）发现测试开发人员对预期的反拨形式的看法是多种多样的。尽管这个发现很有趣，但他并没有试图解释为什么会这样。一种可能性是测试开发人员并不清楚测试的反拨效应应该采取哪种具体形式，尽管他们知道测试的预期作用。程李颖的发现（Cheng，1998）似乎支持了这种可能性。程李颖指出，"香港考试及评核局未能指明这项新考试可能会影响的教与学领域，以及如何在教学中产生这种预期的反拨效应"（第 311 页）。

我认为反拨效应的研究不仅需要记录在测试影响下教师的教学方式和学习者的学习方式，还需要对开发者的意图进行深入考察，以了解他们打算诱导什么样的反拨效应以及这些预期反拨效应是如何实现的。这仅仅是因为反拨过程涉及"影响者"（测试开发人员及其测试）和受影响者（测试用户，包括教师和学习者）。对任何一方的忽视都会导致对正在研究的问题的片面描述。因此，反拨问题应该从测试生产者和用户的意图、信念和行为的角度来处理。

2.5.2 研究方法

过往研究采用了各种方法来研究反拨效应或影响。最常用的是问卷调查。六项通识教育研究中的四项和十项语言教育研究中的六项通过问卷收集数据（见表2和表3）。问卷调查的优点是样本可以很大，并且可以针对同一主题提出许多问题。如果问题得到很好的开发并采用标准化管理，也更容易实现相当高的信度（Babbie，2001：268 − 269）。然而，缺点是，由于依赖受访者的自我报告，问卷工具存在人为问题，从而可能导致效度较低（Allan，1995；Babbie，2001：268 − 269）。当用于衡量行动和行为时，问卷只能获得关于过去或假设行动的间接自我报告信息，而不是关于实际采取的行动的直接信息。在教学的情况下，教师可能会根据专业角度认可的教学行为而不是他们的实际实践来回答问卷。沃尔和奥尔德森（Wall & Alderson，1993）发现，尽管超过85％的教师声称所讨论的测试影响了他们的教学方法，但课堂观察表明情况并非如此。显然，单独的问卷调查虽然有一些优势，但不能为研究人员提供关于所调查测试的影响或反拨效应的完整画面。

一些研究人员试图使用其他方法来补充问卷调查以提高信度和效度（Alderson & Hamp-Lyons，1996；Cheng，1998；Shohamy，1993；Shohamy 等人，1996；Wall & Alderson，1993）。这些方法包括访谈和课堂观察。访谈的优点是，如果进行严格的调查，它比问卷调查或实验研究更有效，并且可以更深入地了解正在调查的现象（Babbie，2001；Minichiello，Aroni，Timewell & Alexander，1995）。然而，访谈也有一些严重的缺点。例如，它在信度（Babbie，2001；Minichiello 等人，1995）和普适性方面存在潜在问题，因为由于实际限制，通常只能在一项研究中采访少数知情人（Kvale，1996）。

类似地，观察具有比问卷调查研究更有效但更不可靠的可能性（Chaudron，1988）。它的巨大优势在于它能够提供有关所研究的行动和行为的第一手信息。在反拨研究的例子里，可以直接观察课堂上发生的事情。但我们必须意识到，由于观察者的影响，所观察到的东西可能与常规做法不同（Patton，1990）。此外，与访谈一样，与使用问卷调查的情况相比，课堂观察的参与者通常更少。因此，观察结果的普遍性是有限的（Chaudron，1988）。最后，研究人员可以观察教师和学生的行为，但不能给出这些行为的原因（Wall & Alderson，1993）。

因此,这三种方法都有优点和缺点。如果在一项研究中只采用一个,其效度或信度或两者都容易受到破坏。沃尔和奥尔德森(Wall & Alderson,1993)注意到,如果他们不进行课堂观察,他们将不知道测试是否对教学方法产生任何明显的影响。而且,如果他们不与老师进行面谈,他们也不会知道为什么考试没有影响到老师的教学方法。因此,奥尔德森和班纳吉(Alderson & Banerjee,2001)呼吁在研究反拨现象时采用控制数据来源法和三角验证法。

2.6　总结

从上述文献综述中,得出了一些重要的观点和发现,总结如下。

(1)考试和测试因为被赋予了多重用途而变得强大。过去和现在两种流行的用途是用于选拔目的和用于教育改革(Eckstein & Noah,1993;郭齐家,1997;Heyneman,1987;Linn,2000;Mathews,1985;Oliver,1961;Popham等人,1985)。

(2)马道斯(Madaus,1988)声称风险测试会产生强烈影响,这一发现得到了以下发现的支持:语言测试的反拨模式取决于语言的状态和测试的使用(Shohamy等人,1996)。该主张还得到了凯拉吉汉、马道斯和艾拉斯先恩(Kellaghan,Madaus & Airasian,1982)研究的支持,该研究表明,没有实际后果的测试对所涉及的教育系统几乎没有影响。

(3)尽管存在研究测试的预期效果的强烈呼声,但还没有研究者针对此类研究提出具体的程序或模型。已经有一些研究试图找出预期的反拨效应发生的程度。然而,这些研究并未深入分析测试开发人员的意图,也没有深入分析他们如何尝试实现其意图(例如 Andrews,1994;Cheng,1998;Wall & Alderson,1993)。

(4)一些研究,特别是通识教育研究,已经涉及了影响或反拨的质量,即正面与负面反拨效应,并且主要发现了负面影响(例如,Bracey,1987;Frederiksen,1984;Stake,1991),但由于研究人员没有明确讨论过反拨的质量,还没有明确定义它的标准。

(5)在不同的教与学领域,反拨效应的强度会有所不同。教学内容和材料以及时间分配更容易受到考试的影响,但教学方法不受影响(Andrews,1994;Cheng,1997;Wall & Alderson,1993)。

(6)已发现教师的教育背景和对目标考试的理解等教师因素与考试相互作

用,从而影响教学(Cheng,1997;Alderson & Hamp-Lyons,1996;Watanabe,1996)。但在这方面的调查是不够的。

(7)支持某些国家的一些测试理论和实践的一个假设是,测试对教学和学习的影响是直接和线性的,仅通过测量或测试就可以实现教学或课程改革(例如,Frederiksen & Collins,1989;Pearson,1988;Popham 等人,1985)。因此,相关政策制定者宣称一些大规模语言测试旨在实现积极的反拨效应(参见 Cheng,1998;Li,1990;Shohamy 等人,1996)。

(8)反拨研究未能捕捉到预期效果的一个原因是,在引入测试和数据收集之间的时间间隔不够长(Wall,1996)。

(9)过往的反拨效应或影响研究中采用了各种方法。一些研究者使用了一种方法(例如,Andrews,1994),而另一些研究者则采用了不止一种方法(例如,Cheng,1998;Shohamy 等人,1996)。

鉴于以上对影响/反拨效应问题的理解,我想提出四点,这四点要求我们进一步研究测试的影响。

首先,进一步在课堂层面或更大的教育环境中寻找各种类型的反拨效应只能证实先前的发现,或发现几种新的反拨效应类型。尽管如上所述,调查不同教育领域中积极或消极的反拨效应的全部内容是有帮助的,但还是建议转移研究重点。为了更全面地了解测试反拨效应,最好进行一项研究,从测试设计的起源到它对课堂教学和学习的影响,追踪特定测试的反拨效应。换句话说,有必要对测试开发人员的意图(隐蔽的和公开的)以及他们如何尝试在试卷中实现自己的意图进行仔细而全面的研究,然后将这些意图的反拨形式与课堂实践进行比较,查明是否发生了预期的反拨效应。

其次,有必要探索可能促进或阻碍预期反拨效应的因素。尽管已经确定了一些外部因素,例如教师因素(Alderson & Hamp-Lyons,1996;Watanabe,1996),但尚未进行足够的研究来揭示它们如何发挥作用以及如何与测试相互作用以产生观察到的结果。此外,还没有研究调查过可能在阻碍或促进预期反拨效应方面发挥作用的内部因素,例如测试的多种用途。

第三,有必要研究一个已经存在很长时间的测试的预期反拨效应,以确认如果发现课堂上没有预期的效果,那不是由时间因素造成的。换句话说,我们可以肯定,如果预期的反拨效应真的会发生,那么现在期待它并非为时过早。

第四,最好采用一种以上的方法来提高研究的有效性。

本研究就是基于上述思路设计的。下一章将更深入地描述这种思路。

第三章

方　法

3.1　概念背景

前面的文献综述表明，长期以来，测试一直被用来促进教育的变革。尽管如此，我们对它们如何扮演变革推动者这一角色的了解仍然有限。这主要是因为没有进行足够的实证研究来确定测试命题人的总体和具体意图，并找出预期的效果是否已经发生。大多数关于影响和反拨效应的研究不是研究预期的影响，而是旨在找出测试是否产生影响，相关教育系统的哪些方面受到的影响最大，以及这些影响是有益的还是有害的。据我所知，唯一的例外是在语言教育和调查预期效果方面进行的少数反拨研究（Cheng，1998；Shohamy，1993；Wall & Alderson，1993）。即使是这些研究也没有深入研究测试命题人的意图，尤其是隐蔽的意图。如果不充分了解考试命题人的具体意图以及这些意图是否已在课堂上实现，就很难确定考试是否是实施教育变革的有效工具，以及自上而下的教育改革实践是否已通过测试的力量实现目标。这种现状要求我们对考试的意图和效果进行实证研究，以揭示考试是否是教育改革适合的推动因素。

为了实现上述目标，本研究采用肖哈密的以使用为导向的测试方法作为概念背景，因为该方法选择意图和效果作为探究的焦点，并寻求对两者之间联系的理解。这种方法的核心关注点与本研究解决的关键问题密切相关，即审查介于测试设计者的意图以及测试对教学和学习的影响之间的预期效果。该研究问题将通过将其应用于普通高等学校招生全国统一考试（高考）英语测试预期效果或反拨效应来进行深入研究。随之出现了一系列关于测试命题人的意图和测试效果的研究问题。

问题是：中国高等院校统一招生英语考试是否以测试命题人预期的方式影响教学和学习？如果是，是什么导致这种情况发生？如果没有，为什么它没有发生？阐明这些问题的前提是回答以下更具体的问题：

（1）中国高等院校统一招生考试命题人的意图是什么？

（2）考试命题人如何实现他们的意图？

（3）课堂上的教与学的情况是怎样的？

（4）考试命题人的意图和课堂实践之间一致和不一致的地方是什么？

（5）哪些因素促进或阻碍了预期反拨效应的发生？

3.2　研究设计

为了回答研究问题，本研究人员设计了一项混合方法研究。前一章讨论了采用混合方法研究设计来研究反拨效应的优势。有人指出，研究的质量可能会通过数据和工具的三角验证法得到提高。因此，本研究通过定性和定量方法收集和分析数据。表4给出了设计的总结。

研究分为三个阶段（见下页表4）。首先，回答子问题1和2，明确考试命题人的意图，并确定他们为实现意图而采取的措施。意图是指考试命题人关于全国高考英语考试应该如何影响教与学的想法。它们是通过分析考试命题人明确表达的关于全国高考英语考试预期反拨效应的口头或文字内容而建立的。

其次，通过访谈、问卷调查和课堂观察，了解教师教什么、如何教，学生们学什么、如何学，从而解决子研究问题3：课堂上的教与学的情况是怎样的？

第三，为了解决子研究问题4，将第一阶段建立的全国高考英语考试的预期反拨效应与第二阶段确定的实际学校实践进行比较，以揭示两者之间一致和不一致的地方。

表4　反拨效应的混合方法研究设计

研究问题	数据来源和数据收集工具	数据分析	研究阶段
1. 考试命题人的意图是什么？	考试命题人；全国高考英语考试相关文件：访谈；文件分析	分析访谈数据和全国高考英语考试的相关文件，如期刊文章，以确定命题人的知识框架相关的意图	阶段一

（续表）

研究问题	数据来源和数据收集工具	数据分析	研究阶段
2. 考试命题人如何实现预期意图?	同上	分析访谈数据和全国高考英语考试相关文件,例如过去的真题,以确定为实现意图而采取的措施	阶段一
3. 课堂上的教与学的情况是怎样的?	教师、教研员和学生:访谈;课堂观察和其他学校活动的观察;问卷	分析访谈数据,以确定教学和学习的模式和重点;通过分析观察和问卷数据交叉检查初步结果	阶段二
4. 考试命题人的意图和课堂实践之间一致和不一致的地方是什么?	同上	将第一阶段建立的意图与第二阶段确定的课堂实践进行比较	阶段三
5. 哪些因素促进或阻碍了预期反拨效应的发生?	同上	分析访谈数据以确定促进或阻碍预期反拨效应的因素;通过问卷数据交叉核对初步发现	上述所有的阶段

在调查的所有三个阶段都检查了阻碍或促进预期反拨效应的因素,以解决子问题5。研究人员不断询问为什么测试命题人以他们的方式设计和开发全国高考英语考试,以及为什么教师和学生会在课堂上采取这样的行为。这些问题的答案为阻碍或帮助实现测试命题人的意图的因素提供了证据。

研究综合了所有阶段获得的结果,以回答与全国高考英语考试相关的研究问题,即全国高考英语考试是否以测试命题人预期的方式影响了教学和学习,以及为什么这种预期结果能够实现或没有实现。

采用混合研究方法的基本原理是提高研究的效度。语言测试中的反拨研究人员提倡数据三角验证,认为这种策略有助于提高研究质量(Alderson & Banerjee, 2001；Alderson & Wall, 1993；Cheng, 1998；Bailey, 1996)。

在更广泛的教育研究和社会研究领域,一些研究人员呼吁采用多种方法或混合方法的研究设计,认为不同的方法可以弥补各自的劣势,相互补充,以提高研究的效度和信度(Babbie, 2001；Cohen & Manion, 1994；Tashakkori & Teddlie, 1998)。深度访谈、观察等定性方法适用于从背景和细节中探索现象的本质(Anastas，1999)，特别是如果它是我们知之甚少的现象(Mason，1996；Padgett，1998)。由于反拨效应问题是最适于在自然环境中研究的问题，而我们对它的理解仍然不足(Wall & Alderson，1993)，因此定性方法适用于本研究。然而，定性方法的主要缺点之一是，由于实际限制导致所确定的样本通常较小，因此"通常不适合对大量人群进行统计描述"(Babbie，2001：301)。因此，调查等定量方法可以作为访谈和观察的补充，以从更多参与者那里收集数据，从而增加研究结果的普遍性。因此，本研究采用访谈法、观察法和问卷法来实现方法三角验证，提高效度。

3.3 参与者

参与者的选择取决于所调查问题的性质。对测试的预期反拨研究需要调查想要施加影响的一方和应该受到影响的一方。分别代表"影响者"和"受影响者"的四组参与者，如表 5 所示，被邀请参加研究。他们是全国高考英语考试命题人("影响者")和英语教研员、中学教师以及他们的学生"受影响者"。

表 5 研究的参与者

职　　业	数　　量	参与模式
考试命题人	8	被访谈
英语教研员	6	为研究人员提供到学校和教师会议访问权限；接受访谈
教师	第一组：10 (10 个中的 7 个) (10 个中的 9 个) 第二组：378	被访谈 被课堂观察 完成问卷 完成问卷
学生	第一组：10 第二组：976	被访谈 完成问卷
总计	1 388	

3.3.1 考试命题人

全国高考英语命题团队有九名命题人：两名测试设计者、一名学科秘书和六名试题编写人。自 1992 年该测试首次在中国进行实施以来，这支队伍一直保持着相当稳定的状态。试题编写人员的流动性很小。1994 年至 1996 年间,3 名原试题编写人员退出团队,2 名新的试题编写人员加入团队。除学科秘书是教育部考试中心的测试专家外,所有考试命题人都在全国高考英语命题团队兼职工作。其中 7 人是在中国不同城市的大学任教的教授或副教授。另一位是在北京一家出版社工作的英文编辑。[①] 本书的作者是试题编写人员之一,在第 3.3.5 节中进行了详细介绍。

试题编写者也被认为是测试命题人并被邀请参与研究,因为他们不仅编写试题而且还参与重新设计测试。通常,当需要更改测试的题型时,团队中的所有成员都会参与讨论,尽管他们对最终决定的贡献各不相同。有时,个别试题编写者的任务是设计和试验新的题型部分。例如,听力部分是由试题编写者在一位测试设计人的帮助下设计的。

3.3.2 英语教研员

选择在当地教育部门工作的英语教研员是因为他们负责协助教师准备全国高考英语考试。例如,组织教师会议、指导考试准备、管理模拟考试以及评估各学校的准备工作是他们的工作。通常,他们是由教育部门从经验丰富的教师中挑选出来的。由于他们的职位和人际关系,英语教研员可以说服学校和个别教师参与调查和项目。他们帮助我进入了学校。没有他们的帮助,进入学校研究可能会非常困难,因为中国的中学教师都忙于工作,不习惯这种研究。共有 6 名英语教研员参加了这项研究。

3.3.3 教师

高三英语教师应邀参加了此次研究。之所以选择高三老师,而不是其他年级的老师,是因为他们要帮助学生为学年末的全国高考英语考试做准备,因此他们比低年级的老师更关心和更了解考试理念。全国高考英语考试对其他年级教学和学习的影响也应该得到研究,但这应该由其他项目来完成。

研究需要两组教师。第一组是一个小样本,作为定性数据收集的来源。第二个较大的组被选择用于定量数据收集。

---

① 中学英语教师曾被邀请在审核会议上参与审核试卷。每次邀请一位老师。这种做法在 1996 年终止,因为当年加入团队的英语编辑曾经在一所中学任教,可以提供改进与考生英语水平相关的项目所需的信息。

3.3.3.1　抽样教师进行定性数据收集

在对个别教师进行抽样以进行定性分析之前,先决定了数据收集的地点。广东省被选为研究对象。这种选择基于两个考虑。首先,广东是中国使用全国高考英语试题的先行者。事实上,该测试最初于 1985 年在广东试行,并最终于 1992 年在全国所有其他省份开始实施。因此,在全国高考英语考试运行多年的广东研究该测试的反拨效应,比中国其他任何地方都更合适。将时间因素纳入考量,是因为时间的跨度不足被认为是导致测试的某些预期反拨效应失败的一个可能因素,例如斯里兰卡的英语测试(Wall,1996)。第二,负责广东英语教学的省级英语教研员提供了有益的合作,使我有机会进入学校。他本人对这项研究很感兴趣,并承诺会联系那些地区和城市的英语教研员,他们可以帮助招募研究参与者。

广东是一个拥有大约一千所中学的大省。由于不可能访谈或观察所有学校的教师,因此必须首先抽取学校样本。为了获得具有合理代表性的样本,学校的选择基于两个标准——学校的位置和学校类型,以消除由于地理位置和制度方面的差异而可能产生的与全国高考英语考试相关的教学偏差。

从行政区划看,广东省下辖 21 个地级市,每个地级市下辖若干个区县。各地级市发展水平不一。一些城市,特别是位于珠江三角洲地区的城市,在经济和文化上比其他地区的城市更发达。研究假设这些地区与欠发达地区的学生的英语学习环境在英语学习的设施和机会方面有所不同。较发达地区的学生更容易获得音视频设备、电视和广播的英语节目等。此外,学习者有更多的机会练习英语,因为这些地区有更多在外国公司和合资企业工作的说英语的人以及来自其他国家的游客。这些差异存在于各地级市之间,也存在于市县之间。[①] 一般来说,城市在经济和文化上都比县发达。

除了地理位置,学校类型是影响英语学习和教学的另一个可能因素。如第 1.2.2 节所述,中国的学校分为重点学校和普通学校。前者在教育预算中被分配了更大的份额,被允许在普通学校之前招收学生,并配备了更优秀的教师。这些差异证明了对两种类型的学校进行抽样是合理的。

基于以上两个标准,研究选择了八所学校。这些学校分布在广东的两个地区,一个较发达的珠江三角洲沿海地区和一个较不发达的省北部山区。每个区

---

① 农村中学只开设初中课程,农村学生一般就读县级学校,因此未将其纳入考虑范围。极少数来自农村的优秀学生进入城市重点学校。这些学生大多住在他们就读的学校里。

选择了4所学校：市重点学校1所、市普通学校1所、县重点学校1所、县普通学校1所。如此选择的这些学校，在一定程度上代表了广东省的各类中学。

3.3.3.2　抽样教师进行定量数据收集

本研究另外抽取了一组教师样本进行问卷调查。地区教育部门每年多次组织教师会议，会上会邀请教师填写问卷。根据英语教研员的说法，每所学校至少有一名教师（有时不止一名）参加此类会议，这是同一地区的英语教师聚集的唯一场合。虽然这是一个方便样本，在代表性方面无法与随机样本进行比较，但响应率相当高。

数据是在三个地区的教师会议期间收集的。选定一个地区的唯一标准是它的位置。选择的三个区代表了经济和文化发展程度不同的地区。一个地区是最发达的地区，一个是欠发达地区（也收集了定性数据），第三个地区介于两者之间。

据英语教研员估计，三区共有学校130所，高三英文教师约540人。[1]

后来，我就与本研究无关的事项访问了四川省，并在该省第四次教师会议上收集了更多数据。来自60所学校的60名教师完成了问卷调查，其中9份被丢弃，因为50%的项目没有得到回答。因此，获得了51份可用问卷，一定程度上代表51所学校的教学水平。

3.3.4　学生

本研究抽取了两类学生样本，一类用于定性数据收集，另一类用于完成问卷调查。第一个样本是在作为访谈线人的教师的帮助下获得的。每位老师都被要求在他或她的班级中邀请一名学生作为受访者。受访者的选择考虑了学生的性别和英语水平，希望能征求不同的意见。例如，一位老师被要求请一位英语在班上名列前茅的女学生，而另一位老师被要求请一位英语与他的同学相比较差的男学生等等。

第二个是具有一定分层特征的便利样本。数据收集是在广东省教师会议上获得教师问卷数据的三个地区进行的。在地区教研员的帮助下，我从每个地区中选择了一所城市重点学校、一所城市普通学校和一所县级学校。共有九所学校参与。这九所学校的高三班数从三到八不等。在每一个选定的学校，数据都是从两个班级收集的，取决于英语教研员介绍给我的联系老师是否可以安排该

---

[1] 分析中使用的已完成教师问卷的数量为378。

班级的所有学生抽出时间来教室做问卷。高三学生由于准备大学入学考试的时间压力,时间非常紧张。最终只有那些愿意花时间做任务的班级才被选中。每班平均学生人数为 55 人,样本量约为 1 000 人。①

由于教师样本和学生样本都是便利样本,不能说它们代表了全省高三英语教师和学习者。然而,由于几乎所有选定班级的学生和教师会议上的大多数教师都完成了问卷调查,我相信收集到的信息在很大程度上代表了教师所教授的大约 180 所学校的高三英语教学实践以及在进行本研究时学生就读的 9 所学校的英语教学情况。

3.3.5　研究人员

在描述了研究的参与者之后,最好简要介绍一下本研究的研究人员,因为我认为自己既是研究人员又是研究的参与者。自 1985 年以来,我一直参与编写全国高考英语试卷,首先是作为测试设计者的助手,后来作为试题编写者。我还参与了重新设计测试的某些部分。从 1996 年到 1999 年,我是团队中负责试验和试用 1999 年引入全国高考英语考试的听力部分的两名成员之一。

作为一名考试命题人,我相信并期待考试会给学校的英语教学实践带来改变,并且是向着更好的方向改变。我毫不怀疑全国高考英语考试足够强大,可以按照测试命题人的意图变革学校英语教学实践。然而,在 1993 年的一次全国高考英语评估会议上,一位老师质疑在测试中包含改错项目。他抱怨全国高考英语考试已经有太多的语法项目,包括语法选择题、完形填空和书面表达项目。没有必要再添加一个。我很惊讶。改错不是为了单独测试语法知识。测试命题人认为它还测试了阅读、连贯性和语法以外的学习能力。他们相信这也会引起学生对写作过程的关注。当时我突然想到,考试可能不会以我们预期的方式影响教学和学习。显然,提出投诉的老师并没有以与考试命题人相同的方式解释该项目。那时,我意识到研究测试的反拨效应的重要性。

作为考试命题人,我认为我可以依靠我的知识来勾勒出我们的意图以及我们如何在测试中尝试实现它们。但这样做的危险是,由于我的偏见或主观性,结果可能会出现偏差。因此我决定应从其他命题人那里收集有关预期反拨的数据。在采访他们时,我必须表现得像一个对全国高考英语考试一无所知的局外人,应该避免讨论研究的重点,以防止数据污染。因此,有关全国高考英语考试

---

① 分析中使用的已完成学生问卷数量为 976。

预期反拨的研究结果是基于我从同事那里收集的数据。有时我会利用我多年来在测试工作中积累的参与者信息，并明确说明来源。

尽管我在进行研究时已尽一切努力尽可能客观，但不能完全排除存在一些主观性。为了抵消任何可能的污染，我将详细描述所有数据收集和分析程序。这将使对研究的信度和效度进行更严格的审查成为可能。

3.4 研究工具

我采用了三种主要工具来收集数据：访谈、观察和问卷调查，还制定了一份清单来分析全国高考英语考试的历年真题。在本节中，将一一讨论这些工具，重点是数据收集程序和数据分析。

3.4.1 访谈

3.4.1.1 数据收集程序

访谈数据是通过以下方式获得的：与英语教研员的非结构化访谈；对测试命题人、教师和学生进行的深入的半结构化访谈；与测试命题人团队的小组访谈；以及与大多数受访者的后续联系。

作为研究的出发点，我与英语教研员进行了非结构化访谈，以初步了解考试影响和学校。这也作为一项试点研究，为设计半结构化个人访谈指南（附录 A）铺平了道路。数据分析中包括了在这些非结构化访谈中记录的笔记。

主要访谈包括半结构化的个人访谈和小组访谈。个人访谈是在 1999 年 6 月至 10 月期间与测试命题人、教师和学生面对面进行的，使用访谈指南确保所有访谈都涵盖相同的主题。在为期一周的全国高考英语的审查会议期间，五位考试命题人①在编写试卷时接受了访谈。访谈在每个命题人所入住的酒店房间内进行。两位未参加审核会议的测试设计人稍后在家中接受了访谈。在每次访谈开始时，我都向被访人承诺了数据的机密性和匿名性。对测试命题人共进行了 7 次单独的访谈。

与教师的单独访谈是于他们安排的日期在他们的办公室进行的。同一天的课后，学生们在教师办公室接受了访谈。由于每位教师或学生都接受了一次访

---

① 一位考试命题人没有参加会议，因此没有接受访谈。但他参加了小组访谈，并在后续联系中提供了信息。

谈,因此对教师和学生共进行了 20 次单独访谈。

所有的教师和学生受访者都被告知,这项研究的目的是调查全国高考英语考试和高三教学之间的关系。这是因为教研员建议应该告诉他们真正的目的,因为高三年级英语教学的唯一目标是获得比较高的高考分数。欧莱特和贝利(Allwright & Bailey,1991)也建议告诉参与者研究的真正目的。尽管如此,考虑到他们可能会尝试猜测考试命题人的意图并相应地回答问题,我并没有向他们透露研究的具体重点是预期的反拨效应。

个人访谈的时长在 23 到 75 分钟之间,主要取决于受访者的谈话意愿。共进行了 27 次个人访谈。

小组访谈是在第一轮数据分析后与考试命题人进行的。个人访谈结果的总结被用来引出他们对我解释的准确性的评论。此外,在数据收集期间和之后,我都与考试命题人、教师和教研员进行了当面或通过电话进行的后续联系,以邀请他们澄清模糊点并确认或否定一些发现。

所有的访谈都是用中文进行的。个人访谈由本作者录音、转录并翻译成英文。[①][②] 小组访谈是录音的,但没有转录。没有记录后续接触,但做了笔记。

3.4.1.2 数据分析

分析主要通过编码完成。根据迈尔斯和休伯曼(Miles & Huberman,1994:58)的说法,"代码可以处于不同的分析级别,从描述性到推理性"。访谈记录首先在描述性级别进行编码。本研究人员使用用于定性数据分析的软件程序 WinMax(Kuckartz,1998),对转录稿进行编码,以厘清考试命题人的意图和学校实践。最初,我使用了"初始清单"(Miles & Huberman,1994:58)。例如,根据之前对全国高考英语考试的结构的概念化,清单中包含了语用和社会语言知识的代码。当考试命题人说"测试题型应该是社会认可的和适当的"时使用此代码。我还添加了新代码以容纳清单无法涵盖的数据。例如,当考试命题人说"有些老师仍然认为全国高考英语考试是语法测试"时,考试命题人对教师的认知的代码被添加到了清单中。下一节给出了描述性编码的更详细示例。

---

① 我结合了转录和翻译过程。具体来说,我听了录音,并用英语写下了我听到的内容。原因是:①把所有的数据都转录成中文再翻译成英文太费时间;②翻译是必要的,因为我用于数据分析的软件(WinMax)尽管兼具处理中英文数据的功能,但在处理中文数据时会遇到问题。

② 我只转录了 10 个学生的访谈数据中的 6 个,因为我在转录了一些数据后进行了分析。当我转录和分析了所有考试命题人和教师的访谈数据以及 6 名学生的数据后,我发现编码系统已经达到了饱和。在对第五名学生的数据进行分析后,没有更多的新信息出现。因此,我只是听了最后 4 个学生的访谈数据,以确保既没有新的信息,也没有矛盾的信息。

3.4.1.2.1 描述性编码

本研究人员对访谈数据的所有转录稿进行了描述性编码。这里给出的例子描述了关于写作观的数据编码。在访谈中，所有受访者都应研究者的要求谈到了写作(见附录 A)。这是因为全国高考英语考试特意设计了一个书面表达部分，以产生积极的反拨效应。因此，对书面表达任务的反拨效应进行集中研究特别具有启发性，并且符合本研究的目的。

为了系统地对参与者报告的写作相关内容进行编码，我们构建了一个初始清单，其中包含四个类别：内容、组织、准确性和与传统写作观点一致的得体性。随着数据分析的进行，该清单随着更多新代码和子代码的采用而增长。编码步骤如下。

(1) 不做任何编码的情况下，通读参与者访谈数据的文本，以便更熟悉数据。

(2) 再次阅读文本，并在适当的情况下将代码附加到文本的相关部分。例如，在考试命题人 G 的访谈文本[1]中，有一段是"老师应该训练学生写重点，写一些相关的东西"。该段被编码为"内容"。在 WinMax 中，首先突出显示相关段，然后在已键入的代码清单中选择代码"内容"，最后单击"代码"图标。编码段在 WinMax 中记录如下。

> 文本：考试命题人．G．txt (58/59)[2]
> 代码：写作．内容
> 首先，教师应该训练学生写重点，写一些切题的东西。

以下是代码"内容"下的更多编码段。

> 文本：考试命题人．D．txt (43/47)
> 代码：写作．内容
> 学生应该从这两张图片中得到信息。[3] 他们应该看到学校的变化。有了这些信息，他们可以考虑如何组织它。

---

① 为保密起见，参与者仅通过他们的职业来识别，并被称为考试命题人 A、教师 A、学生 A 等。

② 括号中的数字表示工作文本中段的行号。

③ 考试命题人 D 在谈到写作时指的是全国高考英语的 1999 年真题。在试题中，使用了两张图片来提供写作的刺激内容，因为全国高考英语考试的书面表达任务通过引导写作、控制内容来获得可靠的评分。

文本：教师.E. txt（95/99）

代码：写作.内容

······学生必须看到重点。1995 年用了一张图①，今年用了两张图······我让学生找出每张图的重点。

文本：教师.H. txt（30/32）

代码：写作.内容

我首先与他们讨论重点，并请他们列出这些要点。

文本：学生.F. txt（56/59）

代码：写作.内容

我必须首先找出任务的关键点······我不应该写一些无关紧要的东西。

文本：学生.A. txt（54/57）

代码：写作.内容

但是你不应该遗漏任何需要的内容。以这道题为例，你应该写信告诉彼得如何在公园里找到你。

（3）当现有代码不包括要编码的类别时，将新代码或新子代码添加到现有代码清单中。例如，当发现教师访谈数据中的某些片段与初始清单中的四个类别中的任何一个都不同时，我添加了一个新的类别"技巧"，然后是一个子代码"字迹"。在接下来的两个部分中使用了这个新代码并给出了"字迹"标签。

文本：教师.C. txt（49/51）

代码：写作.技巧.字迹②

在这个阶段，我会遵照全国高考英语考试的要求，比如组织、句型、文章中的逻辑、笔迹、标点符号等来教学。

文本：教师.I. txt（99/100）

代码：写作.技巧.字迹

然后是要考虑评分标准，还有笔迹、标点符号······

---

① 老师指的是全国高考英语 1995 年真题。
② 该段还使用其他代码进行编码。例如，句段中的"组织"和"标点符号"分别用"组织"和"准确性"进行编码。因此，可以用编码清单中的不同代码对一个段进行多次编码。

　　此外，一个子代码"卷面整洁"被包含在"技巧"下，下面的部分是用它来编码的。

　　　　文本：教师．E．txt（212/214），（231/234）

　　　　代码：写作．技巧．卷面整洁

　　　　首先，我们已经告诉学生，不允许他们使用修正液。这在测试中是不允许的……万一他们在抄写的时候犯了一些错误，我要求他们把错误划掉。这样纸张看起来比使用修正液时更好。答题纸的外观很重要。

　　（4）检查各段是否已正确编码。这是通过查看出现在 WinMax 中单独窗口中的代码列表来完成的，其中"列出编码段"功能用于列出相同代码或子代码下的所有段。当发现错误时，该段被重新编码。例如，在前一页的两段中，"标点符号"这个词最初是用代码"技巧"编码的，后来又变成了代码"准确性"。

　　（5）检查所有重要信息是否已正确标记相关代码。我发现一些代码在一组参与者的数据中具有相应的段，但在其他组参与者的数据中没有。这意味着这些数据中缺少相关信息。发生这种情况时，我对文本进行了双重检查，以确认相关信息确实缺失。例如，来自考试命题人的数据中的以下部分分别编码为"得体性""假定作者""假定读者"和"写作目的"。

　　　　文本：考试命题人．A．txt（41/46）

　　　　代码：英语．写作．得体性．作者．读者

　　　　另一点是得体性。在这里，我们告诉考生写信人和收信人是谁，他们的关系是什么。如果老师不从这方面对学生进行培训，他们就会觉得很难。

　　　　文本：考试命题人．C．txt（117/121）

　　　　代码：写作．得体性．读者

　　　　其次，他们应该为读者着想。他们把这封信寄给谁？在这里，应该使用"史密斯先生"而不是"约翰"。语气应该有点正式，并且应该使用一些礼貌用语。

文本：考试命题人①. E. txt（227/230）

代码：写作. 得体性. 目的

我要求学生思考目的并选择要包括的内容。

然而，在教师和学生的数据中，没有使用上述代码对片段进行编码。为了确定老师和学生在访谈中没有讨论与这些代码有关的事情，我再次阅读了他们的数据，看看是否有任何可以相应分类的元素。结果表明，教师和学生的数据中都没有此类信息。

这里应该指出的是，在编码清单中，即使在其下只有一个段，一个代码也将存在，在这种情况下，编码类别的代表性可能会受到质疑。然而，这个问题通过对更大的教师和学生样本进行问卷调查得到了解决，该问卷是根据访谈结果制定的（见第5.3节）。

（6）确定参与者对写作的看法。这是通过仔细检查数据中的所有编码段来完成的。我进行了比较，以辨别教师、学生和考试命题人对写作的看法之间一致和不一致的地方（结果摘要参见第五章中的表27）。

我遵循上述六个步骤来找出有关写作任务反拨效应的可能模式。

此时需要指出的是，对编码结果的效度检验主要是通过三角验证法进行的。实现该目的的一种方法是制定一份检查清单，通过该清单审查全国高考英语考试的历年真题，以了解考试命题人对得体性、写作目的以及作者和读者之间关系的看法是否体现在测试中。通常，在写作任务中会发现有关写作目的、假定作者和读者的信息。这种检查为访谈数据的有效性提供了证据，并提供了一种工具，用于评估考试命题人的意图是否以及在何种程度上已在测试中实现（参见第4.1.2节）。

本研究中使用的另一种验证方法是通过问卷调查和课堂观察来交叉检查访谈数据。正如访谈编码中所揭示的那样，没有教师谈及写作目的、假定作者和假定读者等类别的内容。我就这一发现与问卷调查和课堂观察的结果进行了核对。问卷结果表明，这些教师在问卷中将上述编码类别评为重要（见第5.3节）。此外，课堂观察发现，一位老师实际上在课堂上讲到了得体性。对这些看似反证的证据的分析表明，这些类别的评分低于所有其他有关写作的类别的评分，例如内容和准确性（更详细的讨论见第五章）。此外，被发现在课堂上教授得体性的

---

① 考试命题人 E 曾经在一所中学任教，他正在谈论如何训练他的学生用英语写作。

老师似乎没有成功,因为依照以英语为母语的人的标准,她提供的文章并不得体,而且她似乎更关心如何提高考试成绩而不是教她的学生如何在现实生活中正确地写作(见第5.4.2.1节)。因此,上述交叉检查为访谈数据的发现提供了支持。3.4.1.3节还讨论了访谈数据的信度和效度。

3.4.1.2.2　轴向编码

描述性编码完成后,我进行了轴向编码,以找出预期反拨效应成功和失败的原因。轴向编码是在数据中的类别和子类别之间建立联系的过程,它涉及归纳和演绎思维,以及进行假设和通过数据中的证据验证假设之间的持续相互作用(Strauss & Corbin,1990)。斯特劳斯和科尔宾(Strauss & Corbin,1990:99)提出了涉及一组关系的范式模型来指导轴向编码。如下所示。

(A) 因果条件

(B) 现象

(C) 情境条件

(D) 干预条件

(E) 行动/互动策略

(F) 结果

为了跟踪由范式模型引导的分析,我们可以使用明确说明类别的属性和维度及其关系的微型框架。斯特劳斯和科尔宾(1990:101)设计的关于疼痛现象的初始微型框架如下所示:

因果条件1	现象
断腿	疼痛

断腿的特性	疼痛的具体维度
多处骨折	高强度
复合骨折	时间连续
现在的感觉	小腿位置(第101页)

轴向编码不限于本研究中的访谈数据。它还应用于观察数据、问卷数据、观察笔记、后续联络记录等。正如研究设计中提到的,在分析和收集所有数据

的整个过程中，我对预期反拨效应的成功或失败背后的原因进行了探索。对原因的识别和探索正是通过轴向编码的步骤来完成的。在这一点上，有必要提供一个如何进行这种编码的例子。以下是本研究中开发和使用的微型框架的示例。

因果条件 1
全国高考英语考试的指导功能

现象
预期反拨效应

指导功能的特点
测试技能
适用于教学的题型

预期反拨效应的具体维度
内容：四项技能
方式：以运用为导向的课堂教学
活动：多样，关注意义

因果条件 2
选拔

结果
应试教学

选拔的特点
公平性
较高信度

区分功能

应试教学的特点
提高学生的语言知识水平
对全国高考英语题型的学习活动起到了示范作用
模拟测试
使应试技能自动化

预期反拨效应的策略
增加应试技能
全国高考英语考试中的交际特征

良好选拔的策略
选择题的测试形式
控制写作内容
不测试口语，避免低信度

干预条件

根据全国高考英语考试分数对教师和学校进行的评价

教师对现实生活中的英语交流缺乏经验

现实生活中的英语交流

社会对全国高考英语考试的关注

我还编写了备忘录来记录数据分析过程中出现的见解。格泽尔（Glaser，引自 Miles & Huberman，1994：72）将备忘录定义为"在编写代码时对临时出现的对代码及其关系的想法进行理论化描述……"。在 WinMax 中，备忘录可以附加到代码或文本上，并且保存以备后用。

最后，我根据关于高三英语课程实践的描述性代码，利用伍兹（Woods，1996）的课程双重结构概念，进一步分析以确定教学重点。为方便讨论，第四章对此进行了介绍。

3.4.1.3 信度和效度的考量

林肯和古巴（Lincoln & Guba，1985）讨论了与定性研究质量相关的可信度概念。具体来说，他们强调了四个标准：可信度、可迁移性、可靠性和可证实性。这些标准大致相当于定量研究的内部效度、外部效度、信度和客观性。在本论文中，术语"效度"和"信度"用于讨论有关数据收集和分析的准确性和一致性的问题，因为这些是语言测试领域中熟悉的术语，而反拨问题根植于语言测试领域。

3.4.1.3.1 效度

尽管访谈作为一种数据收集工具被认为比问卷调查等其他工具更有效（Babbie，2001），但其效度仍然受到威胁（Kirk & Miller，1986；Minichiello 等人，1995）。对效度的主要威胁来自访谈人的倾听和提问技巧以及准确解释引出的信息的能力（Minichiello 等人，1995）。低效度也可能是因为社会期望效应或试图取悦采访者导致线人提供不准确的信息（Barone & Switzer，1995；Gorden，1998）。需要采取措施减少数据收集、分析和解释中的这些威胁。

提高定性研究效度的两种常用方法是成员检验和三角验证（Brown，2001；Davis，1992，1995；Lincoln & Guba，1985）。成员检验涉及让参与者确认或否认数据、结果和解释。三角验证可以通过不同的方法实现，例如数据源三角验证、方法三角验证和理论三角验证（Brown，2001）。基于这两种方法以及迈尔斯和休伯曼（Miles & Huberman，1994）、巴龙和斯威策（Barone & Switzer，

1995)、林肯和古巴(Lincoln & Guba，1985)以及布朗(Brown，2001)提出的其他建议，本研究人员制定了用于收集和分析数据的质量控制指南。如下所示。

访谈数据收集和分析的质量控制指南

（1）避免提出会导致社会普遍接受的回答的问题。

（2）避免提出诱导性的问题。

（3）检查不确定的领域(成员检验)。

（4）通过比较教研员、教师和学生对同一实践的描述交叉检查信息(数据源三角验证)。

（5）与线人核实从数据中得出的初步结论的准确性(成员检验)。

（6）通过察看全国高考英语考试相关文件和教材，交叉检查从访谈中获得的信息(数据源三角验证)。

例如，全国高考英语命题人的一个具体目的是让教师教学生如何为交流目的而写作，我需要了解教师是否这样做。为了遵循第一个准则，即避免寻求社会普遍可接受的回答，我避免了"你在教写作时是否强调交际目的?"这个问题。因为即使教师不这样做，这个问题也很可能会得到肯定的回答，因为"交际英语"是中国英语教师的流行口号。

3.4.1.3.2 信度

对访谈结果的信度的威胁发生在数据收集和数据分析中。提高数据收集过程信度的建议包括：①按提纲阅读问题；②记录回应的标准化方法；③与受访者保持中立、不带偏见的关系；④一致的访谈节奏；⑤在访谈前和访谈期间对受访者的一致指导(Barone & Switzer，1995)；⑥探究性审核(Lincoln & Guba，1985)。[1] 根据林肯和古巴的说法，审核"可用于同时确定可靠性和可证实性"(Lincoln & Guba，1985：318)。

在本研究中，为提高信度而采取的措施如下：

（1）使用访谈指南确保在每次访谈中给出相同的指示和结束语，并提出相同的问题(见附录 A)。

（2）所有访谈均使用相同的录音机和录音程序。所有受访者都得到保密和匿名的保证。

（3）保留访谈录音带、观察笔记、代码、备忘录等，形成审核跟踪，使其他人可以检查和确定研究的信度和效度。

---

[1] 探究性审核需要由原始数据、数据降维、分析产出等组成，由另一个或多个人检查以确认发现或解释。

数据的不准确转录和翻译也可能对信度造成威胁。克沃勒（Kvale，1996）提出两个人转录相同的访谈数据并检查其一致程度。但是，出于实际原因，我并没有这样做。我所做的是请一位同事（一位经验丰富的英语教师）抽查十分之一的文本。他的结论是，他检查过的段落的翻译和转录都是准确的。

检查编码间一致性是一种提高访谈数据分析的信度的做法（Gorden，1998；Kvale，1996）。这种方法被尝试过但被放弃了，因为它似乎不适用于目前的研究。一位同事被邀请对数据进行编码。事实证明，当出现差异时，我们很容易在讨论后达成一致，因为他似乎乐于接受我的意见，认为我比他更熟悉数据。这意味着提供的培训越多，一致性就越高。根据伍兹（Woods，1996）的说法，在这种情况下，最好只有一名编码员。

更重要的是，初始描述性编码和轴向编码本质上都是开放的。如上所述，"初始清单"只提供了一些初始的代码。随着编码的进行，编码系统扩展而不是保持固定系统。很难检查源自开放编码的代码的评分者间信度，本研究中正是如此。

简而言之，本研究人员采取了访谈指南、质量控制指南、成员检验和数据源三角验证等措施，提高了访谈数据的信度和效度。

3.4.2 观察

研究中进行了三种类型的观察：课堂观察、教师会议观察和全国高考英语审查会议观察。课堂观察是主要的观察数据来源，因此首先进行更详细的讨论。

3.4.2.1 课堂观察

3.4.2.1.1 观察工具的简要回顾

课堂观察的一个关键初始步骤是决定一种观察工具，该工具将把观察重点集中在课堂活动的相关方面。首先，我搜索了现有文献以确定本研究的工具。搜索发现，过往的研究者已经为不同目的开发了各种观察工具（Allwright，1988；Chaudron，1988；Long，1980）。在通识教育中，观察工具的开发主要是为了研究课堂互动的社会意义和推断课堂气氛（Bales，1959，Flanders，1960，引自 Chaudron，1988）。在语言教育中，课堂观察被用于研究师资教育、不同教学方法的有效性、课堂教学与语言习得的关系等。对奥尔赖特（Allwright，1988）和肖德隆（Chaudron，1988）讨论的一些著名工具的回顾表明，它们不适合本研究，主要是因为观察中的注意力焦点与本研究不同。例如，范泽洛的FOCUS 观察系统（Fanselow，1977，引自 Allwright，1988）旨在分析语言在课堂中的功能,但无法从语言运用或语言形式的导向方面捕捉课堂的焦点,而这是本研究的重点。更重要的是,虽然该系统的设计旨在为所有相关人员提供一种共同语言来谈论语言教学,但它过于复杂并且"对于实际观察目的来说过于繁复"(Allwright,1988:151)。

关于语言测试的反拨研究中,有一些利用了系统的课堂观察(Alderson & Hamp-Lyons,1996;Cheng,1998;Wall & Alderson,1993;Watanabe,1996)。在这些研究中,观察的目的是查明相关测试命题人和政策制定者想要的效果是否已经发生在课堂上(Cheng,1998;Wall & Alderson,1993),或者是否有人声称特定测试的效果在课堂教学中已经得到证实(Alderson & Hamp-Lyons,1996;Watanabe,1996)。然而,没有研究人员报告使用现有的观察方案。沃尔、奥尔德森(Wall & Alderson,1993)和程李颖(Cheng,1998)制定了他们自己的观察方案以适应他们研究的具体目的。

与之前的这些研究一样,本研究中的观察需要关注测试命题人期望在课堂上发生的事情。因此,我专门为此目的开发了一个观察方案。在这个方案的设计过程中,语言教学的交际导向方案(COLT)是一个模型,为此应该简要描述一下。

COLT方案"旨在捕捉各种环境中二语课堂互动的交际取向差异"(Frohlich,Spada & Allen,1985)。它由两部分组成。A部分包含五个主要参数。它们是:①活动——一个开放的类别,②参与者组织——组织的基本模式,例如全班、小组作业和个人作业,③内容——管理、对语言的关注、对其他主题的关注、主题控制,④学生模式——说、读、听或写,⑤材料——类型、来源和使用。

该方案的B部分分析了课堂活动中言语互动的交际特征,包括目标语言的运用、信息差、持续言语、对信息/代码的反应、话语启动和语言形式的限制。曾有一项研究应用了该方案,该研究观察了四个不同的二语课程中的13个班级,研究人员得出结论,COLT方案能够捕捉所研究语言课程的交际取向的差异(Frohlich等人,1985)。

COLT似乎是一个全面且经过深思熟虑的方案,足以满足其发明者的目的。但是,它的某些维度,例如"课堂活动中口头互动的交际特征",并不适合本研究,因为本研究旨在找出课程的重点,以便将其与全国高考英语命题人期待的课程的意图进行比较,但不研究课堂活动中的口头互动。因此,本作者在COLT的基础上,开发了一个用于本研究的方案。

3.4.2.1.2 本研究方案

课堂观察工具的一个重要方面是分析单位(Chaudron,1988)。本研究采用时间分析单位,因为本研究人员认为时间是课堂关注焦点的重要指标。为了确定高三英语课程的重点,首先确定了内容领域,然后计算了每个领域的课堂时间百分比。花费大部分课堂时间的一个或多个活动被认为是课程的重点或焦点。对形式、意义和考试策略的显性注意的发生频率进一步证实了这一点(关于显性注意的定义,请参见下一页)。时间采样单位为 30 秒,即以 30 秒为间隔对观察数据进行编码。

观察方案由三部分组成:A 部分(活动)取自 COLT,因为它适合本研究中的课堂观察目的。它记录了课堂上进行的活动。观察数据的片段与教师对阅读和句型操练等教学活动的实践概念相呼应。分析的界限由诸如"现在"和"好的"之类的语言标记来识别(Sinclair & Coulthard,1975:38)。由于它是一个开放类别,因此观察者会记下每个课堂中发生的活动。

B 部分从两个层面来捕捉教学重点。首先,它具有三个类别,与访谈数据中确定的一般教学内容领域对应。它们是语言知识、语言运用和全国高考英语考试的技能训练,在操作上定义如下。

语言运用——通过听力、阅读、口语和写作来教授英语,目的是为了交际,参与者的注意力主要集中在意义上。

语言知识——解释语法结构而不涉及其语用功能或意义;解释一个单词的字典含义,而不参考它在上下文中的使用。

全国高考英语技能训练——以全国高考英语考试的阅读和听力部分的形式练习听力和阅读,即使用长度和风格与全国高考英语考试的材料相似的听力和阅读文本,仅通过全国高考英语考试的题型(即四个选项的选择题)来测量理解力。如果任务在输入类型和预期回应方面与全国高考英语考试中的书面表达任务相同,则写作练习将被视为全国高考英语考试的技能训练。诸如语法选择题、短文改错等其他练习也被认为是全国高考英语考试的技能训练,因为这些是测试中的项目。

本研究人员将观察到的活动根据上述类别进行分类,并按时间进行量化,以找出这些类别中哪些内容领域在课堂中被优先考虑。

B 部分的第二个层次是对意义、形式或应试策略的显性注意。显性注意是指将注意力明确地集中在某些事物上,具体反映在教师和学习者的语言表达中。换句话说,它是由学生和老师所说或谈论的内容决定的。对意义的关注被视为关注语言运用的指标,对形式的关注表明对语言知识的重视,对考试策略的关注被解释为对考试准备的投入。这些信息为所观察班级的焦点提供了进一步的证据。

C 部分记录了课堂上使用的材料以及它们被结合起来的方式,为教学内容领域和所采用的方法提供证据。例如,当使用阅读文本时,它可能会从阅读技巧的角度来指示语言运用的教学。但是,如果阅读文章在长度上与全国高考英语考试中使用的文章相似,并且阅读后的问题在形式上与全国高考英语考试的题型相同,那么这就是全国高考英语考试的应试教学的证据,而不是真正意义上的语言运用的证据。这是因为在现实生活中,阅读文本后不需要做选择题。所以这个活动应该被编码在全国高考英语考试应试操练的类别下,而不是语言运用的类别下。

观察方案有两个版本。版本一的设计适用于所有课程。第二版是在练习写作时使用的,因为要检查的类别与其他课堂中的类别有些不同(附录 B 和附录 C)。

3.4.2.1.3 数据收集

本研究人员观察了 7 位教师的课堂。他们来自作为访谈线人的 10 位教师。所有 10 位老师都被要求允许观察他们的课堂。7 人同意了,但 3 人拒绝了,没有给出任何理由。因此,收集的数据可能在一定程度上存在偏差。

共进行了两轮观察。在第一轮中,观察了三种类型的课程。它们是新课、复习课和全国高考英语考试的专项训练,这些都是老师在访谈中描述的。观察开始于 1999 年 10 月,结束于 2000 年 5 月。[①]

第二轮在 2001 年 2 月,对两名教师进行了整整一周的观察。课程包括两次模拟测试和上述所有其他类型的课程。共观察到 24 节课。它们的详细信息在第四章中介绍。

观察课堂时,我总是坐在后面,这个位置让我可以清楚地看到教室。我使用迷你光盘录音机和传统的磁带录音机来记录所有观察到的课程。每一堂课都用了一张新光盘和一盒新磁带,以保证录音质量。录音机效率很高,可以记录老师在课堂上说的所有内容,以及学生大声说的大部分内容,但没有学生喃喃自语的

---

① 在观察开始之前,本研究人员计划了一个时间表,观察四个班级的每种类型课堂,并计划在 5 个月内完成所有观察。然而,在观摩过程中,由于老师们因生病、需要开会或与同事交换班等各种原因不得不更改时间表,所以在观摩的过程中多次更改了时间表。结果,观察所花费的时间比预期的要长,并且每种类型的课堂的数量也各不相同。这将在第四章中介绍。

内容。

我还现场记录了课堂特点、师生行为、老师在黑板上写的内容以及观察过程中的想法。录音机保留了所说的话,而笔记记录了课堂的视觉方面。这些观察笔记有助于在完成数据分析后重新还原课堂环境。

课堂观察期间还有两件事是收集所有使用的材料,并与学生一起检查老师是否正在表演。当被要求提供教学材料的复印件时,老师们都很配合。学生们证实,老师们没有表演。当被问及老师的表现是否与他或她通常的上课方式不同时,他们几乎无法表达出来有任何区别。

3.4.2.1.4 数据分析

分析主要通过在观察方案的帮助下对记录的课程进行编码来进行。分析步骤如下:

(1) 听一节课的录音,不做任何编码。借助观察笔记和收集的教学材料,回忆课堂环境和师生行为。同时填写观察方案的 C 部分,记录教学材料以及课堂上使用或未使用的附加任务和练习。

(2) 通过听录音识别活动并在一张白纸上列出,记录每项活动所花费的时间,以完成观察方案的 A 部分。这一步骤中使用了秒表和迷你光盘录音机上的计时器。

(3) 以 30 秒为间隔再次聆听,为三个内容领域中的每个活动编码。将结果与第二步中记录的时间进行比较,看看是否有差异,并找出是否有错误。

(4) 再听一遍,在迷你光盘录音机上的计时器的帮助下,以 30 秒为间隔识别和编码,记录对与 B 部分中的类别相关的意义、形式和应试策略给予显性注意的次数。值得注意的是,在对写作占据的课堂时间的编码中,虽然间隔还是 30 秒,但编码并没有算作持续时间,而是算作频率,我称之为显性注意的场合。例如,在 30 秒内,老师可能会用中文说"注意你的笔迹"。这只用了三秒钟。它被编码在"纸张整洁"的类别下。在剩下的半分钟里,老师可能会说某一点很重要,必须包含在写作中。那是在"写作内容"类别下编码的。在这个 30 秒的单位中,同一类别只编码一次,无论老师或学生花了多少秒来谈论写作的特定方面。

(5) 计算花费在不同内容领域的时间,并计算对意义、形式和应试策略给予显性注意的场合。为此目的使用了一个计算器。

(6) 计算并在一张空白的计算方案上记录在前一步骤中得出的持续时间。

(7) 将结果复制到 Microsoft Word 2000 中构建的表格中。

(8) 分析和综合不同表格提供的信息以确定班级的焦点。

(9) 将数据中的片段转录并翻译成英文,作为本书中论点的证据。一位同事检查了转录。

3.4.2.1.5 信度和效度的考量

对观察数据的信度和效度构成威胁的一个重要来源是,课堂上"陌生人"的存在可能会改变被观察教师和学生的行为,即观察者对所观察事物的影响(Patton,1990)。为了减少这种负面影响,我总是坐在教室后端的一些高个子学生后面。录音机放在老师的桌子上。我在所有班级都这样做,希望如果老师和学生受到我的存在和录音设备的影响,那么所有被观察的班级都或多或少受到相同的影响。

对信度的威胁的另一个来源是编码不一致。增加观察者或编码员的一致性可以提高信度。编码员间信度是指两个或多个编码员在同一课堂互动环节上的一致程度。编码员内信度是指同一编码员在两次或多次情况下的一致性程度(Chaudron,1988;Galton,1997;Wragg,1994)。出于实际原因,本研究没有追求编码员间的信度系数,而是在课堂观察数据样本的基础上建立了编码员内信度。我在观察到的 24 个班级中随机选择了两个(通过抽签),并在我完成所有数据的编码两周后再次编码。结果一致性达到93%。[①]

观察方案的效度主要通过比较由不同工具(访谈和问卷)收集的数据的结果来进行交叉检查。结果的趋同度将在第四章和第五章中讨论。

3.4.2.2 观察教师会议

在对访谈和课堂观察数据进行初步分析后,我观察了 3 次教师会议。目的是寻求答案,例如为什么老师会在课堂上这样做。例如,为什么他们如此重视写作技巧,为什么他们都将高三英语课程称为"三阶段课程",以及是否是英语教研员传播了这个想法。由于这些会议的主要主题是如何让学生为全国高考英语考试做好准备,因此我还希望获得更多关于考试准备的更广泛背景的信息。这些观察没有以结构化的方式进行,也没有进行系统分析。但观察笔记保留了与研究问题最相关的信息,并收集了演讲者讲义等材料。

3.4.2.3 观察全国高考英语考试的审查会议

正如在参与者部分中提到的,在过去的十年中,我一直参与全国高考英语考试的试卷研发。在实施反拨效应项目期间,我对全国高考英语的审查会议进行了一些参与观察。由于这些会议是高度机密的,并且不允许在会议上做笔记,因

---

① 计算一致性的方法是将一致的观察间隔数除以总观察间隔(参见 Anastas,1999:345)。

此无法进行系统的观察。因此,我只在会议后写了备忘录来记录非机密但与本研究相关的信息。当本书中提及此类信息时,其来源为参与观察。

3.4.3 问卷

3.4.3.1 目的

进行问卷调查的目的是确认访谈和课堂观察结果,并测试其对更多学校的普遍性。首先,参与访谈和课堂观察的教师完成了问卷,从而实现了方法的三角验证。其次,针对更大的教师和学生群体发放了问卷。目的是了解通过访谈和课堂观察建立的教与学模式是否也适用于广东省和四川省其他中学的高中英语课程,从而提高研究的外部效度。

3.4.3.2 问卷内容与结构

鉴于上述目的,本次调查问卷的编写采用了访谈和课堂观察结果。项目的编写是为了获取有关课程重点、教师和学生对写作不同方面的看法以及可能影响教学和学习的全国高考英语考试以外的因素的信息。

面向教师的问卷由三部分组成,共 96 项(见附录 F)。第一部分旨在收集受访者的人口统计信息,其中包含 12 个产生分类数据的项目。

第二部分旨在获取有关课堂实践的信息。它由四个类别组成,有 60 项测量尺度为定类尺度或定序尺度的问题。第一类(第 1.1～1.8 项)涉及教材。第二类涉及课堂内外的教学活动及其频率(第 2.1～2.10 项;第 3～6 项;第 7.1～7.14 项;第 8.1～8.8 项)。第三类(第 9.1～9.3 项)检查阅读、听力和写作练习是否模仿全国高考英语考试的题型。第四类(第 11.1～11.13 项)征求教师对写作不同方面的看法。

教师问卷的第三部分由李克特 5 级量表的 24 个项目组成,旨在验证可能与测试相互作用以影响学校教与学的因素。影响因素包括中学英语学习的长期目标(第 6、7、11 项)、高三英语学习的近期目标(第 2、5、13 项)、教师的切身利益(第 4.1～4.8 项))、教师对全国高考英语考试影响的信念(第 3、10、12 项),以及促使教师尽早开始备考的外部压力(第 1.1～1.3 项)[①]。

学生问卷改编自教师问卷,对一些问题进行了修改,使其更适合学生。我从教师问卷中抽取了 58 个问题,并添加了 5 个新问题以获取学生的人口统计信

---

① 本部分第 8 项和第 9.1～9.3 项(4 项)旨在了解高三英语教材是如何使用的。严格来说,它们与这部分的其他项目并不相配,如果当时将它们放在问卷的第二部分中会更好。

息。问卷共分三部分,共 63 个问题。

3.4.3.3 语言

问卷是中文的(见附录 F 和 G),因为大多数项目直接来自访谈数据,并使用参与者自己的话来帮助他们以预期的方式理解项目。此外,由于参与者用他们的母语阅读更容易,因此完成问卷的时间应该更少。问卷的英文版(附录 D 和 E)是原始问卷的译文。

3.4.3.4 预测试

在主要研究工作正式开展之前,预测试或对研究设计的一个或多个方面的初始测试被认为是可取的(Babbie,1990)。在本研究中,教师问卷和学生问卷的草稿都进行了预测试。两位教师分别被邀请做教师问卷,并讨论他们对每个项目的理解。他们还向我询问了一些对他们来说模棱两可的项目,并就如何改进这些项目提出了建议。第一位老师大概用了一个半小时把所有的题目看完。第二位老师花了五十分钟做问卷。学生问卷由两名学生进行预测试,他们与两位老师经历了相同的程序。一个学生用了四十分钟,另一个学生用了四十七分钟。

根据预测试中老师和学生的反馈,我进行了一些修改。例如,教师问卷第二部分(附录 F)的第 4 项原本是"在高三这一年期间,您的学生读了多少篇阅读材料?"在预测试中,一位老师说她无法回答这个问题,因为有些学生买了全国高考英语考试的备考材料,自己阅读了很多,而有些学生甚至可能连她要求他们阅读的所有阅读材料都没有读完。所以这个问题被修改了,现在变成了"在高三这一年期间,您要求学生课内课外大约一共读多少篇阅读材料?"

问卷在修订后进行了第二轮预测试。四名教师和四名学生分别完成了问卷调查。他们先做问卷,没有讨论。然后他们对内容和项目进行了质疑和评论。我还鼓励他们解释一些项目,以便能够发现和纠正误解。我发现大部分题目措辞清晰,师生理解没有问题。对少数给学生和老师造成困扰的项目进行了进一步的修改。例如,一名学生在理解"用地道英语写作"项目时有问题,于是我将其改写为"语言地道,不用汉式英语"(附录 G 学生问卷第一部分第 9.12 项)。学生认为第二个版本很清楚,因为他经常被老师警告不要写中式英语。

在预测试期间,还获得了其他有用的信息。老师们向我保证,在教师会议上收集数据是切实可行的,学生们则建议在每周的班会上进行学生问卷调查。由于这些会议专门讨论琐碎的问题,学生们可能有兴趣做问卷调查以调整一下。

3.4.3.5 试点研究

为了在进行主要研究之前发现潜在的问题,有必要进行一项试点研究,这实际上是整个研究的小型化演练(Babbie,1990)。该试点研究在广东省的一个城市进行,该城市此前未进行过问卷调查。教师问卷由约 100 名教师在一次教师会议上完成,学生问卷由同城一所学校的两个班级(约 100 人)按照与主要数据收集相同的程序完成。

在试点研究过程中,出乎意料的是,样本名单上的一个地区不得不比原定的时间提前两周召开教师会议。这意味着必须比计划提前两周收集第一批问卷数据。否则,将不得不为研究寻找另一个地区,这可能导致数据收集有相当长的延迟。因此,我没有足够的时间对试点研究数据进行详细分析,仅分析了 30 份教师问卷和 30 份学生问卷。尽管如此,这些数据足以为后续研究提供信息。结果表明,受访者的回答总体上与访谈和课堂观察结果一致,未发现严重问题。

3.4.3.6　数据收集程序

3.4.3.6.1　教师问卷

主要研究的教师问卷在教师会议上完成。每年广东省各地区英语教研员都会召开一到两次高三英语教师会议,告知教师上一年学生的全国高考英语考试的成绩,并邀请一位或多位演讲者谈论考试或如何备考。我被要求就前一年的全国高考英语考试的结果发表演讲,作为回报,老师们贡献了时间来完成问卷。我根据广东省招生办统计部门提供的题目难度、区分度等统计数据对结果进行了分析,并在讲座中进行了讨论。通常情况下,教师无法获得测试的统计结果,因此他们对我会谈论的内容表现出了兴趣并乐于完成问卷。

为避免数据污染,我请教师在我演讲前完成问卷。在不同地区的四次会议上所做的问卷说明是相同的,并且被大声朗读。老师们被保证匿名和保密,并鼓励他们就任何对他们来说模棱两可的项目提出问题。最后,他们被要求检查他们是否错过了任何问题。做问卷没有时间限制。最快的老师用了 20 分钟左右,最慢的用了半个小时。最后,英语教研员和一些老师帮助收集了问卷。四次会议共发放问卷 463 份,回收 401 份。丢弃无法使用的问卷(50% 的问题未回答)后,剩下 376 份问卷。回收率约为 81%。[①]

3.4.3.6.2　学生问卷

在老师的帮助下,学生问卷的填写在学生的课堂上进行。七个班级在每周班会上进行问卷调查,其他班级在老师安排的早读时间或自习时间进行问卷调

---

① 回收率的计算步骤如下。首先,在每次会议上记录最初分发的问卷数量。其次,在老师做问卷的时候,在英语教研员的帮助下收集了留在课桌和椅子上的多余问卷。这些问卷被从初始数量中减去。第三,在丢弃不可用的问卷后,统计完整问卷的数量并用于计算回收率。

查。老师们把我介绍为一位对中学英语教学感兴趣的大学老师,并要求他们做我要求的事情。程序与收集教师问卷数据的程序相同。最快的学生用了 12 分钟完成问卷,最慢的学生用了 20 分钟。共发放问卷 1 017 份,可用问卷 978 份,回收率为 96%。

3.4.3.7 数据分析

3.4.3.7.1 数据录入、数据清洗和缺失数据处理

本研究人员在四名大学生的帮助下,通过 Microsoft Excel 4.0 将完成的问卷输入计算机。系统缺失数据用点编码。"不了解/不想说"选项的选择用 99 编码。在数据输入过程中对编码进行了抽查。然后将数据从 Excel 传输到 SPSS 10.0 进行分析。

可能的数据清理方法(Babbie,2001:393)被用于清理数据。当检测到不可能的数据时,就会定位源问卷并纠正错误。

缺失数据有两种处理方式。首先,"不了解/不想说"的选择或问题无回应的数据被排除在所有分析之外,而是单独计算以查看是否会出现任何模式。第五章中报告了结果。其次,当需要计算一个项目或一组项目的平均值时,系统缺失数据,即未回答的项目,被替换为项目平均值(Babbie,2001:160)。

3.4.3.7.2 统计分析和信度与效度的估计

对问卷数据进行了两种统计分析,获得了频率和平均值等描述性统计结果,并用于在推论统计不合适或不必要的情况下进行讨论。

对某些项目进行了推论统计分析,例如因子分析和 t 检验。由于这些项目采用了李克特 5 级量表,因此有必要解释为什么采用这些传统上被认为不适合定序数据的方法。

作为通行规则,参数检验适用于具有定距或定比尺度的数据,而非参数方法适用于定类和定序数据(Sheskin,1997)。然而,对于某些类型的统计程序是否适用于或不适用于一种或多种类型的量表存在相当大的争议(Keats,1997)。近年来,似乎有一种趋势,将多项定序量表视为具有定距变量的性质(Bryman & Cramer,1997)。事实上,布里曼和克拉默(Bryman & Cramer,1997:58)在史蒂文斯(Stevens,引自 Keats,1997)的原始定距分类中添加了一个子类别。引用如下:

> 定距(a):包含"真"定距变量,与变量相关的类别可以按顺序排列,就像定序变量一样,但类别之间的距离是相等的。

定距(b)：严格来说是定序的变量，但具有大量的类别，例如多项目问卷测量。现假设这些变量具有与"真实"定距变量相似的属性。

拉博维茨(Labovitz,1970)在实证研究的基础上更进一步，建议将所有定序变量视为定距变量。他列出了这样做的一些优点：①使用更强大、更敏感、更成熟和可解释的统计数据，且其具有已知的抽样误差，以及②在统计操作中具有更大的灵活性(第515页)。

因此，我相信本研究中使用的多项量表可以假设具有与定距测量相似的属性(参见附录G学生问卷第一部分第6.1~6.14项和第9.1~9.13项)。采用这些方法的另一个原因是，在我看来，需要进行因子分析来检查量表的结构效度并减少数据以简单清晰地呈现结果。

3.4.3.7.3 测量不同内容在课堂上的练习频率

我设计了14个项目(附录G中学生问卷的第6.1~6.14项)，以找出课堂上进行不同活动和练习的频率。这些项目是根据访谈和课堂观察数据设计的，而不是基于文献中报告的理论或现成量表。我进行了因子分析，以确定这些项目是否可以代表受访者报告的不同内容领域。结果列于表6。

表6　14项课堂活动和练习的因子分析结果(评分来自老师和学生)

项目	因子1	因子2	因子3
6. 完形填空	.750		
7. 短文改错	.747		
13. 阅读理解	.746		
1. 写作	.603		
14. 单项选择题	.565		
10. 小组讨论		.812	
11. 会话		.811	
4. 两人对练		.788	
2. 教师总结语法规则			.736
12. 教师讲解语言点			.716
8. 教师讲授词汇			.643
5. 教师讲解题目答案			.627

（续表）

项目	因子1	因子2	因子3
初始特征值	3.206	1.948	1.462
可解释方差（％）	20.401	17.846	16.883

注：提取方法为主成分分析。
　　转轴方法为正交旋转。
　　这些项目在学生问卷第一部分的问题6下（见附录G）。

　　因子分析揭示了三个因子（见表6）。因子1涉及"全国高考英语考试"的内容领域，因为在该因子上负荷高的项目取决于测试的不同部分。因子2可以解释为"语言运用"，因为与高三教科书中更具交际性的活动相关的三个项目都在这个因子上负荷很高。因子3代表"语言知识"，因为在该因子上负荷高的项目涉及以知识为导向的活动或练习。这些结果为问卷中相关项目的结构效度提供了证据。

　　请注意，表6中列出了12个而不是14个项目，这是因为项目6.6和项目6.9已被删除，因为它们对分析中确定的三个因子中的任何一个都没有做出足够的贡献。

　　接下来，属于每个因子的项目的信度通过克隆巴赫系数（Cronbach's alpha）进行测试（表7）。

表7　课堂教学不同内容项目的信度

内容	项目	克隆巴赫系数
全国高考英语考试	3. 完型填空	
	7. 改错	.75
	13. 阅读	
	1. 写作	
	14. 单项选择题	
语言运用	10. 小组讨论	.71
	11. 会话	
	4. 两人对练	
语言知识	2. 教师总结语法规则	
	12. 教师讲授语言点	.68
	8. 教师教授词汇	
	5. 教师讲解题目答案	

注：这些项目在学生问卷第一部分的问题6下（见附录G）。

表 7 显示三个内容方面中项目的克隆巴赫系数适中。根据农纳利 (Nunnally，1978：245)的说法，"如何定义令人满意的信度水平取决于测量的使用方式"。他认为，对于基础研究而言，适中的信度就足够了，比如 0.70 或更高，而对于高风险测试等结果用于做出重要决策的测量，0.95 的信度应该被认为是理想的标准。鉴于本研究的探索性，上述信度系数足以满足研究目的。因此，我对项目进行了计算以获得因子均值，然后对其进行 t 检验，以确定三个内容领域之间的差异是否显著。结果在第四章中介绍和讨论。

3.4.3.7.4　测量不同内容在课后的练习频率

问卷中设计了 8 个项目来询问课后完成不同活动和练习的频率。对这些项目也进行了因子分析。分析得出了两个因子，如表 8 所示。

表 8　8 项课后活动和练习的因子分析

项目	因子 1	因子 2
3. 听力	.725	
5. 书面表达	.703	
6. 英语会话	.659	
4. 阅读	.626	
7. 短文改错	.586	
8. 完形填空	.564	
1. 语法练习		.778
2. 词汇练习		.716
初始特征值	3.3	1
可解释方差(%)	31.3	23.3

注：提取方法为主成分分析。
　　转轴方法为正交旋转。
　　这些项目在学生问卷第一部分的问题 7 下(见附录 G)。

这两个因子可以解释为对应于全国高考英语考试(因子 1)和语言知识(因子 2)。该结果与问卷中的部分结构不符，该部分旨在衡量三个内容领域的实践频率。不匹配可能是由于只有一项与语言运用实践有关(第 6 项)。[①] 因此，学

---

① 口语练习被视为语言运用练习而不是备考活动，因为练习口语的活动包含在高三的教科书中。但口语不在全国高考英语考试中进行测试。

生在课后练习语言运用的频率是否比其他两个内容领域更低仍然是未经测试的。在第四章讨论这八个项目时,仅使用了描述性统计数据。克隆巴赫系数被用来检验这些项目的信度(见表9)。

表9 课后练习不同内容项目的信度

内容	项目	克隆巴赫系数
全国高考英语考试	3. 听力	.78
	4. 阅读	
	5. 书面表达	
	6. 英语会话	
	7. 短文改错	
	8. 完形填空	
语言知识	1. 语法练习	.54
	2. 词汇练习	

注:这些项目在学生问卷第一部分的问题7下(见附录G)。

表9表明,尽管与全国高考英语考试准备活动相关的项目的信度令人满意(.78),但与语言知识相关的项目的信度相当低(.54)。一个原因可能是该教学内容包含的项目太少,因为项目的数量会影响信度。

3.4.3.7.5 测量对写作不同方面的信念

我在访谈数据的基础上编写了十三个项目,以获取教师和学生对写作不同方面的看法。这些项目列在表11中(参见第70页)。我进行了因子分析以检验这些项目的结构效度,并确定是否可以实现降维(表10)。

表10 关于写作不同方面观点的项目的因子分析(评分来自老师和学生)

项目	因子1	因子2	因子3
6. 得体性	.716		
8. 开头和结尾	.634		
4. 连贯性	.629		
7. 卷面整洁	.592		
13. 必要细节	.566		

（续表）

项目	因子 1	因子 2	因子 3
12. 地道的语言	.530		
5. 正确的大小写和标点符号	.518		
10. 假定读者		.823	
11. 写作目的		.738	
2. 假定作者		.694	
1. 保持字数限制			.748
9. 要点齐全			.589
初始特征值	3.5	1.6	1
可解释方差（%）	22	14.6	10.7

注：提取方法为主成分分析。
　　转轴方法为正交旋转。
　　这些项目在学生问卷第一部分的问题 9 下（见附录 G）。

表 10 显示可以确定三个因子。因子 1 大致涉及传统的组织、内容和语言类别。因子 2 表示修辞语境的概念。因子 3 对应于任务的测试方面，这与对内容和写作长度的限制有关。这些因子与访谈数据中确定的类别不匹配。因此，这些类别的结构效度尚未通过问卷数据建立。因子分析结果发现的另一个问题是因子的累积平方载荷仅为 47.3%，这意味着在该分析中丢失了很多信息。因此，没有进行进一步的推论统计分析。取而代之的是，单个项目的平均评分与课堂观察和访谈数据一起用于讨论第五章中的结果。为了讨论方便，我使用了访谈数据中出现的类别。我使用 SPSS 10.0 检查了 13 个项目的信度，发现它们非常可靠（Alpha＝.74）。

3.4.3.7.6 比较教师和学生对同一项目的回答

研究设计一节中提到，高三老师和学生都被邀请参加这项研究，以进行数据三角验证。通过比较教师和学生的回答，我们可以看出两者是趋同还是不同。为此，教师和学生对写作任务 13 个项目的平均评分首先列在表 11 中（见下页），然后通过斯皮尔曼（Spearman）的等级相关系数进行测试。

从表 11 中可以看出，教师和学生似乎倾向于就项目中表达的写作不同方面的相关重要性达成一致，写作语境中的三个项目（第 2、10、11 项）在两组中的评分最低。斯皮尔曼的相关系数（rho＝.91，$p < 0.01$）证明了这种一致性。

表 11　师生对写作项目的平均评分

项　目	老师	学生
1 词数一百左右,不可太多或太少。	3.75	3.62
2 答题之前需考虑谁是假设的短文作者。	3.49	3.19
3 语言正确,避免语法词汇错误。	4.42	4.59
4 运用连接词,使行文连贯。	4.33	4.28
5 大小写及标点符号正确。	4.10	3.81
6 语言得体。	4.29	4.19
7 字体工整、卷面整洁。	4.52	4.25
8 结构完整,有头有尾。	4.42	4.39
9 内容要点齐全,尽量不加不减。	4.19	3.90
10 答题之前需考虑谁是假设的短文读者。	3.04	2.88
11 答题之前先考虑假设的短文目的。	3.52	3.41
12 语言地道,不用汉式英语。	4.47	4.27
13 内容完整,酌情增减细节。	4.10	3.85

注: 这些项目位于学生问卷第一部分的问题 9(见附录 G)和教师问卷第二部分的问题 11(见附录 F)下。

对课内和课后活动和练习的项目进行了同样的分析。结果在第四章中讨论,因为发现了一些差异,需要进行解释。

3.5　检查清单

除了上面讨论的主要工具外,我还运用了检查清单,以了解考试命题人的意图在全国高考英语历年真题中实现的程度。根据试题设置一般原则、书面表达任务的试题设置原则和改错项目的原则制定了三个检查清单(附录 H)。我使用这些清单对全国高考英语历年真题进行审查,以确定是否遵循了这些原则。结果将在第四、五和六章中讨论。

3.6　总结

本研究从考试命题人、教师和学生的角度探讨了反拨效应。它将考试命题人的期望与课堂上的实际情况进行比较，以确定一致和不一致的地方，从而确定全国高考英语考试是否实现了在学校产生英语教学实践变化的目标。我使用了不同的工具来收集数据，这对提高研究的效度和信度有很大帮助。该研究的另一个目的是查明为什么测试已经或没有达到指导教与学的目标。为此，主要通过相关数据的轴向编码来研究不同的因素。研究发现将在以下三章中讨论。

第四章

总体意图的反拨效应和实际的学校实践
——分析和发现Ⅰ

本章包括六个部分。第一节讨论了测试命题人使用全国高考英语考试指导中学英语教学实践的总体意图以及为实现该意图而采取的措施。这些意图和措施是通过访谈、后续联系以及阅读全国高考英语历年真题、相关文件和期刊文章来确定的。第二节介绍了高三英语课程的双重结构和重点。第三节报告了与高中英语课程的内容、方法和材料有关的课堂观察结果,并为本课程的重点提供了进一步的证据。第四节描述了来自 378 名教师和 976 名学生的问卷调查结果。这些结果表明,基于访谈和课堂观察数据构建的高三英语课程概况在很大程度上代表了广东和四川省约 180 所中学的高三英语实践。第五节将考试命题人的总体意图与高三英语课程的概况进行比较,以确定全国高考英语考试的预期反拨效应是否发生或在多大程度上发生。研究发现,它在很大程度上被遗漏了。第六节总结了本章的分析和发现。

为保密起见,参与者仅通过其职业来识别。因此,CA 代表考试命题人 A,TA 代表教师 A,IA 代表教研员 A,SA 代表学生 A,诸如此类。这些代码在全书中使用。引用参与者时,提供转录数据摘录的相应行号,以便在数据库中找到相关摘录。没有行号的引用来自观察笔记。

4.1 测试命题人的总体意图和为实现意图所采取的主要措施

4.1.1 总体意图

访谈数据和全国高考英语考试的相关文件表明,考试命题人在中国中学英语教学实践中预期的积极反拨效应是"从正式的语言知识到语言的实践和使用的转变"(Li,1990:402)。这种意图源于两个信念。首先,中国学校的英语教学侧重于语言知识,而忽视了语言的运用,因此效率低下。其次,全国高考英语考试将能够成为变革的杠杆,因为它具有决定数百万人命运的权力。

第一个信念在相关文件和文章中明确说明(桂诗春等人,1988;李筱菊,1988;李筱菊等人,1990)。引用考试命题人 A 的话,"学校的英语教学实践曾经是,并且现在仍然主要是将英语的形式作为知识教授"(Li,1990:396)。在访谈中,她描述了她在 20 世纪 80 年代初在课堂上观察到的情况。

> 我发现很多老师漏掉了一些重要的东西。他们上课的时候,只关心里面有什么句型和生词。他们为学生设计了许多生动的练习,但练习集中在句型上。他们似乎没有考虑除此之外的事情。尽管学生练习了很多,但他们仍然不知道如何在需要时使用语言。(CA,L.507)

其他考试命题人在访谈中也表达了这种信念:

> 谈到语法教学,我们可以将语法比作盐。我们是把盐放在汤里还是分开? 我们会先吃点盐,然后喝汤吗? 现在我们[一般的中学教师]①教语法的方式是先吃盐。我们不应该将形式与使用分开。(CE,L.417)
>
> 中学英语教学的一个弱点是教单词而不教它们的用法。(CD,L.251)

这些评论表明,中国以前的语言教学方法是基于对人类语言的潜力、功能和影响的认识相当贫乏的看法。评论还强调了早期外语教学方法中固有的一些局限性,这些方法侧重于结构的准确性,而牺牲了语境中含义的适当性。

此外,考试命题人观察到,"阅读"是课堂上经常发生的活动,但并不是那种可以被视为语言运用实例的阅读。正如考试命题人 E 所说,"过去我们将精读与泛读区分开来。中学只有精读"(L.326)。另一个考试命题人将精读所采取的步骤描述为:①教授课文中的生词,②介绍背景知识,③讨论课文内容,④逐

---

① 作者给出的解释放在括号中。

句分析,⑤就课文提出问题,以及⑥要求学生复述课文(李筱菊,1988:88)。

阅读曾经被认为是一种被动的活动。外语教学方法强化了这一立场。通过解释每一个新的结构和词汇项目,教师使学生适应习得性无助,并几乎可以说是主动地阻止他们形成独立的外语阅读态度。每篇新的阅读文章都成为了断章取义、死记硬背的负担,而不是建立在以前的知识之上,从而促进技能发展,并为增加词汇知识提供具有挑战性的机会。换句话说,阅读对于真实语言运用来说更多是阻碍而非帮助。

高考命题人所描述的内容提供了一个典型的中国外语学习方法的例子。这种方法被描述为专注于强化学习,专注于语法结构的考试,以死记硬背的方式学习词汇,以及缺乏对更多交际技巧的关注(Harvey,1990)。这种做法不仅在中学盛行,而且在大学和学院也盛行(Cortazzi & Jin,1996;Dzau,1990;Harvey,1990)。因此,1985 年至 1987 年间的全国高考英语考试结果显示,中学毕业生的语法相当强,但四项技能却很弱,也就不足为奇了(桂诗春等人,1988)。

简而言之,考试命题人认为,在全国高考英语考试出现之前,中国学校的英语教学主要是通过精读来传授语言知识,而忽略了语言的运用。出于对这种事态的关注,他们致力于引发变革的使命。全国高考英语考试被选为完成这一使命的工具。

全国高考英语考试能够在学校的英语教学实践中带来改革的信念似乎是测试命题人毫无疑问的假设。在访谈中,八位考试命题人中有六位有过相关陈述,大意是,如果某样东西被测试过,它就会被教授,如果它没有被测试过,那么老师就不会教它,学生们也不会想学习它(CA,L. 179;CB,L. 128;CC,L. 439,CE,L. 350;CF,L. 226,CG,L. 179)。然而,当他们被邀请参加小组访谈来确认或否认个人访谈中出现的那些观点时,他们却并不同意"测试的东西教,不测试的东西不教"这样的说法。他们回避了这种绝对的说法,说"只有在某些极端情况下才如此"。我对他们在个人访谈中和在小组访谈中的陈述之间看似矛盾的部分的解释是,尽管考试命题人确实相信全国高考英语考试能够将教学引导到他们预期的英语教学实践上,但他们不会就单项测试的力量采取极端的立场。由于这种信念,考试命题人努力通过全国高考英语考试来传达他们关于在学校应该教和学什么的信息。正如考试命题人 C 所说,"我们总是希望我们的测试能提醒教师和学生,他们应该培养运用英语的能力"(L.542)。

但他们所说的运用英语的能力是什么意思?由考试命题人在小组访谈中确认的个人访谈数据摘要提供了这个问题的答案。图 3 列出了考试命题人提到的与他们所倡导的语言运用能力相关的知识组成部分和技能。

语言知识
　　● 语法 ● 词汇 ● 音韵学/字系学
文本知识
　　● 衔接 ● 连贯性 ● 修辞或会话组织
语用知识
　　● 功能性 ● 社会语言学
专题知识
　　● 通识 ● 文化
技能
　　● 听 ● 说 ● 读 ● 写

图 3　英语运用能力

这不是传统的仅由语言知识和四种技能组成的知识加技能模型（Bachman & Palmer，1996）。[1] 在这个模型中，知识的组成部分已经超越了纯粹的语言知识，包括语用和社会语言知识以及专题知识。考试命题人所提到的语言知识实际是指构词法和构造句子的规则以及词汇的不同方面，例如发音、拼写、句法功能和字典含义。

文本知识是指文本的衔接和连贯性。在访谈中，测试命题人一再提到文本整体组织[2]，其中使用的话语标记，以及构成文本的句子和话语之间的逻辑关系的重要性。

语用知识是指关于句子或话语的形式与功能之间关系的知识。如果不了解产生话语的物理或社会环境，就无法理解话语的预期功能。一位考试命题人引用了一个例子来说明这一点："'你擦了多少窗户了？'这个问题可以是一个纯粹的询问事实的问题。或者它可能是对工作速度慢的抱怨。如果没有上下文信息，我们就无法真正理解话语。"（CC，L. 478）

社会语言学知识被认为对于理解话语和在语言的生产性使用中实现得体性都是必不可少的。

专题知识分为关于世界的通识知识和文化知识。由于英语对中国学习者来说是一门外语，因此关于英语国家文化的知识被考试命题人认为是学习者使用语言能力的重要组成部分。

---

[1] 为了便于讨论，我借用了巴赫曼和帕尔默（Bachman & Palmer，1996）使用的一些术语，因为它们与考试命题人的术语具有相同的含义。

[2] "文本"是指书面和口头文本。

在技能方面,考试命题人采用了传统的听、说、读、写分类。考试命题人 C 将面对面交流中涉及的语言的交互使用以及笔译和口译中的中介使用添加到了技能列表中(van Ek & Trim,1991)。

上述语言能力概念与当今英语教学实践领域广泛接受的交际能力概念是一致的,唯一的例外是,策略能力是流行的交际能力模型的一个组成部分(Canale & Swain,1980;Bachman & Palmer,1996),但考试命题人对此没有明确讨论。事实上,其中一位考试命题人是中国交际教学方法的先驱,是《交际英语教程》(李筱菊,1987)的作者。① 因此,考试命题人的术语中的"语言运用能力"或多或少等同于萨维农(Savignon,1983)以及巴赫曼和帕尔默(Bachman & Palmer,1996)等研究人员定义的交际能力。这种能力被认为是英语教学实践的最终目标。根据考试命题人的说法,教师和学习者需要拓宽他们对语言学习内容的看法。语言知识只是语言能力的一部分,而不是英语教学实践的最终目标。他们希望全国高考英语考试可以作为一种工具将这一信息传递给教师和学生,他们可能会通过改变他们在英语教学和学习实践中的信念和行为来做出回应。考试命题人在个人和小组访谈中讨论了培养语言运用能力的适当教学方法,具体方法参见图 4。

-采用以学生为中心的方法
-不仅使用教科书,还使用其他材料
-使用真实的材料进行教学和学习
-使用真实的任务,例如听广播和看英语电视节目
-使用英语作为英语课程的教学手段
-语言知识可以通过以下方式明确地教授
  • 死记硬背学习过去时和搭配等形式(但这应该是次要的)
  • 练习词形及其用途
  • 将教学中的语言元素情境化
-应通过一系列活动来培养技能,例如
  • 阅读英文报纸和杂志
  • 阅读和回答问题;阅读和撰写摘要或大纲
  • 在电视和广播中听英语
  • 角色扮演、两人对练、小组讨论
    (在进行活动时,重点应该放在意义和过程上)

图 4　培养英语运用能力的方法

考试命题人对理想的语言教学和学习活动的看法在很大程度上与萨维农

---

① 尽管出于道德考虑,我试图让我的所有线人匿名,但对于那些出版物被引用的线人来说,这样做是不可能的。在这种情况下,我已寻求并被获准透露他们的身份。

(Savignon，1983)、威多森（Widdowson，1978，1983）、理查兹和罗杰斯（Richards & Rodgers，1986)等作者讨论的语言教学的交际方法一致。这些观点，连同前面讨论过的语言能力定义，形成了全国高考英语命题人希望传达给学校教师和学习者的"教什么和如何教"的信息。

4.1.2　为实现意图所采取的措施

为了向学校传达他们的信息以实现他们的总体意图，考试命题人在设计和研发全国高考英语考试时采取了一些措施，其中之一是使测试具备交际特点。

与注重形式和结构的传统教学方法相比，交际法主要将语言视为人们在实际情境中进行交流的一种手段。因此，交际法强调意义和上下文的适用性而不是语法规则和孤立的词汇（Savignon，1983；Widdowson，1978）。根据这种方法，全国高考英语考试设计人员制定了一些旨在使测试更具交流性的原则，如下所示：

（1）尽可能将试题置于交际语境中；

（2）使意义成为所有试题的重要组成部分，包括考察孤立语法点的单项选择题；

（3）强调语言运用的恰当性，而不仅仅是语法正确；

（4）使测试试题和任务尽可能接近现实生活中的语言运用（李筱菊等人，1990）。

通过检查清单（见附录 H）对三份全国高考英语的过往真题的检验表明，原则（1）和（2）已在许多全国高考英语的试题中得到证实（分别为 43% 和 74% 的试题），而原则（3）仅在某些试题中得到证实（2%）。下面是一个例子，用以说明考试命题人对测试试题的情境化和意义最大化的含义。

例 1

试题 A

高考英语（85）[1]We think the film is _____.

A．worth to see　　　　　　　B．worthy of seeing

C．worth seeing　　　　　　　D．worthy to see

---

[1] 该考试在 1985 年至 1991 年的试验阶段被命名为高考英语考试（MET），并于 1992 年开始在全国实施时更名为全国高考英语考试。

试题 B

全国高考英语(93) —Is _____ here?

—No，Bob and Tim have asked for leave.

A. somebody B. anybody

C. everybody D. nobody

为了完成试题 A,考生只需要回忆他们关于"worth"和"worthy"这两个词的句法功能的语法知识。选项的词干或上下文的含义在很大程度上是多余的。因此,教授孤立的语法规则就足以让学生为此类试题做好准备。

相比之下,试题 B 更强调意义。首先,考生必须正确理解上下文,然后想象产生这两种话语的情况。如果他们仅仅依赖于他们对相关语法规则的了解,该规则规定"somebody"必须用于肯定句,"anybody"必须用于疑问句和否定句(张道真,1979),那么考生会选择干扰项 B,而不是正确答案 C。在设置此类试题时,考试命题人放弃了每道试题只测试一个语法点的分离式试题编写原则(李筱菊,1997)。试题 B 不仅考查对四个代词的认识,还考查对口吻的理解和对语境的想象。

对日常生活中的客套用语的检验,通过下题体现了强调恰当性的原则。

例 2

全国高考英语(98)—Can I get you a cup of tea?

— _____.

A. That's very nice of you B. With pleasure

C. You can，please D. Thank you for the tea

为了回答这个问题,考生需要了解英语常用表达的功能。语法分析没有帮助。

原则(4),即使测试试题和任务尽可能接近现实生活中的语言运用,由于单项选择的题型所限,似乎不适用于考试中的大多数项目,这被考试命题人 A 称为非交际、死板的题型(Li，1990；396 - 397)。然而,这一原则体现在书面表达任务中,它通过明确地提供写作目的、作者和读者的角色以及他们之间的关系来模拟现实生活中的写作语境。这将在第五章中详细讨论。

另一个在学校加强测试设计者意图及其对英语教学影响的主要措施是逐渐

减少测试的知识成分和增加测试的使用成分。这一过程自 1988 年以来一直在进行。1985 年和 1999 年的全国高考英语题型结构列于表 12 以说明这一变化过程。

表 12　全国高考英语考试

1985			1999(广东版)①		
内容	题型	比重(%)	内容	题型	比重(%)
第一卷	单项选择题		第一卷	单项选择题	
Ⅰ. 单词辨音		7	Ⅰ. 听力		20
Ⅱ. 完形填空		13	Ⅱ. 语法/词汇		10
Ⅲ. 语法/词汇		20	Ⅲ. 完形填空		20
Ⅳ. 阅读理解		34	Ⅳ. 阅读理解		27
Ⅴ. 能力测试②		13			
第二卷			第二卷		
Ⅰ. 书面表达	指导性写作	13	Ⅰ. 短文改错	改错	6.5
			Ⅱ. 书面表达	指导性写作	16.5
总计		100			100

全国高考英语考试由两卷组成。在 1985 年的版本中,第一卷仅包含单项选择题,第二卷是指导性写作任务。1999 年版的第二卷中增加了短文改错任务。表 12 显示,测试语言知识(发音、词汇和语法)的分离式考试试题的权重从 1985 年的 27% 下降到 1999 年的 10%,而测试语言运用的试题的权重,即听力、阅读和写作从 1985 年的 47% 增加到 1999 年的 63.5%。

根据两位考试命题人(CA 和 CC)的说法,逐渐转向更加强调语言运用是一种策略,旨在确保公众在考虑正面反拨效应之前就先接受和认可测试。一个隐含的假设是,测试中语言知识成分的稳步减少将鼓励教师和学习者在分离的语言形式上花费更少的精力和课堂时间,而更多地通过听力、阅读和写作活动来运用语言。

---

① 1999 年该版本在广东省作为全国试点使用。2003 年取代全国版。

② 1988 年删除了能力测试部分,因为根据考试命题人的说法(李筱菊等人,1990),由于学校的过度训练,其信度和效度受到了极大的破坏。

值得注意的是,尽管全国高考英语考试出于信度考虑采用了单项选择题型(桂诗春等人,1988),但测试命题人并不赞成将其用于教学。引用考试命题人 A 和考试命题人 E 的话来说:

> 在现实中,你不需要单项选择题,只需要开放式问题来检查他们[学生]的理解……他们[老师]可以让学生根据他们所听到的内容绘制图表。(CA, L. 295)

> 他们[学生]阅读并做单项选择题……他们应该阅读并做其他练习。例如,他们可以阅读一个长篇故事并进行讨论。(CE, L. 297)

两位考试命题人的说法表明,尽管有全国高考英语题型,但教师和学习者还是应该进行各种活动来发展他们的语言运用能力。一旦获得了这种能力,考试成绩就会自然提高。

总而言之,测试命题人的主要目的是通过在整个全国高考英语考试中体现交际特征并操纵其语言知识成分和使用成分的权重来鼓励在学校使用语言。自从听力、阅读和写作被纳入测试以来,全国高考英语试卷在一定程度上成功地传达了关于教什么的信息。① 然而,它在传达关于如何教学的信息方面并不成功。这是因为大多数测试项目都是选择题形式,这种形式似乎不足以告知教师和学习者理想的教学方式。考试命题人在小组访谈中讨论了这些理想的方法(参见图 4)。考试命题人的总体意图如图 5 所示。

全国高考英语考试前　　　　　　　　　全国高考英语考试后
（考试命题人的信念）　　　　　　　　（考试命题人的预期）

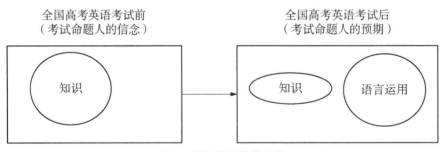

图 5　学校英语教学实践

一个合理的问题是,学校的英语教学实践是否已经从以知识为导向的教学

---

① 全国高考英语考试不会对所有考生进行口语测试,但会在第二次考试中进行测试,该考试针对计划在大学主修外语的考生进行。

转变为以使用为导向的教学，这取决于过去15年中全国高考英语考试中语言运用试题的权重增加。这个问题的答案可以通过检查中学高三的英语教学实践来寻找。换言之，我们需要了解教师和学习者是否已经摒弃了传统的孤立语言知识的教学和学习方法，而采用了考试命题人所希望的更具交际性的方法。为此，我对高三英语课程的重点进行了确认，结果将在下一节中介绍。

4.2　高三英语课程的重点

高三英语课程的重点是语言知识和全国高考英语考试的题型。这些发现是根据伍兹的课程双重结构概念，通过分析教师的访谈数据和后续接触获得的。下面给出这个概念的简要说明。

伍兹（Woods，1996）认为课程有两种类型的结构：时间顺序（日历/时钟）结构和概念结构。时间结构是日历和时钟方面的正式时间表。在此框架内，有一定数量的课堂，如图6所示。

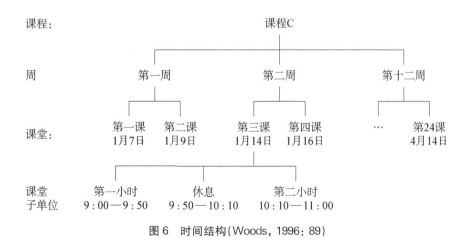

图6　时间结构（Woods，1996：89）

另一方面，概念结构由处于不同抽象层次的概念单元或元素组成，可以将其视为内容、目标或方法。课程概念结构的顶部是总体概念目标。在下一个级别，在课程中要涵盖的主题或话题方面有子目标。这些主题可以包括中间概念单元，这些单元涉及为了在结构的更高层次上实现某个概念目标而进行的活动，以此类推。图7说明了该结构的一些主要概念组件。

在本研究中，对高三英语课程进行了分析，以帮助理解其时间顺序和概念结构。

图 7　主要概念组件的组织(Woods, 1996: 95)

4.2.1　高三英语课程的时间结构

正如第一章所提到的,中国的中学基本在全国范围内使用统一的课程和相同的教科书。然而,与低年级的老师不同,高三英语教师有一定的选择课程教学材料的自由,因为根据规定,高三英语教科书是可选的(Jacques & Liu, 1994)。理论上,不同学校的高三英语课程可能与统一课程中的描述有不同程度的差异。因此,收集经验数据以了解高三英语课程至关重要。为此,我进行了访谈,通过访谈确定了课程的时间结构,如表 13 所示。

表 13　高三英语课程的时间结构

时间	名称	内容
阶段一: 八月到一月	复习	"在复习课上,学生复习他们在高一和高二学过的英语课本中的单元,重点是语法规则和词汇。他们通常在上课前这样做。在课堂上,我们讲授相关的规则和词汇,然后让我们的学生练习。我们希望帮助他们加强他们在前几年学到的语言知识。我们还教授高三英语课本中的新课,只专注于阅读。"[①]
阶段二: 二月到五月	专项训练	"学生接受训练,逐一完成全国高考英语考试中的不同部分。例如,他们将练习几天的语法项目,然后练习几天的完形填空。我们会讨论一些应试策略和这些部分的特点。"
阶段三: 六月到七月	综合训练	"学生们都在做模拟测试,一天一个测试。例如,星期一他们有数学考试,星期二有语文考试,星期三有英语考试等等。我们则忙于批改试卷并找出学生的弱点,以便帮助他们改进。"

---

① 使用高三英语课本时,老师们称这些课程为"新课",与复习课形成对比。据他们介绍,高三课本主要用作教阅读的材料。有人说,他们在八月份很快就教完了这些教材,以便有更多的时间进行复习。其他人说,他们将新课安排在复习和全国高考英语备考训练阶段。

表 13 显示了教师和教研员描述的高三英语课程的阶段、名称和内容。每个阶段的内容是他们对该阶段所做工作的描述的总结。

第一阶段包括两种类型的课程：复习课和新课。复习课展示了去语境化的语言知识学习，这与测试命题者不鼓励教授孤立的语言知识的意图背道而驰。在教授新课的过程中，高三英语教科书被视为非核心工具，因为它们仅用于练习全国高考英语题型的阅读。第二阶段似乎是应试教学的典型例子。一些专家认为这种做法适得其反（Bracey，1987；Haladyna，Nolen & Haas，1991）。其他人认为它能够带来有益的结果（Hughes，1988）。第三阶段发生的事情是排练，让学生为真正的考试做好准备。

需要指出的是，构成每个阶段内容的活动类型并不仅限于该阶段。例如，一位老师说：

> 通常在整个课程开始时进行模拟测试，以找出我们学生的弱点在哪里，以及我们复习时的教学重点应该放在哪里。除了由区和市教育部门组织的模拟考试外，我们学校每个月还会有一次模拟考试。(TH)

因此，归属于每个阶段的活动类型只是该阶段的主要活动，而不是唯一活动。

高三英语课程的时间结构表明语言知识仍然被强调。该课程的另一个重点似乎是高考英语备考。对概念结构分析以确定目标或子目标，证实了时间顺序结构给出的这种印象。在我看来，课程中固有的目标或子目标是其焦点的一个很好的指标。为此，下一节将分析概念结构。

4.2.2　高三英语课程的概念结构：注重语言知识和全国高考英语考试

高三英语课程的概念结构如图 8 所示。

根据一名教研员（IA）和一名教师（TF）的说法，该课程的总体目标是提高学生在即将到来的全国高考英语考试中的分数（见图 8），因为学生进入的是高中，而不是职业学校，唯一的目的是为了争夺高等院校的名额。引用老师的话来说，"学生们来到[学校]是为了实现他们的目标，即进入大学"（TF，L. 132）。老师的评论得到了另一所学校的学生的附和："我必须学习英语，因为我想上大学。考试激励我学习英语。"（SD，L. 173）

这个总体目标可以分解为两个子目标。一是强化学生的语言知识或强化

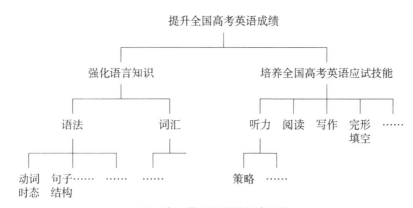

图 8　高三英语课程的概念结构

"语言基础"(TF，L. 62)。这一目标体现在教师对主要在第一阶段所涉及的活动的描述中(见表13)。第二个子目标是通过让学生熟悉考试形式和内容来培养他们的全国高考英语考试的应试技能。① 这个目标可以在课程的第二阶段和第三阶段(分别称为"专项训练"和"综合训练")中检测到(见表13)。总体而言，这两个子目标有利于实现提高学生在全国高考英语考试中的分数的总体目标。

子目标可以进一步划分为一些中间概念单位。在强化语言知识的目标下，我们找到了语法学习和词汇学习的组成部分。一位老师描述了语法是如何被复习的：

　　　　我们会和学生一起系统地复习语法，并让他们做很多练习……我们一定会复习定语从句、倒装句、主谓一致、不定式等重要的语法点……但是我们在名词等一些简单的语法点上花费的时间较少。我们只会讲复数形式，一些不寻常的复数形式的单词。(TJ，L. 218；L. 245)

因此，教师讲授语言点和学生做语法练习是强化语言知识的两种方式。加强学生语言知识的另一种方法是进行测验。在一次访谈中，一位老师描述了他的学校使用的词汇测验：

---

① 我所说的"全国高考英语应试技能"是指以全国高考英语考试的题型进行的技能教学。没有老师提到口语教学，这是一项在全国高考英语考试中没有测试过的技能。据老师们介绍，听力、阅读和写作活动都是以全国高考英语考试的题型为蓝本的。

　　我使用去年的全国高考英语考试的大纲打印出词汇表。[①] 有十多页。我每隔一天给他们[学生]一页。列表中大约有 200 个单词。我请他们自己写出这些单词。他们用中文写出每个单词的含义。经过反复练习,我们抽取了一些单词来测试我的学生。我们在一堂课中测试大约 200 个单词……给定 100 个英文单词,他们必须写出对应的中文单词。给定 100 个中文单词,他们必须写出对应的英文单词。那些未能获得 80% 正确率的人必须得再次参加相同的测验。获得 80% 正确率的人,下一次必须要获得 90%。这种做法促使学生背诵单词。(TE. L. 837)

　　上述说法表明,去语境化的语言知识传授继续在高三英语课程中占据中心位置。问题是,为什么即使过去十年的全国高考英语考试中语言知识的权重有所降低,教师仍然坚持教授形式语言知识而牺牲交际意义和语境(见表 12)。这在第六章中有所说明。

　　本课程的另一个子目标——帮助学生培养全国高考英语考试的应试技能——也可以根据全国高考英语考试的不同部分划分为较低级别的概念单位。根据老师和教研员的说法,包括完形填空在内的每个部分都被视为一种技能,并且过度练习。这不仅在课堂上进行,而且更频繁地在课外进行。听力、阅读和写作作业占用了学生大部分的课外时间和假期时间。老师还会让学生在早上上课前和晚上自习时间练习全国高考英语考试的听力任务。一位教研员说:

　　他们[某校高三学生]当年一共完成了 60 套听力题。[②] 问题是书店里没有足够的全国高考英语的听力练习材料。否则他们本可以做得更多。(IB)

　　阅读也受到了很大的重视。在课堂上,除了阅读各种备考材料的练习外,还使用了高三英语课本来训练技能。课外,学生们完成了老师布置的阅读作业。

---

① 在全国高考英语考试大纲中有一个包含 2 003 个单词和 356 个短语的词汇表,取自英语课程(《1999 年普通高等学校招生全国统一考试说明》,1999)。任何词汇表之外的词都不应在高考卷中使用,除非它的含义在括号中以中文给出。

② 遵循全国高考英语的题型,一套听力项目包含几个对话和独白以及 20 道选择题理解题。

在与一位经验丰富的北京英语教研员交谈后,一位老师说:

> 据他(来自北京的教研员)说,高三学生一年至少要读 600 篇短
> 文……①我们的学生从开学开始就读了大约 300 篇。(TE,L.633)

写作也是课程中技能培训的共同目标。五位老师提到他们的学生每周至少写一篇短文作为家庭作业,此外还要完成模拟测试中的书面表达任务(TD,L.13;TE,L.22;TF,L.84;TH,L.11;TA,L.18)。由于上课时间有限,老师让学生在课后练习这些技能。

练习听力、阅读和写作是考试命题人的意图。这为基于对全国高考英语命题人进行的调查得出的结论提供了额外的证据,即最显著的变化发生在引入全国高考英语考试之后的课堂之外(Li,1990:400)。然而,这些技能是以考试命题人可能不认可的方式练习的。例如,单项选择题已进入大多数阅读活动。事实上,我在访问八所学校时看到的阅读材料中的所有理解题都是选择题。尽管为了信度,考试命题人不得不在测试中使用单项选择题,但他们明确表示反对在教学中使用这种题型(参见第 4.1.2 节)。因此,虽然强调发展阅读能力是值得称赞的,但负面影响可能是学生可能会接触大量材料而没有充分理解,因为把选择题做对已成为阅读的最终目标。

训练听力的方式也值得关注。当被问及她对全国高考英语考试新加入的听力部分的看法时,一位老师评论说:"过去我们给学生听短篇小说。现在我们让他们做很多与全国高考英语考试中的试题完全一样的题目。添加听力部分很好。"(TA,L.122)

令人不安的是,她的学校曾经有一些更真实的听力活动,但自从听力被引入全国高考英语考试以来,学校已经做出了一些改变,以模仿全国高考英语听力的形式。显然,学校的英语练习不仅受全国高考英语考试的内容的影响,还受其形式的影响。一些教师倾向于以考试形式模拟学习活动。为什么考试的形式会产生如此强大的影响?我们的老师提供的一种解释是,如果学校的练习看起来不像高考英语的题型,学生和他们的父母就会抱怨。就高三英语课程而言,至少在一些家长和学生看来,培养全国高考英语考试的应试技能似乎是唯一合

---

① 一篇短文通常在 200 到 300 字之间。这是全国高考英语的阅读文章的平均长度。据我观察,大三所使用的阅读文章大部分都是这样的长度。

乎逻辑的做法。因此,本课程的第二个子目标在学校和广泛的社会背景下是合理的。

4.2.3　高三英语课程的概况

在揭示了它的时间顺序和概念结构后,我们可以将它们放在一起来获得高三英语课程的概况(见图9)。

概念结构	时间结构		
	阶段一 八月—一月 复习	阶段二 二月—五月 专项训练	阶段三 六月—七月 综合训练
总体目标: 提高全国高考英语成绩	＊＊＊	＊＊＊	＊＊＊
子目标1: 强化语言知识	＊＊＊	———	———
子目标2: 培养全国高考英语应试技能	———	＊＊＊	＊＊＊

图9　高三英语课程结构

图9中的星号表示目标或子目标与特定阶段焦点的关联,而虚线表示,虽然相关子目标在该阶段没有获得第一优先级,但它仍然是其目标之一。很明显,高三英语课程的两个重点是语言知识和全国高考英语应试技能或以全国高考英语考试为导向的使用。图10展示了课程的这两个重点。

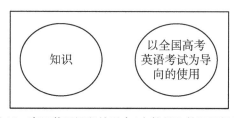

图10　高三英语课程的重点(由教师和教研员报告)

然而,这些初步结论仅基于访谈数据。为了验证这些发现,需要使用不同的工具收集更多数据。在下一节中,将介绍有关课程重点的课堂观察结果。

4.3 高三英语课程的缩影——课堂观察结果

4.3.1 课堂观察的目的和所观察的课程

进行课堂观察是为了收集进一步的证据来支持或反对高三英语课程侧重于语言知识和全国高考英语考试备考而不是语言运用的初步结论。换句话说,语言形式和全国高考英语考试的应试技能是教授的主要内容领域。语言运用,即以意义为重点的技能实践,既是全国高考英语命题人的意图,又体现在高三教科书的某些活动中,但却被忽视了。为了达到上述目的,有必要了解教师和学习者在课堂上是否做到了他们所说的,他们的注意力集中在什么地方。具体来说,老师和学生有没有做到以下几点?

(1) 在复习课中复习已经学过的语言知识。如果有,他们是如何做的?

(2) 使用高三教材。如果有,他们是否将文本主要作为阅读材料?

(3) 练习全国高考英语考试的题型。如果有,他们是如何做的?

(4) 进行模拟测试。如果有,他们是如何做的?

(5) 教师和学生在课堂上是否主要关注形式、意义或应试策略?

如果发现教师和学生在课堂上按照他们所说的去做,并且如果他们的注意力主要集中在形式和应试策略上,那么关于高三英语课程重点的初步结论是有根据的。否则,这些点需要重新考虑。

为回答上述问题,我选择了访谈中教师分类的四类课程进行观察,如表 14 所示。

表 14　被观察的课程
(1999 年 12 月～2001 年 2 月)

课程类型	教师	课时数
复习课	D、F、I、B、E	8
新课	H、E	4
全国高考英语专项训练：书面表达、听力、阅读	I、E、D、A、B	6
全国高考英语综合训练：模拟测试和结果分析	B、E	6
总计	4	7	24

总共观察了 24 节课。四节课涉及写作练习。它们在专门讨论书面表达任

务的反拨效应的第五章中单独讨论。本章处理其他 20 节课的观察结果。

　　课程长度从 30 分钟到 2 小时不等。最短的是全国高考英语专项训练的课程——听力和阅读——因为它们是在常规课程开始前的清晨和学生晚自习的时间进行的。在这些课程中,老师总是在场组织活动,学生必须出席。最长的课程是模拟测试课程。每次持续两个小时,就像真正的测试一样。除"全国高考英语专项训练"和"模拟测试"外的常规课程各持续 45 分钟。

　　首先对 20 个班级进行分析,以确定教学内容、方法和使用的材料。然后对这些数据进行量化,以确定分配给不同教学内容领域的课堂时间百分比,以及实际上有多少显性注意投入到形式、意义和应试策略上。

4.3.2　体现在教学内容、方法和材料上的语言知识和高考英语技能的强化训练

　　在本小节中,讨论了在四种类型的课堂中观察到的教学内容、材料和方法。首先,观察课中使用的教材如表 15 所示。

表 15　课堂观察中使用的材料

材料	内容和练习类型					
	已使用		未使用			
课本	语法和词汇	阅读理解	听力	写作	口语	综合
	(填空;翻译)完形填空(选择题)	(选择题;判断题;开放题)	(选择题;判断题;开放题;信息定位)	(自由写作;回信;不控制内容的指导性写作)	(讲故事;两人对练)	(记笔记;小组讨论;两人对练;阅读和概要写作;阅读和进行对话)
全国高考英语历年真题	语法和词汇(选择题)	完形填空(选择题)短文改错(改错)	阅读理解(选择题)听力(选择题)书面表达(控制内容)			
商业用途的备考书籍	语法和词汇(填空;翻译)	完形填空(选择题)短文改错(改错)	阅读理解(选择题)听力(选择题)书面表达(高考题型)			

（续表）

材料	内容和练习类型					
	已使用		未使用			
课本	语法和词汇	阅读理解	听力	写作	口语	综合
商业用途的教师设计的模拟试题		与高考题型一致				
教师设计的试题	词汇和语法（填空；翻译；判断题；单句改错）					
高考英语词汇表；全国高考英语书面表达评分标准						

注：括号里的是练习题。

在所观察的课程中使用了各种材料（见表15），包括教科书、全国高考英语考试材料（包括历年试卷、单词表和评分标准）、商业用途的考试辅导书以及商业用途的试题编写者和教师亲自设计的模拟试卷。教学内容包括语法、词汇、阅读、听力、写作以及全国高考英语考试中的其他题型，例如完形填空和改错。在所有的材料中，有些练习是相当传统的，例如备考书中动词形式的填空和课本中的孤立句翻译。其他则以考试为导向，例如完形填空和备考书中的阅读练习。这些与全国高考英语考试中的完形填空和阅读题型完全相同。还有一些练习更具有交际性或更接近真实的语言运用，例如仅在教科书中发现的综合技能训练任务，包括小组讨论、听写信息等。

然而，值得注意的是，课本中更多的交际任务根本没有使用，而所有的知识导向和考试导向的练习都是在课堂内外完成的（见表15）。因此可以肯定地说，在所观察的课程中，强调的是语言知识和全国高考英语考试，而牺牲了语言在现实生活中的交际使用。

表15所示的教学内容和材料让我们对所观察到的课程有所了解。然而，如果不确定学生和他们的老师在课堂上做了什么，即课堂上正在进行什么教学方法和学习活动，就无法更全面地了解这些课堂。因此，在课堂上观察到的教师和学生的行为如表16所示。

表 16　课堂上的师生行为

课堂类型	教　师	学　生
复习课	-讲解高三英语下册的课文	-听课和做笔记
新课	-要求学生做练习 -提问 -语言点/应试策略讲座 -检查学生在课堂上或作为家庭作业完成的作业 -解释难点/试题	-在课堂上做练习 -回答老师的问题(单独或齐声) -指定难点/试题让老师解释
全国高考英语考试训练课程	分发练习卷	做练习
模拟测试	监考	参加考试
模拟测试结果分析	-给出包括总分、平均分、分数范围等在内的测试结果 -试卷质量评论 -指出学生的问题和错误 -表扬获得高分的学生 -提供写作范文(学生的作品或测试中提供的版本)	-听老师讲,记笔记 -回答老师的问题 -指定试题让老师解释

从表 16 中可以明显看出,老师们通过小型讲座和让学生做练习、检查并解释答案来主导课堂。学生只是做了练习,回答了老师的问题,或者应老师的要求,提出了他们想要解释的要点或试题。这些课程具有传统的以教师为中心的英语实践课程的每一个形式,这与语言知识和测试课程的重点相吻合。当计算在不同教学内容领域所花费的课堂时间时,这两个焦点变得更加明显,如表 17 所示。

表 17　不同内容的课堂时间百分比

课堂类型	内　容				
	语法/词汇	高考英语备考	语言运用	管理	总计
复习课	74.9	20.6	3.2	1.3	100
新课	17.6	41.8	38.1	2.5	100
全国高考英语专项训练	N.O*	100	N.O	0	100
模拟考试和结果分析	6.8	93.1	N.O	0.1	100
所有的课	34.6	57.1	7.3	1	100

注＊：N.O＝未观察到。

表 17 显示，当所有课程一起计算时，占课堂时间最大比例的是全国高考英语考试的应试训练(57.1%)。语法和词汇复习排在第二位(34.6%)。语言运用仅占课堂时间的 7.3%。

内容由教师和学生所做的以及所用材料的种类决定。当老师讲授一些语法点而学生只是听并做笔记时，这段时间被编码为语法/词汇。当按照全国高考英语考试的题型练习词汇、语法、听力、阅读和写作时，时间在全国高考英语备考下编码。当教师和学生在没有进行全国高考英语题型的练习或明确讨论语言形式的情况下用英语听、读或谈论某事时，就会使用代码语言运用。下文引用了 B 老师课堂的摘录作为例子。

老师：好的，同学们。今天我们来学第七单元。你们知道这个单元的标题吗？

学生们：加拿大。

老师：是什么？

学生们：加拿大。

老师：加拿大。是的。现在，不要打开你的书。你们一年前学过这个单元，对吧？现在我想知道你对加拿大还记得多少。现在先告诉我。加拿大的首都是哪里？你们知道吗？

学生们：渥太华。

老师：是哪里？

学生：渥太华。

老师：渥太华。是的。加拿大和中国在什么方面相同？你们能告诉我吗？

管理是指教师花在管理班级上的时间。事实上，在高三英语课上的管理时间很少。记录下来的是老师在宣布上课开始、要求学生拿出相关材料和布置作业等例行公事上花费的时间。当考虑到所有类型的课程时，百分之一的课堂时间花在了管理上。

到目前为止，很明显，老师们在课堂上确实专注于考试准备和语言知识。尚不清楚这些东西究竟是如何教授和学习的，以及教师在课堂上的表现在多大程度上与他们在访谈中所说的相符。为了寻求这些问题的答案，我提供了每种课程的描述，并据此组织了对课堂观察到的内容的描述。此外，还引用了教师访谈数据,以比较他们所说的和所做的。

4.3.2.1 复习课

高一和高二学习的语法和词汇的复习是首要任务,占课堂时间的 74.9%。我看到老师检查学生完成的作为家庭作业的语法和词汇练习。我还看到他们就语言点进行讲解,并解释那些导致学习问题的题目。从 B 老师的课中摘录的内容可以显示老师是如何讲授语法的。

> TB:在第 74 页,第 4 点,第 4 点,一些系动词。一般来说,我们可以将系动词分为三种。嗯,分为三种。首先,系动词是指状态或某些特征,第三是感觉,感觉。接下来,让我们看第一种,表示状态的系动词。你们能给我一些例子吗? 典型的是 be,对吧? is、am、are、be 和……还有一些例子,seem、appear、remain 等等。对。还有第二种。我相信你们可以全说出来。有五个。五个,对。好。告诉我。请说出来。Look、feel,对,还有 sound、hear? Taste、smell……还有第三种。对吧,become、grow、get、turn 还有 go。

这种语言实践与 B 老师认为语言知识在语言学习中最重要的信念是一致的,这可以从她在访谈中所说的话,尤其是从她给出的例子中推断出来,如下所示。

> 它[指短文改错项目]是一个很好的项目。它可以测试学生对基础知识的掌握程度。(TB,L.98)
>
> 我的意思是,单靠背诵语法规则并不能帮助你应对这些题目(参考全国高考英语考试中的语法选择题)。例如,It's such a heavy stone that no one can lift it.(这是一块沉重的石头,没有人能抬起它。)It's such a heavy stone as no one can lift.(这是一块没人能抬起的沉重的石头。)一个句子有"it",另一个没有"it"。学生必须非常熟悉结构,否则他们无法做出判断。我认为这很好。(TB,L.141)
>
> 我认为我们必须说英语……当老师说英语时,这是学生学习英语的好机会。当我们用英语提问或用英语解释某事时,学生们从我们所说的一切中学到了一些知识。例如,当我说"What will you say when you are asked that question?(当你被问到这个问题时,你会说什

么?)",学生们会思考它。他们会注意到使用了被动语态。当教师在课堂上讲英语时,学生逐渐获得英语知识的输入。(TB,L.201)

F 老师是另一位非常重视语言知识的老师,她在访谈中这样说:

> ……我们不应该只把素质教育挂在嘴上。我认为素质教育就是教授基础知识。我教高三已经有几年了。我一直专注于基本的事情。我们并没有一直要求学生做测试试题。在高三,我们会复习所有语言点,以帮助学生打下坚实的英语基础。(TF,L.57)

当被问到基础知识是什么意思时,F 老师说:

> 例如,当我教课文时,我会帮助学生真正学到一些东西。文中有一些语言点。还有学生难以理解的同义词和句型。(TF,L.181)

在观察的课堂上,F 老师没有教课文,而是检查了她前一天布置的学生作业。检查时,她确实强调了访谈中所说的基础知识。以下是她课堂内容的文本摘录(Ss 表示学生们)。

> TF:现在是第 11 页,第六单元,请快点。选择题第一题,so far。So far,时态。So far 的中文是什么?
> Ss:到此为止。
> TF:时态?
> SS:完成时。
> TF:现在完成时。现在看第三题。These villages are so small that they can't be shown on the maps.(这些村庄太小了,无法在地图上显示。)On the maps,不是 in the maps。要小心。On the maps,不是 in the maps。固定搭配。On the maps。现在看第六题。You must finish this business of yours as soon as possible.(你必须尽快完成你的这件事。)对……As soon as possible。或者在这里我们可以说 as soon as you can。是的,as soon as possible 或者 as soon as you can。所以 D 错了。我们不会说 as possible as you can。然后是第十题。

Everything here is not good.（这里并非一切都好。）什么样的否定？

　　Ss：部分否定。

　　TF：部分否定。所以我们可以说 not everything is good（并非一切都是好的）。

还有一个例子是 D 老师,她也认为"基础知识"最重要。她在访谈中评论了她学生的写作。

　　我还帮助他们弥补他们的语言知识。因为他们没有足够的语言知识,所以他们不会写。（TD，L. 45）

她用来帮助学生补充语言知识的一种方法是让他们死记硬背全国高考英语考试的词汇表。在观察当天,他们学习了以字母 N 开头的 45 个单词。学生们在前一天拿到了清单,回家背诵。在课堂上,学生们根据记忆写下单词,然后大声朗读。然后,老师分发了另一张单词列表,让学生在下一节课中记住。

上述引述及课堂录音摘录显示,教师在高三课程语言知识教学上言行一致。

在复习课上练习语法和词汇时,老师们并没有忽视高考英语的应试训练。在 F 老师的课上,除了一些语法练习外,还有完全遵照高考英语的题型的语法词汇、完形填空和阅读练习,涵盖了刚刚复习的一些语法规则和单词。B 老师的课也是如此。在复习课中所做的是将高一和高二教科书中的语法规则和单词去语境化,以便它们可以首先孤立地练习,然后在全国高考英语备考环境中结合语境来理解。这些目标体现了课程的两个子目标:加强学生的语言知识和培养他们的全国高考英语考试的备考技能。

4.3.2.2　高考英语题型专项训练和模拟测试

在全国高考英语专项训练课程和专门用于模拟测试和结果分析的课程中,正如可以预料的那样,教学重点几乎完全集中在全国高考英语考试上(前者为100％,后者为93.1％。见表17)。B 老师学校的全国高考英语考试阅读专项训练课其实就是一场比赛。每周二晚上,全年级 6 个班的学生都参加模仿高考英语题型的阅读和完形填空部分的阅读和完形填空测试。六个班级在老师的哨声响起时一起开始比赛,在第二声哨响时停下来交出答卷。老师在答题卡上打分后,根据学生在比赛中的成绩进行排名,并公布成绩,获得最高分的学生在班上得到老师的表扬。

我在 E 老师的学校观察到的模拟测试是对真实测试的极好模仿。座位的布置方式与真正的考试一样，[①]桌子之间有足够的空间，因此不可能通过查看隔壁同学的答题纸来作弊。学生原本在课桌或椅子底下的纸盒里的文具和书籍都被拿走了，这样也不可能通过查阅参考书作弊。模拟试卷看起来与真实试卷完全一样，而且答题纸是真实考试的真实答题纸。监考老师是另一个班的老师。黑板上是所有科目模拟考试的三天时间表。第二天下午进行英文考试，第一天上午进行中文考试。时间表本身就是模仿的每年 7 月进行的全国大学入学考试的真实时间表。那天下午我自己参加模拟考试时，我对老师们在模拟考试中付出的努力和学生们参加考试的认真态度感到敬畏。据 E 老师和他的学生说，他们每个月都有一次这样的模拟考试，加上上一学年区市教育部门的五次模拟考试。

观察了模拟考试后，我相信学生不太可能仅仅因为考试环境的威胁而在真实考试中表现不佳，因为他们在最终参加考试之前已经多次经历过这样的环境。

访谈中，老师们只是顺便提到了模拟考试，我没有问他们关于这些考试的细节，因为我认为模拟考试只不过是一个模仿全国高考英语试卷题型的普通考试。在观察了两次模拟测试的管理后，我发现如果我不去看看实际发生了什么，就会丢失很多信息。与我的预期相反，模拟考试在各个方面都与真实考试非常相似，例如试卷和答卷的使用、座位安排、时间安排等。沃尔和奥尔德森说得对："……在这类研究中，观察和访谈/问卷调查/讨论必然相互补充。"(Wall & Alderson，1993：65)

模拟考试一周后，我又去听了 E 老师的课，他讲了模拟考试的结果。他告诉他的学生，选择题的答题纸是机器评分的，书面表达任务是由两位老师评分的。他还公布了班级和整个年级的分数范围和平均分。一些试题和模拟测试的每个部分的难易度也被公布了。当听他朗读这些数字，向学生们解释并告诉他们他预测的真实考试中全班的平均分时，我对他对全国高考英语考试分数和分数代表的含义的了解印象深刻。此外，E 老师在点评学生写作的同时，还以全国高考英语的评分标准为指导，告诉学生如何提高成绩。我将在第 6.4.4 节进一步讨论学校中使用模拟测试的方式，以解释为什么一些预期的反拨效应没有发生。

然而，教师在访谈中所说的与课堂上观察到的内容之间也存在不一致。应

---

① 很多学校都是真实的高考场地，虽然监考人员不是班主任，而是由负责管理考试的教育部门招生办公室派来的一些人。

试策略的教学就是一个很好的例子。在描述高三课程的三个阶段时,老师们表示,教授应试策略是为了让学生更好地应对考试。尽管如此,我却没有观察到教师在复习课、全国高考英语备考训练或模拟考试结果分析中教授很多应试策略。比如 F 老师在课堂上没有提到应试策略之类的东西,虽然她说:"复习的时候,我们专注于基本的东西。同时我们告诉学生一些应试策略,因为他们需要参加高考。"(L.69)

然而,E 老师是唯一的例外。我观察到他告诉学生一个他在访谈中谈到的策略。

> 所以我们要求学生先理解句子,然后一一排除选项。在这四个选项中,通常有一两个干扰项很难排除。另一个很容易。如果他们首先排除不太可能的,他们就可以判断……(TE,L.597)

为什么其他老师没有像他们在访谈中所说的那样教授应试策略? 这个问题不能用我们掌握的数据来回答。这一点将在 4.3.3 节中进一步讨论。

4.3.2.3　新课

进行新课程的方式需要讨论,因为它可以告诉我们更多关于考试准备的信息。据后续联系中的老师介绍,他们在教高三课本时,只注重阅读,忽略了其他任务。这是部分正确的。除了阅读练习外,E 老师和 H 老师的四个班级都完成了所有的语法和词汇练习。只有小组讨论和阅读加概要写作等交际性较高的任务被省略了。下课后,我立即问了五个学生,他们是否会在课后或改天做被忽略的任务。答案是否定的。

值得一提的是,在课本的阅读练习外还增加了额外的选择题。对于正在阅读的每篇文章,学生们会做五到十个单项选择理解题,这模仿了全国高考英语考试中的问题类型。这些题目取自一本商业书籍,该书籍为高三英语教科书的每个单元中的文本提供了类似全国高考英语考试的阅读问题。这些额外的选择题被 E 老师和 H 老师用来补充或替代课本中其他类型的理解题。

除了将课本中的阅读任务变得更像全国高考英语的测试活动外,H 老师还从课文中挑选了一些语言点进行了一定时间的讲解,E 老师则抽空练习了全国高考英语考试的短文改错部分。这就是为什么,如表 17 所示,在新课程中,17.6% 的课堂时间用于语言知识,41.8% 用于高考英语备考复习,仅 38.1% 用于语言运用。

请注意,在访谈和后续接触中,老师们只说他们在教新课时专注于阅读,但没有说阅读是如何练习的。他们也没有说选择题是用来补充教科书上原来的阅读练习的。如果没有课堂观察,我们就不会了解这种做法。这样的结果再一次表明需要使用多种工具来收集数据,这样教学考试的重要证据才不会被忽视。

简而言之,所观察的新课程旨在实现加强学生语言知识和全国高考英语备考技能的目标。所遵循的程序包括完成被认为有助于实现目标的练习,排除那些似乎不相关的练习,并添加一些被认为可以补充现有练习并有助于提高高考英语分数的练习。因此,与其他类型的课程一样,新课程更强调知识和考试准备,而不是语言运用。

4.3.3　所观察课程中对意义、形式和应试策略的显性注意

注意力集中在意义、形式或应试策略上的时间比例是衡量课程是否更注重运用、知识或考试的另一个指标。因为分析取决于"注意",所以有必要对这个术语和相关概念进行一些解释。

本文中的"注意"仅指显性注意,即教师和学习者的注意力集中于课堂活动中明确表达或讨论的内容。例如,如果老师告诉他或她的学生如何通过排除选项来获得选择题的正确答案,那么这种语言行为将被编码为"应试策略"的类别。当学生默默地做选择题或告诉老师他们选择的选项时,什么都不会被编码,因为无法判断他们的注意力集中在什么地方。

当教师和学生的话语与语法或孤立的单词和短语有关,而不涉及其含义和用途时,使用代码"形式"。一个例子如下所示:

[F 老师一边检查作业,一边和学生们讨论第 8 题]

试题 8. My parents used ＿＿＿＿＿ they had to buy me a computer.

　　A. what　　　B. that　　　C. all what　　　D. what that

教师:现在是第 8 题。My parents used……What? 为什么这里用 what?

学生们:宾语。

教师:逻辑宾语。什么的宾语?

学生们:Used。

学生们:Had。

教师：是的，had。What they had。To buy 是什么成分？目的状语。那 C 怎么样？如果我们把 what 改成 that，就可以了。

代码"意义"仅用于以下情况：话语集中在读写的内容上，或者当用英语讨论某事而没有明显注意所用语言的形式时。以下是 E 老师课程中用意义编码的课堂时间示例。

TE：第 62 题……大多数答错的人选择了 C。让我们来看看。Their experiments are daring because...（他们的实验之所以大胆，是因为……）Daring 是什么意思？Daring 在这里表示勇敢。答案是 B，humans purposely get infected（人类故意被感染）。这里 purposely 的意思是故意，故意地……我们知道黄热病，我们听说过。可怕的疾病。它最终被打败了，部分原因是一些科学家……他们做了什么？他们试图让自己感染。三位科学家中的一位去世了。他们是可敬的。所以他们的实验很大胆，很勇敢，因为……B 人类故意被感染，B 是答案。

使用上述标准，对课程进行编码，将显性注意投入意义、形式或应试策略上的时间百分比在表 18 中列出。

表 18　对形式、意义和应试策略的注意
（观察到显性注意的时间百分比）

课堂类型	形式	意义	策略	总计
复习课	89.3	8.6	2.1	100
新课	50	50		100
全国高考英语专项训练	N.O*	N.O	N.O	
模拟测试和结果分析	40	42	18	100
所有课程	76.2	19.7	4.1	100

注＊：N.O＝未观察到。

正如预测的那样，在复习课中，注意力的焦点更多地放在形式上而不是意义上（89.3％对 8.6％）。然而，在新课程中，注意力在意义和形式之间平均分配（50％对 50％）。在讨论模拟测试结果时（参见表 18 第 4 行），观察到对意义的关注多于对形式的关注(42%对40%)。因此,尽管针对高考英语的密集练习并不是考试命题人的本意,但这种练习确实比复习所学的语法规则时更能引起教师和学习者对意义的关注。

全国高考英语考试专项训练课程中没有任何编码,因为它们类似于考试。老师们在那里分发试卷和答题纸,操作录音机,观看学生做测试,收集完成的答题纸或朗读答案。课堂上没有讲座或讨论。

一个意想不到的发现是,教师没有花太多时间谈论应试策略(4.1%)。最常提到的策略是如何通过逐一排除选项来确定正确答案。为什么教授这么少的策略仍然是未知数。这是因为大多数策略在学年早些时候已经讨论过吗?还是因为被观察的老师在应试策略方面没有太多可提供的?收集的数据里没有现成的答案。

最后,当所有观察到的班级放在一起时,语言形式似乎占据了教师和学生在课堂上显性注意的最大份额(76.2%),而意义和应试策略所占比例相对较小(分别为19.7%和4.1%)。

综上所述,在本节的开头提出了五个问题,即教师和学生是否按照他们在课堂上所说的去做,如果做了,他们是如何做到的,以及他们对形式、意义和应试策略给予了多少显性注意。课堂观察结果表明,教师和学习者确实做到了他们在访谈中所说的。他们确实复习了前几年学到的语言知识,使用高三英语课本中的文本进行类似测试的阅读练习,练习全国高考英语考试的专项题型,并进行模拟测试。在课堂上,他们的注意力更多地集中在形式上,而不是意义或考试策略上。他们使用了各种材料,这些材料提供了不同类型的练习和任务。然而,受到重视的却是比较传统的语言形式练习。更多的交际任务被省略了。教学的方式相当刻板。老师在课堂上布置作业或练习,组织测试,检查并给出答案,讲授语言点,并解释困难题目。学生主要扮演小型讲座听众、练习者和问答者的角色。课堂观察进一步证实了教师和学生在访谈中描述的教学内容领域,即语法词汇、全国高考英语考试的专项题型和语言运用。对不同内容领域课堂时间的量化表明,更多的课堂时间用于语法词汇和全国高考英语的备考,而不是语言运用。这一发现进一步支持了从访谈数据中得出的初步结论,即高三英语课程侧重于语言知识和考试准备。

迄今为止分析的访谈和课堂观察数据仅来自八所学校的样本。为了扩大关于高三英语课程概况的调查结果的普遍性,需要更大的样本。为此,我采用了问卷调查的方式从广东和四川省的更多学校收集数据。

拓展高三英语课程调查结果的普遍性——基于问卷调查结果

为了对八所学校的访谈和观察数据进行交叉验证,并检验由此获得的调查结果的普遍性,我构建了两种形式的问卷,分发给广东和四川省其他学校的师生(见第 3.4.3 节)。具体而言,该问卷旨在确定其他学校高三课程的教学内容、材料和教学方法的重点。我对来自大约 180 所学校的 378 名教师和 976 名学生的有效数据进行了分析,结果将在以下部分中介绍。

4.4.1　教学材料

据报告,受访教师使用了四种类型的教学材料,如表 19 所示。

表 19　高三英语课程使用的材料

高三英语课采用的材料包括?	是(%)	否(%)
初三英语课本	23.3	76.7
高一英语课本	80.4	19.6
高二英语课本	80.4	19.6
高三英语课本上册	96.3	3.7
高三英语课本下册	76.7	23.3
往届高考试卷	84.1	15.9
老师自己编写的复习材料	72	28
复习备考书或材料① (请写出其中一种的名称)	84.9	15.1
(共给出 45 种)		

注: 这个问题在教师问卷的第二部分(见附录 F)。

表 19 显示,大多数教授高三英语课程的教师受访者都使用了类似的教学材料,因为对所有材料的"是"回答的百分比都相当高,唯有对初三课本的回答例外(23.3%)。这一结果表明,大多数学校都重视复习高中时学习的语言知识,而不是初中时学的知识点。高三复习了前两年教过的四本教材,巩固了学生的语言

---

① 问题的最后一项要求受访者首先表明他们是否使用了备考材料,然后写下至少一种此类材料的标题。受访者总共给出了 45 种备考材料的标题,包括《优化设计》等书籍和名为《英语学习》的特殊报纸。

知识。全国高考英语历年真题和备考材料被广泛用于备考。被报告使用的备考材料有 45 种。然而,使用最广泛的材料是高三英语课本上册(96.3%)。相比之下,高三英语课本下册的受欢迎程度较低(76.7%)。

按理说,当使用高三课本时,很可能会出现语言运用的教学。这是因为对于学生来说,教材是新的,有一些交际任务,并提供了专注于英语意义和交流的机会。尽管如此,根据教师受访者报告,教师会选择性地教授高三课本,仅专注于阅读,这一结论也得到了课堂观察的进一步支持。另外,根据报告和课堂观察,教师用选择题代替或补充了课本中原有的开放式和正误阅读理解题。通过这样做,高三课本被用来训练学生以全国高考英语的题型执行阅读任务,而不是鼓励使用真实的语言。为了证实这一现象,问卷中包含了一个李克特 5 级量表的项目,以了解相应学校的教师受访者是如何教授高三课本的。结果总结在表 20 中。

表 20　高三英语课本如何使用
(李克特 5 级量表,1 代表完全不同意,5 代表完全同意)

项　　目	案例数	平均数	方差
高三英语课本的使用与高二英语课本的使用不同。主要不同之处在于:			
1. 每个单元所用的时间比高二时少	372	3.8	.90
2. 重点是阅读训练	378	4.5	.63
3. 对话、练习等只是很快过一遍	376	3.6	.88

注:这些项目在教师问卷的第三部分(见附录 F)。

平均值表明,作为一个群体的受访教师倾向于同意以下陈述,即在所涵盖的活动和每个单元花费的时间方面,高三英语课本与高二英语课本的使用方式不同,因为第 1 项至第 3 项的评分均高于 3。这一发现提供了额外的证据,即在许多学校中,高三课本的使用方式与高一和高二英语课本的使用方式不同。每个单元花费的时间更少,除了阅读练习之外,它的大部分内容和活动都被淡化了。因此,高三课本无论如何不能用于教授语言运用。受访者还使用课本作为训练阅读技能的材料,其方式类似于进行访谈和课堂观察的八所学校的教师所做的。

需要特别说明的一点是,在分析中涉及平均得分时,高于 3 的得分表示受访者作为一个群体倾向于同意该陈述,而低于 3 的得分被视为"不同意"。但是,该标准仅适用于问卷数据与访谈和观察数据一致的情况。当存在差异时,将根据与自我报告量表相关的工具效应重新考虑该标准。这将在 5.3 节中详细讨论。

从所使用的材料和高三课本的教学方式来看,180 所学校的高三英语课程似乎主要侧重于语言知识和全国高考英语考试的应试技能,就像之前讨论的八所学校一样。为了进一步证实这一发现,我们需要通过检查课内和课后的教学内容和学习活动来寻找更具体的证据。由于学生和教师都对开展不同教学活动的频率进行了评分,因此我们必须首先了解他们的打分在多大程度上一致或不一致。

4.4.2 师生关于课内及课后活动和练习的回答比较

为了检验教师和学生的评分是否一致,本研究将课内和课后活动和练习的同一问卷项目的两种得分并列比较(见表 21),然后仔细检查两者是否匹配。斯皮尔曼(Spearman)的等级相关系数检验也被用于此目的。

表 21 师生对课内和课后活动和练习的平均评分

(李克特 5 级量表,1 代表"从不",3 代表"有时",5 代表"总是")

课内	学生 数量＝976	教师 数量＝378	课后	学生 数量＝976	教师 数量＝378
1. 写作	2.47	3.17	1. 语法练习	3.20	3.20
2. 教师总结归纳语法规则	3.84	3.52	2. 词汇练习	3.37	3.50
3. 完形填空	3.08	3.48	3. 听力	2.69	3.32
4. 两人对练	2.19	2.66	4. 阅读	3.36	3.95
5. 教师讲解题目答案	4.13	3.87	5. 写作	2.60	3.33
6. 听力	3.62	3.69	6. 口语	2.07	2.46
7. 短文改错	3.10	3.42	7. 短文改错	3.09	3.47
8. 教师讲词汇	3.51	3.50	8. 完形填空	3.32	3.66
9. 教师介绍答题技巧	3.06	3.43			
10. 小组讨论	1.75	2.40			
11. 口语练习	1.86	2.27			
12. 教师讲语言点	3.89	3.81			
13. 阅读	3.31	3.95			
14. 单项选择题	3.75	3.68			

注:这些项目位于学生问卷第一部分的问题 6(见附录 G)和教师问卷第二部分的问题 7(见附录 F)下。

　　对数据的检查表明,教师和学生倾向于就课堂上不同活动和练习的相关频率达成一致。在课堂中的语法和词汇教学(第2、8、12、14项)上也获得了类似的数据。第1项是教师和学生评分差异最大的地方(教师评分为3.17,学生评分为2.47)。稍后将讨论其原因。斯皮尔曼的rho结果还表明,双方的评分趋于一致(rho=.87,p<.01),尽管教师对这些项目的评分始终高于学生。教师和学生对课后活动的看法不太一致(rho=.76,p<.05),这可能是由于他们对听力和写作的评分存在差异(第3项和第5项)。

　　对听力练习的回答差异可能是由于对课堂教学内容的不同解释造成的。如前所述,受访教师表示,听力通常是在早读时间或晚自习时间在教室里练习的。接受访谈的教师似乎不认为这些是课程,接受问卷调查的教师也是如此。这就是为什么他们的课后听力评分在3以上的原因。但是,学生们可能会认为这是课堂,因为出勤是强制性的。这可能就是为什么他们认为听力练习在课堂上非常频繁(平均值=3.62),但在课后并不频繁(平均值=2.69)。

　　写作似乎是教师和学生对其在课内和课后的练习的评分都不同的唯一领域,这可能是由于对写作练习的不同解释。学生可能认为写作是指在课堂上实际写一些东西,而教师可能会将其视为讨论和评论学生在家或模拟考试中完成的写作作业。事实上,在课堂观察中,只观察到了一次学生在课堂上的实际写作,但观察到教师多次讨论学生的写作(见第5.4.1节)。

　　教师和学生对课后写作练习的评分之间出现差异可能是因为一些学生不顾老师的要求,没有完成写作任务。在个别访谈中,D老师表示,她的一些学生甚至将未完成的短文作为家庭作业上交(访谈数据,TD,L.67),因为他们因英语水平不足而无法用英语写作。

　　A教研员对学生写作也有类似评价。该教研员说,几年前,一些学校的师生放弃了作文练习,把注意力集中在选择题的部分,认为这样做会提高学生的分数。因此,放弃写作练习似乎是一种避免将时间浪费在可能不会轻易提高考试成绩的任务上的策略。写作以外的练习项目被认为更具成本效益。这解释了为何该策略可能会受到英语写作能力较弱的学生的欢迎。这种策略特别可行,因为接受访谈的两名教师表示,鉴于他们班级的规模(大约60名学生),教师无法负担全班的写作作业批改(TC,L.35;TF,L.114)。因此,这些学生可能认为课后写作练习很少(平均值=2.60)。因此,差异的存在是由于经常布置写作任务的老师认为课后经常练习写作,而没有按要求写作的学生认为这是一种不经常的活动。

综上所述,教师和学生就课内和课后进行不同活动和练习的相关频率达成了总体一致。因此,将他们的问卷数据合并起来,以揭示课堂实践的一般趋势,从而确定教学内容领域的重点是合理的。

4.4.3　教学内容领域的重点

为了确定教学重点,本研究着手考察教师和学生对他们在课堂内外进行不同活动或练习的频率的评分,如表 22 所示。

表 22　不同课堂活动的频率

(李克特 5 级量表,1 代表"从不",3 代表"有时",5 代表"总是")

课堂上完成的活动和练习	平均值	标准差
5. 教师讲解题目答案	4.05	.71
12. 教师讲语言点	3.87	.84
2. 教师总结归纳语法规则	3.75	.78
14. 单项选择题	3.73	.81
6. 听力	3.64	.80
8. 教师讲词汇	3.51	.92
13. 阅读	3.48	.89
3. 完形填空	3.19	.85
7. 短文改错	3.18	.85
9. 教师介绍答题技巧	3.15	1.0
1. 写作	2.67	.90
4. 两人对练	2.31	.89
11. 口语练习	1.97	90
10. 小组讨论	1.92	.95

案例数:学生=976,教师=378,总计=1354。

注:这些项目位于学生问卷第一部分的问题 6(见附录 G)和教师问卷第二部分的问题 7(见附录 F)下。

在表 22 中,项目均值按降序排列。我们可以看到,旨在提高语言知识和考试技巧的活动和练习非常频繁。除写作项目(项目 1)外,这些项目均在 3 分以上。[1] 然而,更具交际性的活动,如两人对练、小组讨论和口语练习,在课堂上的

---

[1] 写作评分低出乎意料,因为受访者报告说,课堂内外都大量练习写作。4.4.2 节讨论了这种低评分的原因。

练习最少(表 22 中的第 4、10、11 项),尽管它们可以在高三英语课本中找到。

本研究进行了因子分析,以查看这些项目是否代表不同的教学内容领域。结果表明,出现了三个因子(见表 6)。因子 1 对应"全国高考英语考试"的内容。因子 2 可以解释为"语言运用",因子 3 可以解释为"语言知识"。计算属于每个因子的项目的平均值会产生相关内容的平均值,如表 23 所示。

表 23　教学内容的平均值

内容	案例数	平均值	标准差
全国高考英语考试(项目 1、3、7、13、14)	1 354	3.25	.60
运用(4、10、11)	1 354	2.07	.76
语言知识(2、12、5、8)	1 354	3.80	.57
有效样本量(成列删除后)	1 354		

案例数:学生＝976,教师＝378,总计＝1 354。

注:这些项目位于学生问卷第一部分的问题 6(见附录 G)和教师问卷第二部分的问题 7(见附录 F)下。

表 23 表明语言知识和全国高考英语相关题型的练习频率高于语言运用。为了确定差异是否是由抽样误差导致,进行了配对 t 检验,以确定内容均值是否存在显著差异。结果总结在表 24 中。

表 24　不同教学内容的比较

组间对比	平均值	自由度	T 值	显著性(双尾)
全国高考英语考试—语言运用	3.25 vs.2.07	1 353	52.7	.000
全国高考英语考试—语言知识	3.25 vs.3.80	1 353	−28.319	.000
语言知识—语言运用	3.80 vs.2.07	1 353	−70.182	000

* $P < 0.01$。

表 24 显示,不同内容的实践频率显著不同,语言知识的实践比其他内容多。在涉及教师和学生受访者的课程中,语言知识和全国高考英语备考活动比语言运用更受关注。

此时此刻,人们可能想知道学生课后做了什么。教师也倾向于将课外时间视为学习机会并布置家庭作业。为了更好地了解高三教学实践的重点,了解学生的家庭作业是什么样的会有所帮助。表 25 给出了关于寻求课外活动或练习信息的项目得分的描述性统计数据,项目均值按降序排列。

表 25 课外活动和练习的频率

课外活动和练习	平均值	标准差
4. 阅读	3.52	.89
8. 完形填空	3.41	.87
2. 词汇练习	3.41	.84
1. 语法练习	3.27	.86
7. 短文改错	3.20	.88
3. 听力	2.87	1.1
5. 写作	2.80	.90
6. 口语	2.17	.91

案例数:学生＝976,教师＝378,总计＝1354。

注:这些项目在学生问卷第一部分的问题 7 下(见附录 G)和教师问卷第二部分中的问题 8 下(见附录 F)。

表 25 显示,课后阅读是最常练习的技能,而口语最少。回想一下第三章中,这 8 个项目的因子分析仅确定了分别对应于"语言知识"和"高考英语备考实践"的两个因子。因为"语言运用"还没有成为一个独立的因子,所以比较三个内容领域在课后练习的频率是不合适的。这可能与仅使用一项(第 6 项)来衡量"语言运用"因子这一事实有关。显然,学生们在课后经常练习阅读、完形填空、语法等。

值得注意的是"听力"和"写作"的平均值相对较低,这与受访者声称两种技能都在课后大量练习的说法相矛盾。一种可能的解释是问卷调查对象和访谈受访者对频率的标准不同。调查问卷的受访者可能将听力和写作练习与阅读练习进行了比较,因为这三项技能加口语在问卷中并列。因此,写作和听力练习的频率比阅读少,因为批改作文很耗时,听力练习更难操作。相比之下,布置阅读作业更容易,因为它可以由学生自己完成。然而,当受访教师说他们让学生大量练习写作和听力时,他们心中的标准是什么尚不清楚。他们很可能没有将它们与阅读进行比较,因为在访谈中他们一次只谈论一项技能。

听力和写作得分低的另一种可能是学生有不同的标准并且对这两种技能评分较低。在将他们的评分与上一节中教师的评分进行比较时将讨论这一点。

对问卷中一组不同问题(问题 4、5、6)的回答提供了进一步的证据,表明在高三时阅读练习比听力和写作更多,后者得到了一些强调,尽管尚不清楚是在课内还是课外(见表26)。

表26 一学年全国高考英语应试技能的训练量以及实现的方式

问 题	平均值	范围
3. 高三这一年期间,您的学生一共会参加几次英语模拟考?	22	5—45
4. 在高三这一年期间,您要求学生课内课外大约一共读多少篇阅读材料?	287	50—650
5. 在高三这一年期间,您的学生课内课外大约共听多少套高考模拟听力材料?(大约十段材料配二十道题为一套)	38	15—85
6. 在高三这一年期间,您的学生课内课外大约共写多少篇英语短文?	39	15—105
问 题	是	否
9.1 您的学生练习的阅读题大多是选择题吗?	96.3%	3.7%
9.2 您的学生练习的听力题大多是选择题吗?	94.7%	5.3%
9.3 您的学生练习的写作题大多数与高考英语书面表达题相似吗?	89.7%	10.3%

案例数=378。

注:这些项目在教师问卷的第二部分。

教师对问题4至6的回答表明,在全国高考英语真题中测试的三项技能在高三英语课程中得到了相当频繁的练习。在大约十个月的学年中,平均要求学生阅读287篇文章,做38套听力练习,写39篇短文,第一学期从8月或9月持续到1月,第二学期从2月开始到6月。在一些学校,这三项技能被过度训练(见表26中的范围)。然而,相比之下,听力和写作的训练频率低于阅读。这一结果与询问课外活动的一组项目中听力和写作的评分相对较低(见表25)是一致的。

更重要的是如何练习这三种技能。如果它们以与全国高考英语考试相同的题型被训练,那么教与学的重点可以被视为考试准备。如果按照课本中相关活动的要求,以多种不同的方式进行练习,强调意义,那么教与学的重点可以说是语言的运用。基于问题9.1至9.3的数据表明,在大多数情况下,听力、阅读和写作的练习方式与全国高考英语考试的方式相同(见表26)。此外,据报告,在学年期间平均进行了22次模拟测试(见表26)。鉴于这些数字,我们有理由相信,很大一部分教学和学习时间确实用于备考。

综上所述,基于 180 所学校样本的问卷调查结果,在很大程度上与访谈和观察数据相符。这被视为强有力的证据,表明 180 所学校的高三英语课程侧重于语言形式和全国高考英语考试的内容。

4.5 **考试命题人的总体意图与学校实践的比较**

我们已经建立了考试命题人预期的一般反拨模式并确定了高三英语教学实践的重点,现在可以将预期的内容和学校实际发生的情况进行比较,如图 11 所示。

考试命题人的预期　　　　　　　　由教师、学生和教研员报告,并由本作者观察

图 11　预期的学校英语教学情况与报告和观察到的情况的对比

从图 11 可以看出,预期的内容与实际报告和观察到的内容之间存在不一致或仅部分一致。语言知识教学的不一致表明考试命题人淡化形式语言知识的意图并未实现。

部分一致发生在考试命题人鼓励将听力、阅读和写作作为语言运用的教学的意图与在高三课程中训练这些技能的方式之间。进行技能教学的意图似乎取得了一些成功。考虑到在全国高考英语考试之前和早期几乎没有练习过这些技能(桂诗春等人,1988;Li,1990;Hu,1990),在阅读、听力和写作上所花费的时间尤其说明了这种成功。这种做法可以被视为朝着更有效的学习和教学迈出的可喜的一步。正如一位考试命题人所说,"从输入的角度来看,它[使用单项选择题进行阅读练习]是可以的。学生可以大量阅读并做一些单项选择题。这将丰富他们的知识并使他们接触更多的目标语言"(CF,L. 120)。这种观点在很大程度上是正确的。显然,可理解的输入在二语习得中发挥作用(Krashen,1998;VanPatten & Sanz,1995),其他研究人员也认识到可理解输出的作用(Swain,

1995；Swain & Lapkin，1995)。

尽管如此,采用某些类型的活动,特别是使用单项选择题(见表 26),其动机是希望获得更高的考试分数,而不是如考试命题人所期望的那样,出于在实际交流中运用语言的需要(李筱菊,1988)。因此,考试命题人通过技能练习来诱导语言运用的意图与课程中涉及的实际实践之间仅出现了部分一致。换句话说,技能已经包含在教学内容中,但所使用的教学方法并不是考试命题人想要的。造成这种情况的一个原因可能是,由于全国高考英语考试的大多数题目都是选择题形式,因此未能说明考试命题人认为哪种教学方法有利于能力发展。

上述分析表明,尽管全国高考英语考试已经运行了 15 年,但它产生的与考试命题人预期类型相同的反拨效果十分有限。教师仍然强调孤立地教授语言知识,并继续强调在全国高考英语考试中所测试和使用的技能和题型的训练。

4.6 总结

全国高考英语考试的命题人(桂诗春等人,1988；Li,1990)和其他一些英语教学专业人士(例如 Hu,1990)认为,中国学校的英语教学只关注语言知识。为了改变这种状况,考试命题人努力在全国高考英语考试中构建交际功能,并降低其知识部分的权重,希望在考试的影响下,学校英语教学实践将重点转移到语言运用上。然而,正如通过不同工具收集的经验数据所显示的那样,许多中学的高三年级英语课程仍然侧重于语言知识以及在全国高考英语考试中测试的技能和内容。课堂上的语言运用在很大程度上被淡化了。因此,考试命题人的预期与课堂实践中观察到的结果之间存在差异。这种差异在全国高考英语考试的书面表达任务中尤为明显。下一章将详细讨论这个问题,以期进一步揭开反拨效应的神秘面纱。

第五章

全国高考英语考试书面表达任务的预期反拨效应
——分析和发现 Ⅱ

本章介绍了对全国高考英语考试的书面表达任务的预期反拨效应的分析和发现。该考试项目将被证明未能达到预期的效果，即让学生为交际目的练习写作。分析首先描述了全国高考英语命题人的意图以及该意图在试卷中的体现。接下来呈现了参加访谈的教师对写作练习的描述。之后，将考试命题人对写作的看法与通过访谈和问卷数据反映的教师和学习者的看法进行比较。然后讨论了对课堂写作实践的观察。最后给出一个总结。

5.1 全国高考英语考试书面表达任务的特点

5.1.1 书面表达任务的交际特征

全国高考英语考试命题人为实现预期的反拨效应而采取的措施之一是使测试项目和任务尽可能接近真实的语言运用，这一点在第四章中指出。三位考试命题人认为书面表达任务是考试中最具备真实性的任务（后续联系）。设置任务的指导方针包括以下内容：①应明确描述写作目的、目标读者、作者的角色以及作者与读者之间的关系；②任务应该是中国学生在现实生活中可能的写作场合（李筱菊等人，1990）。

毕竟，全国高考英语考试的书面表达测试是一项测试任务，而不是一项学习任务。为了增加其信度，写作的内容受到控制，因为全国高考英语试题编写人员指南规定，应提供写作内容以使不同的作文具有可比性，方便评分。

考试命题人的假设是，如果在全国高考英语考试中测试写作，它将在学校被教授。通过交际写作测试，教师将以交际方式教授写作，学生将学习为交际目的而写作。一位考试设计人在访谈中说："我认为我们的试题设计得好很重要。这样的话，当他们练习应对测试时，学生们才能真正学会如何写作。"(CA，L. 75)为了了解考试命题人的意图是否在测试中实现，我制定了一份检查清单(附录H)，并检查了过去十年(1991—2000)的全国高考英语考试的书面表达任务。结果表明，大部分时间都遵循了这些准则。在10份全国高考英语的真题中，有8份明确描述了语境。在两份试卷中，给出了假定的作者，但没有给出写作目的和假定的读者(附录H)。

此外，考试命题人希望在实践中可以采用过程性写作法。引用考试命题人E的话来说，"现在许多教高二或高三学生的老师要求他们一次性完成一项写作任务。它以产出为导向。过程性写作法更有效"(CE，L. 87)。下一节将讨论这个信息是如何在全国高考英语考试中传达的。

5.1.2 鼓励过程性写作

过程性写作的想法实际上并没有体现在全国高考英语考试的书面表达任务本身。相反，短文改错项目被认为在一定程度上体现了这一想法。全国高考英语命题人认为教师应该让学生自己独立打草稿和重写以改进作文(CE，L. 44；CC，L. 86)。这就是为什么改错文本在句子结构和单词选择上刻意模仿中学生的作文。短文改错任务中要纠正的错误来源于中国学习者的常见错误(CC，L. 165)。通过检查表(附录H)对三份全国高考英语考试的历年真题的校对检查表明[①]，这些试题编写原则大部分时间都得到了遵循。三篇文本中有两篇看起来像学生写的，73%的错误是中国学生常见的错误类型。

因此，除了强调在交际语境下写作，过程性写作，或者至少是写作和编辑草稿，也是测试命题人的意图。要了解他们对具有交际语境的过程性写作的期望是否在学校中实现，我们需要了解写作是如何练习的，以及教师和学习者认为哪些是优秀作文的重要特征。换句话说，应该检查有关写作练习的教与学行为和信念，以确定全国高考英语考试的书面表达任务是否达到了预期的效果。

---

① 三年的真题(1992、1997、2000)是抽签选出的。

5.2 写作行为和信念——基于访谈结果

5.2.1 写作练习

从上面的讨论来看,很明显,测试命题人认为写作练习应该从考虑修辞语境开始,这将有助于决定要包含的信息和采用的适当语气。例如,1995 年全国高考英语考试的书面表达任务要求考生给朋友写一封简短的信,告诉他如何去公园的野餐地点。基于这种情况,这封信应该是非正式的,并且内容需要包含有助于读者找到方向的信息。写作练习中还应该涉及的是重写以改进文本,其中包括纠错。

接下来将如上所示的所需过程与学生所采取的写作过程进行比较,以查看预期的效果是否已经发生。J 老师和 E 老师在访谈中表示,他们的学生在写作时通常遵循以下步骤:

  a) 仔细检查题目,确定考试命题人预期的要点。

  b) 用中文写下要点,再检查一遍,确保没有遗漏任何要点,也没有添加多余的点。

  c) 将要点翻译成英文。

  d) 使用一些连接词,如"and"和"but"来连接句子以形成文本。

  e) 检查是否有任何语法错误、拼写错误和其他错误。

  f) 将完成的试题以良好的笔迹整齐地抄写到答题纸上。

  (TJ,L.51,TE,L.90)

写作练习中的这些步骤与考试命题人的预期存在差异。首先,没有提到写作语境。第二,因为涉及中文,所以写作变成了翻译。三是忽视了得体性,重在准确把握要点。这种对预期要点的强调是一种确保高分的策略,因为全国高考英语考试评分标准会为内容的完整性打分。教师报告的写作过程在某种程度上与考试命题人的预期不同。

上述写作行为的描述仅由两名教师给出。要测试它们的普遍性,需要在考试命题人对写作的信念与更大样本的教师和学习者的信念之间进行比较。为此,本研究引出和分析了这两方的写作观。结果将在下一节中介绍。

5.2.2 写作观

访谈中，考试命题人、教师和学生们畅谈了好作文的特点以及应该如何练习作文。将双方提到的特征提取出来并列对比，如表 27 所示。[①]

表 27　考试命题人、教师和学生的写作观

不同类型的写作		考试命题人	教师和学生
关于修辞语境的得体性，包括：	−写作目的	√	
	−作者	√	
	−读者	√	
内容	−包含所有关键点	√	√
	−包含所有必要的细节		√
组织	−连贯	√	√
	−开头和结尾	√	√
准确性	−选词精准	√	√
	−语法正确	√	√
	−标点符号正确		√
	−正确的大小写		√
	−地道的英语		√
技巧	−卷面整洁		√
	−良好的书写		√
	−控制字数		√

注意：打勾表示受访者提到了该点。

表 27 显示了考试命题人与教师和学生在写作应该涉及什么方面的观点之

---

① 表 27 中的四个术语需要解释，因为受访者对它们有特定的解释。

−包含所有关键点：一篇文章应包含任务提供的所有关键点，因为全国高考英语考试的书面表达是一项提供内容的指导性任务。

−包含所有必要的细节：一篇文章应包含作为内容输入的图片或文字中的所有必要细节。然而，似乎没有一个受访者对必要的细节有任何具体标准。判断可能是依靠直觉做出的。

−地道的英语：地道的英语与受访者所说的"汉式英语"形成鲜明对比。用汉式英语，他们指的是把中文逐字翻译成英文。例如，"Yesterday my house was stolen"的意思是"昨天我家被偷了"。

−卷面整洁：答卷干净，字迹工整。

间的一致和不一致。在内容、组织和准确性方面发现了一致项。双方都认为这些是一篇好文章的重要组成部分。这并不奇怪，因为传统上一直强调内容、组织和准确性。将教师和学生对这些方面的关注都归功于全国高考英语考试的书面表达任务是牵强附会的。

　　然而，即使在这些共同方面中也存在细微差别。在内容方面，考试命题人似乎只考虑对关键点的完整覆盖，而教师和学习者则关注细节。在准确性方面，教师和学习者考虑的考点比考试命题人要多。除了语法和词汇，他们还谈到了地道的语言、标点符号和大写字母。教师和学习者提出更多考点（大多是琐碎不重要的）的事实表明，作为考试的用户，他们一丝不苟，因为他们害怕失去分数，希望一切都正确，这反映在他们对机械性技巧的关注上。与命题组相比，老师和学生更在意卷面整洁、字迹工整、限制字数等机械性技巧。五名教师和三名学生强调了这一点，而考试命题人没有提到这一点。一位老师说："答题纸的外观很重要……一个学生可能会因为他的答卷看起来不好看而失去一些分数。这将是阅卷人对文章的第一印象。这非常重要。"（TE，L. 233）这个观点得到了一位学生的回应，他描述了他是如何写作的："我在考试的时候打草稿，然后再誊写。为了写得更整齐，我会先画一些线然后誊写。"（SA，L. 440）当被问及他是否在非考试环境下也这样做时，他回答说："不会，我会一口气写完。"（SA，L. 446）

　　这名学生的所作所为与常识背道而驰。人们通常在有足够时间的情况下才会打草稿，而在考试情况下才会不打草稿进行写作，因为考试中时间通常很紧迫。对于这个学生来说，打草稿只是保证卷面整洁的一种方式，而不是上面讨论的考试命题人所期望的写作过程的一个阶段。显然，在讨论高三的教与学实践时，老师和学生似乎都非常关注测试环境。对他们来说，机械性的技巧很重要，因为它们可能会影响学生的分数，尽管它们通常不会影响真实环境中的交流。相比之下，考试命题人似乎较少考虑测试环境，而是考虑学生应该如何培养在现实生活中有用的写作技能。

　　双方观点的另一个不一致出现在写作语境中，这本应决定写作内容和语言运用的得体性。考试命题人非常重视语境，而访谈中的老师和学生都没有提及它。引用其中一位考试命题人的话来说，"另一点是得体性。在这里，我们告诉考生谁是写信人和收件人，以及他们的关系是什么。如果老师不在这方面训练他或她的学生，他们将碰到很多困难"（CA，L. 53）。

　　强调在语境中写作反映了考试命题人对交际语言测试、教学和学习的信念。他们认为，有效运用语言的能力不仅包括语言知识，还包括语用和社会语言学知识以及在交际中运用这些知识的能力(CA，L. 471；CC，L. 472；CD，L. 303)。

在全国高考英语首次被引入时(1985年)，交际语境的概念在中国英语语言教学中是相当新的概念。它构成了书面表达任务的本质，也构成了最重要的预期反拨效应之一。为什么老师和学生在访谈中没有提及写作的交际语境？是不是因为语境已经成为学校写作练习中自动的、不可分割的一部分，以至于它太普通了，所以才不被提及？我发现很难提出这个问题，因为如果我这样做的话，我害怕会诱导线人的回答。作为替代，我使用问卷来交叉检查访谈数据。结果将在下一节中讨论。

5.3 被师生忽视的写作语境——基于问卷调查结果

调查问卷被用来服务于两个主要目的。首先，它旨在交叉检查访谈结果。我邀请了十名受访者完成相关项目，以实现方法三角验证。第二个目的是确定教师和学生访谈结果可以推广到更大人群的程度。在访谈中，师生们强调了写作的四个方面：内容、组织、准确性和技巧。为就这四个方面征求意见，共写了九个项目，即项目1、3、4、5、7、8、9、12、13(见表27和表28)。每个项目的设计都将李克特5级量表与一个陈述并列，用五个数字表示不同程度的重要性：1代表完全不重要，3代表中立，5代表很重要，2代表接近1，4代表接近5。平均分数高于3表明问卷受访者认为四个写作方面很重要，从而确认了访谈的回答。同样地，我还设计了四个项目(项目2、6、10、11)来检测受访者对得体性和写作语境的看法。共有13个项目用于获取教师和学生对全国高考英语考试书面表达任务的写作的看法，如表28所示。

表 28 关于写作信念的项目

关于写作信念的项目
1. 字数一百左右，不可太多或太少。
2. 答题之前需考虑谁是假设的短文作者。
3. 语言正确，避免语法词汇错误。
4. 运用连接词，使行文连贯。
5. 大小写及标点符号正确。
6. 语言得体。
7. 字体工整，卷面整洁。
8. 结构完整，有头有尾。
9. 内容要点齐全，尽量不加不减。

(续表)

关于写作信念的项目
10. 答题之前需考虑谁是假设的短文读者。
11. 答题之前先考虑假设的短文目的。
12. 语言地道,不用汉式英语。
13. 内容完整,酌情增减细节。

首先,10 份问卷在接受访谈后的一年内寄给了 10 位教师。[①] 其中 9 人交回了完成的问卷,结果见表 29。

表 29　9 位教师的写作观(计数)

Item	1完全不重要	2 不重要	3 无所谓	4 重要	5 很重要	不了解不想说
9. 所有关键要点				7	1	1
13. 必要的细节		1		7	1	
8. 开头和结尾				6	3	
4. 连贯性				7	2	
12. 地道的语言				5	4	
3. 正确的语法和词汇				6	3	
5. 正确的大小写和标点符号				7	2	
7. 卷面整洁				4	5	
1. 控制字数				9		
6. 得体性				3	5	1
11. 写作目的			2	4	2	
2. 假定的作者			1	5	3	
10. 假定的读者		2	2	2	2	1

注: 这些项目在教师问卷第二部分的问题 11 下(见附录 F)。

---

① 没有尝试让学生受访者完成问卷,因为他们那时已经高中毕业,很难追踪他们。

表 29 显示,除了 1 位老师在"内容完整,酌情增减细节"选项中选择了 3 外,9 位教师在其余代表他们在访谈中讨论的写作的四个方面的项目中都选择了 4 或 5。这表明教师们对写作的四个方面的看法是一致的。

相比之下,关于得体性加写作语境的四个项目获得了不同的分数(参见表 29 中的项目 6、11、2 和 10)。如果我们采用"高于 3 分表示被访者重视项目所表达的思想"这一标准,表 29 的结果表明这 9 位教师强调写作目的,因为其中 6 位在第 11 项上选择了"重要"或"很重要"。回想一下,9 位教师中没有一人独立提出这四项所代表的任何想法。因此,对结果的这种解释应谨慎对待。

尽管如此,9 位教师的问卷回答结果可以被视为对与本研究中使用的自我报告量表相关的工具效应的警告。艾伦(Allan,1995)调查了使用检查清单来引出英语作为外语的考生所采用的阅读策略的有效性,并发现了一种工具效应,它会扭曲研究结果。他建议从目标人群中获取检查清单或其他形式的自我报告工具,并在使用前进行试点(Allan,1995:151)。来自上述九位教师的数据似乎支持艾伦的观点,因为基于教师自己的话的九个项目获得了相似的分数(4 或 5),而他们给根据考试命题人的观点设计的四个问卷项目的分数各不相同,很难解释。因此,应谨慎处理本研究从较大样本中获得的问卷结果,并参考访谈和课堂观察数据进行解释。

更大的样本产生了来自 976 名学生和 378 名教师的问卷数据。结果示于表 30 中。[①]

表 30　师生写作观

项　　目	案例数	平均值	标准差
项目 3　正确的语法和词汇	1 352	4.55	.60
项目 8　开头和结尾	1 347	4.42	.61
项目 12　地道的语言	1 335	4.38	.73
项目 7　卷面整洁	1 351	4.34	.65
项目 4　连贯性	1 349	4.31	.65

① 本研究进行了因子分析,以确定是否可以根据受访者描述的五个写作方面提取五个因子。但仅确定了三个因子,因子的累积平方负荷仅为 47.3%,因此不宜对这些项目进行进一步的推论统计分析。因此,平均评分被用于解释结果。

（续表）

项　　目	案例数	平均值	标准差
项目 6　得体性	1 345	4.25	.68
项目 9　所有关键要点	1 335	4.04	.83
第 13 项　必要的细节	1 327	4.00	.78
项目 5　正确的大小写和标点符号	1 348	3.91	.76
项目 1　控制字数	1 341	3.70	.85
项目 11　写作目的	1 306	3.57	1.00
项目 2　假定的作者	1 309	3.39	1.14
项目 10　假定的读者	1 291	3.07	1.06

注：这些项目位于教师问卷第二部分的问题 11（见附录 F）和学生问卷第一部分的问题 9（见附录 G）下。

表 30 表明，所有 13 个项目的评分均高于 3，这表明受访者描述的所有五个写作方面和考试命题人强调的修辞背景都被更大的教师和学习者群体认为是重要的。但是，如前所述，应谨慎处理问卷评分等自我报告的数据。仔细检查表 30 中的数字可以发现，虽然所有项目的评分都高于 3，但与访谈中师生讨论的写作方面相关的 9 个项目的平均分数高于写作语境项目（项目 11、2 和 10）。这些项目代表了考试命题人所强调的写作的交际特征。第 6 项（得体性）的平均得分为 4.25，是一个例外。这是出乎意料的，因为在访谈数据中没有提到这一点。可以通过后续电话跟踪联系找到可能的解释。当被问及对这道题的理解时，两名受访教师似乎对此并没有清晰的概念。相反，他们向我介绍了全国高考英语考试的评分标准，其中有对得体性的要求，但没有解释这意味着什么以及应该如何评估。似乎老师和学生，至少他们中的一些人，可能在不了解它与其他三项（第 11、2 和 10 项）所表示的修辞语境的联系的情况下接受了中文单词的表面意思。这可能导致该项目的平均得分出乎意料地高，而同一类别中的其他三个项目的得分相对较低。

由于这三个项目的标准差值最高（见表 30 中的项目 11、2、10），受访者对三个写作语境项目的评分比其他项目的评分差异更大。这表明一些受访者对代表修辞语境作用的项目给出了较高的评分，而其他受访者则没有。项目得分的巨大差异可能也是由于一些受访者对写作语境的作用的不确定性。这种解释的证据来自对"不了解/不想说"选项的选择计数。正如在研究方法部分已经提到的，问卷是根据访谈结果设计的，没有教师和学生在访谈中提及任何写作语境因素。为避免不基于受访者的知识或经验的强制回答，我特意提供了"不了解/不想说"选项以允许选择不回答某个项目。换句话说，纳入"不了解/不想说"选项是为了防止"把话放到受访者的嘴里"。然而，在"不了解/不想说"选项的回应中出现了一种意想不到的模式。这表明一些受访者对写作语境概念的确定性不如对写作的其他要素（例如组织）的确定。表31列出了为每个项目选择"不了解/不想说"或项目不回答（INR，调查研究中常用的术语）的受访者数量。

表31 不回答的项目的频率

项　　目	频率	比例
3. 正确的语法和词汇	2	0.1
7. 卷面整洁	3	0.2
4. 连贯性	5	0.4
5. 正确的大小写和标点符号	6	0.4
8. 开头和结尾	7	0.5
6. 得体性	9	0.7
1. 控制字数	13	1.0
9. 所有关键要点	19	1.4
12. 地道的语言	19	1.4
13. 必要的细节	27	2.0
2. 假定的作者	45	3.3
11. 写作目的	48	3.5
10. 假定的读者	63	4.7

案例数=1354。

注：这些项目位于教师问卷第二部分的问题11（见附录F）和学生问卷第一部分的问题9（见附录G）下。

在表31中，项目按照收到的INR数量升序排列。很明显，与其他项目相比，修辞语境中的项目（项目2、11、10）获得了更多的INR，尽管INR的百分比总体上并不高。假定读者项目收到的INR数量最多（数量=63），而语法和词汇项目的INR数量最少（数量=2）。

问卷项目不答复现象引起了调查专家的极大关注（Smith，1984；Zhu，

1996)。据祝建华（Zhu，1996）说，两个理论经常被用来解释这个问题。它们是认知缺陷理论和对抗性退缩理论。前者将 INR 归因于缺乏回答问题所需的相关知识。后者将 INR 视为因愤怒、恐惧或其他原因而对调查被动抗议的信号。在本研究的情况下，对抗性退缩理论似乎并不适用，因为所提出的问题既不具有政治敏感性，也不冒犯线人。在我们的案例中，认知缺陷理论可以最好地解释所讨论的现象。换句话说，对于写作语境项目中 INR 的比例较高的最可能的解释是，至少有一些选择 INR 的教师和学生这样做是因为他们缺乏足够的知识来形成实质性的回答。这意味着，尽管每年在全国高考英语考试的书面表达任务中都提供了修辞语境，但仍有部分教师和学生不理解它的作用，更不用说在写作实践中强调它了。

这三个写作语境项目的均值最低、标准差最高、项目不回答百分比最高的事实表明，教师和学生作为一个群体没有足够重视写作的修辞语境，群体对这方面的重要性的看法与写作的其他方面相比，差异更大。这种模式也反映在九位教师受访者对相同项目的回答中，如表 29 所示。

除了在问卷数据中的重要性方面获得最低的平均得分外，在访谈中教师或学生都没有提及修辞语境。因此，从问卷调查和访谈结果可以推断，在写作教学中修辞语境没有得到应有的重视。

然而，访谈和问卷工具都只产生自我报告数据。访谈和问卷等自我报告工具往往会对研究结果产生影响，正如已经指出的那样，这是对效度的威胁（Allan，1995）。此外，从这些数据中，我们只能通过推理而不是直接观察来了解线人报告的观点及其行为。例如，我们不知道他们在练习写作时是否真的忽略了语境并强调了其他方面。奥尔德森和沃尔（Alderson & Wall，1993）指出需要进行课堂观察，以了解"教师和学生所说的是否反映在他们的行为中"（第127页）。我认为，调查并找出他们是否做了他们没有说他们做的事情也很重要。为此，我进行了课堂观察，以了解在课堂上如何练习写作。

5.4 写作课的关注点在哪里？——基于课堂观察结果

课堂观察结果表明，在写作练习中，全国高考英语考试的书面表达任务的交际特征在很大程度上缺失，而语言准确性却得到了突出。从课堂上开展的活动类型和写作练习的重点可以看出这一点。

5.4.1 课堂写作活动

练习写作时,课堂上进行了不同的活动。表 32 列出了这些活动以及花费在这些活动上的课堂时间百分比。

表 32　花在不同写作活动上的课堂时间

活动	教师 A	教师 I	教师 E	教师 D	总计	百分比
课堂写作			12m50s		12m50s	11.3%
评价学生作文		5m		4m55s	9m55s	8.7%
纠错	8m34s	16m23s	11m35s		36m32s	32.2%
展示范文	4m8s	4m	3m40s	16m5s	27m53s	24.6%
给出写作建议				7m53s	7m53s	7%
作业		1m2s		17m17s	18m19s	16.2%
总计	12m42s	26m25s	28m5s	46m10s	113m22s	100%

在四位教师的写作课中确定了六项活动(见表 32)。① 可以看出,老师在课堂上所做的主要是布置作业、展示范文、点评学生的作业、纠正学生的错误。课堂时间的最大比例用于纠错(32.2%),这在观察的四位教师中的三堂课中很明显。接下来是展示范文,占四位教师课程总时间的 24.6%。"课堂写作"活动仅在一位教师的课堂上进行,相对较少(11.3%)。这证实了前一章讨论的发现,即实际写作通常是在课外完成的。这样做节省了课堂时间,让老师主要通过范文和纠错来指导写作。范文要么是写作任务的设计者提供的版本,要么是老师认为好的学生作文。纠错由教师组织和指导,他们指出学生的常见错误,要求学生在黑板上纠正同伴的作业,或者让全班讨论抄在黑板上或用投影仪呈现的一篇文章的错误。

需要指出的是,两位老师所描述的写作步骤并未在课堂上观察到,因为实际写作仅发生在一位老师的课堂上。那位老师只是把任务交给学生,设定了时间限制,学生们就开始写,就像他们在考试一样。下课后,我立即问了两个学生,他

---

① 这里的写作课是指课堂中用于教授写作的部分。这并不意味着老师教了专门的写作课。高三英语课程涵盖了语法、词汇、写作和听力等多个领域,一节课时长为 40 至 45 分钟。

们是如何完成刚刚的写作任务的。他们描述了三个步骤：①确定要点，②将每个点写在一个句子中，③用一些单词将它们衔接起来。这个过程涉及的步骤较少，与两位老师所描述的非常相似。因此，很明显，至少对于一些学生来说，完成全国高考英语考试的书面表达任务只是在用一些英语句子写下规定的要点，这与一些考试命题人所期望的过程性写作类型相去甚远。

写作活动的分类和量化分析让我们了解了一些高三课程是如何教授写作的，但并没有回答课堂上强调写作的哪些方面的问题。从表 32 中我们知道，很多课堂时间都花在了纠错上。但我们不知道纠正了哪些类型的错误，例如，它们是语法错误还是用词不当。我们也不知道写作的哪些方面（例如准确性或得体性）受到了教师的重点关注。在观察方案 B 部分的帮助下对数据进行分析有助于回答这个问题（见附录 C）。

5.4.2　对写作的不同方面的明确关注

与观察方案 B 部分相关的课堂观察数据结果见表 33。

表 33　对写作的不同方面的明确关注

明确关注	写 作 方 面					
	内容	组织	准确性	技巧	语境/得体性	总计
计数	24	14	103	20	12	173
百分比	13.9	8.1	59.6	11.6	6.8	100

据观察，写作的五个方面都受到了师生的关注，其中准确性最高（59.6%），修辞语境最少（6.8%）。事实上，四位老师中只有一位在模拟考试后评论学生的写作时，对写作的修辞语境给予了明确的关注。这一发现表明，老师有时会做他们没有说他们做过的事情，因为这位老师在访谈中没有提到得体性和修辞语境。在帮助学生为全国高考英语考试的书面表达任务做准备时，至少有一位老师考虑了写作语境，这是考试命题人的意图。然而，仔细检查表明，老师试图教她的学生如何根据语境得体地写作的尝试并不是很成功，因为她提出的得体的写法似乎根本不恰当。下文呈现的课程的相关转录可以说明这种不成功的尝试。

5.4.2.1　与修辞语境相关的得体性教学的不成功案例

在一位教师的课堂上观察到，对写作语境给予了明确的关注（见表 33），但未能达到预期的效果。这可以通过教师建议的得体的语言运用来说明，她旨在用其代替她所说的学生的不得体运用。下文是她使用的写作任务以及课堂转录稿的摘录。

教师 I 课堂中使用的商务主题的写作任务如下：

> 说明：假设你从北京来到上海，你托运的行李箱不见了。请写信到上海火车站问问。这封信应包括以下几点。
>
> 1）我是从北京乘坐 14 号特快列车来的；
>
> 2）我在北京火车站托运了一个行李箱；
>
> 3）票号为：10068；
>
> 4）手提箱里有重要的东西；
>
> 5）把手上系着一个写有我名字大卫·怀特的标签；
>
> 6）找到后立即通知我；
>
> 7）我现在的地址：上海胜利宾馆 328 室。
>
> 生词：register

由于以下原因，任务中给出的写作语境似乎不能很好地模拟现实生活中的情况。首先，作者的角色模糊不清。在说明中，要求学生想象他们是作者。但在这种情况下，没有必要用英文写信，中文更合适。然而，第 5 点表明作者是一个叫大卫·怀特的外国人。因此，假定作者的身份没有明确说明。其次，由于写信人和收信人都在同一个城市，打电话是一个更好更快的解决方案。在这种情况下，写信在现实世界中是不可能的。第三，任务设计者建议的"register"这个词不是"托运"的正确表达，[①]这引发了对任务设计者为真实的交流目的而得体和准确地写作的能力的怀疑。总之，这个写作任务是对全国高考英语考试的书面表达任务的拙劣模仿。

据老师 I 说，在模拟测试中完成上述任务的学生没有用得体的英语写作。所以在课堂上，她对学生的写作进行了评论，并提出了一些她认为得体的句子。引用老师 I 的话来说：

> 你们中的一些人没有注意语气。听起来不太礼貌。你是在写信请求人们帮助你。你麻烦他们找到你的行李箱。你应该有礼貌……你可

---

① 说明和要点是用中文给出的。任务设计者建议使用"register"一词来表示"托运"的概念。

以从"我很抱歉打扰您""恐怕我不得不麻烦您""我写信是为了向您寻求帮助"开始。无论如何,你应该听起来礼貌。最后,你至少应该说"谢谢"。最好是写"如果您能帮我找到它,我将非常感激"……给给你的作文评分的老师看到这句话会很高兴,会认为"这个学生真好,非常有礼貌,可以如此自然地表达这个想法"。我们已经学会了"如果……我将非常感激"这句话。

I 老师提出的信件开头和结尾的句子听起来不自然、不恰当。在这种情况下写信的目的就是让铁路工作人员尽职尽责,也就是寻找丢失的行李箱。从逻辑上讲,这封信带有抱怨的成分,尽管作者听起来可能很有礼貌。对于以英语为母语的人来说,建议的句子实际上听起来很讽刺而不是礼貌(Allan,2001)。事实上,得体性是从评分人的角度来判断的(教师认为无论情况如何,他们都更愿意看到学生写作中礼貌的表达),而不是从因为火车站令人不满的服务而利益受损的乘客的角度来判断的。

I 老师似乎在努力教她的学生如何在任务设计者创造的情境下得体地写作时迷失了方向。因此,被编码为注意得体性和修辞语境的场合最终是为了提高学生的意识,而不是教学生如何根据写作语境得体写作的成功案例。由于 I 老师强调的礼貌并不是真正针对假定的读者(火车站的工作人员),而是针对应该更喜欢礼貌英语的评分者,因此在信中提倡礼貌的真正动机是为了取悦评分者以获得更高考试分数。此外,I 老师似乎并不太清楚假定的读者在修辞语境中的作用。她对问卷的回答揭示了这一点。在问卷中,她将假定读者的项目评为"不重要"。

奥尔德森和汉普-莱昂斯(Alderson & Hamp-Lyons,1996)提出了这样一个问题:"如果教师在托福备考课程中没有'交际'教学,是考试的错还是教师的错,还是备考材料的错?"以刚才描述的情况为例,我想问一个问题:"当老师和商业材料的编写者似乎都试图创造一个可以帮助学生得体写作的环境时,为什么一个教授得体性的案例会失败?"对于教材编写者和教师来说,似乎更多的是他们能不能,而不是他们愿意不愿意。上述任务的设计者似乎无法创建类似于现实生活情境的修辞语境。而且老师似乎不知道在模拟任务提供的修辞语境中什么是合适的。这一点都不奇怪,因为他们在英语作为外语的情况下教授英语或开发教材。这名老师告诉我,她从来没有去过说英语的国家,也从来没有机会亲自使用这种语言进行真实的交流。在这种情况下,尽管全国高考英语考试的命题人努力在任务中构建交际功能，但让教师使用类似于现实生活中交流的任务似乎非常困难。

为了产生良好的反拨作用，全国高考英语考试的书面表达任务的修辞语境已经受到了强调。从评估的角度来看，这种强调可能不是一个有效的措施。例如，假定的读者可能会使考生困惑，而不是帮助他们表现得更好，因为他们总是知道他们写作的真实读者是评分者（Hamp-Lyons，1991）。I 老师也是如此，她强调带有礼貌的写作会取悦评分者。

简而言之，观察到的四位老师中的三位没有提到任何诸如修辞语境或得体性之类的东西。只有一位老师尝试过得体性的教学，但收效甚微。在课堂上，教师们忽视了写作的交际特征，而这正是考试命题人所强调的。相比之下，语言的准确性和规定的内容更加受到重视（见表 33）。这可以通过 D 老师的课堂摘录进一步说明，下一节中将对此进行介绍。

5.4.2.2　强调写作准确性的案例

对准确性的强调体现在 D 老师给学生的一段口诀中，这段口诀是针对如何写作的提示。

写作技巧[①]

首先注意大小写；

句子成分不能少。

记住主谓一致性；

正确时态很重要。

注意名词和动词；

确保冠词都正确。

包括所有关键点；

避免不必要细节。

中英表达不一样；

中式英语应避免。

D 老师一边将口诀抄到黑板上，一边大声朗读，并向全班解释了其中几行。以下是所说的文字记录：

---

① 据 D 老师说，她是从一份英语学习报上抄来的口诀，该报上有一个专栏，为全国高考英语的备考工作提供指导。

首先注意大小写。① 虽然这不是一个严重的问题,但如果你不正确使用大写字母,别人会知道你是一个粗心的作者。……第二行与我们忽视的事情有关。

句子成分不能少。这取决于我们如何复习我们的语法知识……。我们能很好地记住句子的结构吗? 五种基本句子结构。……如果你不会写复杂句,如果你在尝试写复杂句时出错,那你就写简单句……

记住主谓一致性。这是因为谓语动词的形式在英语中必须改变。在中文里,一个字就是一个字。当主语不同时,我们不会改变动词的形式……

正确时态很重要。关于谓语的形式,我们要考虑很多事情,时态、语态等等。……

注意名词和动词,确保冠词都正确。我们中文没有冠词。因此,当你使用它们时,请特别注意。

包括所有关键点。在你开始写作之前,你应该确定在作文中包含什么,你需要在其中表达什么……内容。……一般来说,100 字左右的作文,有六到八个点。那就很好了。有时,说明中会说你可以发挥自己的想象添加一些适当的细节。注意"适当"这个词。不要让自己被"想象力"这个词误导。如果你有丰富的想象力,但不能准确地表达自己,你就会暴露自己的弱点。你写得越多,你的弱点就越暴露。所以记住这个提示。

避免不必要细节。不要试图通过写更多来炫耀你丰富的想象力。

最后一个提示:中英表达不一样。这是部分否定。有相似之处,也有不同之处。注意差异。

中式英语应避免。这是我们最大的问题……当你用英语写作时,每天……每次你把笔落在纸上之前,你都应该回忆这些技巧。

这个口诀和 D 老师对它的解释表明,她的写作课强调的是准确。十行口诀中有六行是关于语法的准确性,两行再次就中式英语或中文生硬的翻译提出警示。这可以作为额外的证据表明,尽管全国高考英语命题人让教师和学生更多地关注写作的其他方面,但一些教师仍然专注于语言准确性,而忽视了写作的其

---

① 口诀部分是楷体,其余的都是老师说的。

他方面，包括得体性。

值得我们注意的另一点是，当涉及内容时，D老师建议学生不要使用他们的想象力，因为这可能会使他们面临暴露自己弱点的风险。D老师之所以担心学生"暴露弱点"，是因为这可能会导致低分。因此，仅包括任务提供的要点并用"确定"的英语表达出来是获得一些分数的安全方法。当考试成绩成为重中之重时，写作练习就会受到很大限制。想象力和创造力被抑制和扼杀，尽管它们被认为在写作和一般学习中很有价值。因此，以考试为导向的写作练习就是用语法正确的英语写下一些要点（另见第5.2.1节）。

简而言之，课堂观察数据进一步支持了访谈和问卷调查的结果。在课堂上，教师们被发现关注他们在访谈中讨论、在问卷中评为重要的写作的四个方面，其中准确性是写作中最受重视的方面。而对于考试命题人强调的写作语境和得体性，则很少观察到有人给予关注，除了一次不成功的得体性教学尝试。

5.5　总结

综合所有证据，我们可以说全国高考英语考试的书面表达任务取得的考试命题人所期望的效果相当有限。它在写作练习的时间和注意力方面是成功的。正如第四章所提到的，写作在课上和课后都得到了练习，这表明全国高考英语考试对所教内容的影响。至于写作是否按照考试命题人的意图进行练习的问题，答案是"大部分不是"。尽管与全国高考英语考试的书面表达任务表面上相似，但高三的写作练习并没有像考试命题人所期望的那样，在模拟的现实生活情境中进行交流目的。相反，写作已简化为将所提供的内容写成语言正确的句子并满足全国高考英语考试的评分方案中规定的要求。因此，在教学方法和学习活动的层面上，预期的反拨效应似乎并未发生。其原因将在下一章中探讨。

第六章

阻碍预期反拨效应的因素
——分析和发现 Ⅲ

前两章讨论的分析和发现表明，全国高考英语考试的大部分预期反拨效应在高三英语课程中并未观察到。这主要是因为测试的多种用途，预期的反拨就是其中之一。值得注意的是全国高考英语考试的三个主要用途或功能：①选拔中学毕业生接受高等教育，②指导教学和学习，以及③评估教师和学校。前两个是考试命题人和政策制定者设定的目标（桂诗春等人，1988；《关于进一步深化普通高校招生考试制度改革的意见》，1999）。这两个目标之间存在矛盾的关系，阻碍了第二个目标的实现。第三种用途是社会对全国高考英语考试的结果的滥用。它给教师、学校甚至当地教育部门带来压力，从而也阻碍了预期的反拨效应。选拔功能是主要的。其他两个功能取决于它，尽管它们在某些情况下会影响它，如图 12 所示。[①]

本章专门讨论全国高考英语考试的三个功能之间的关系以及这些功能与学校教与学的关系。本讨论旨在阐明选拔功能和评估功能如何危害测试的指导功能或测试的预期反拨。作为出发点，首先研究了选拔功能和指导功能之间的关系，重点是前者如何对后者的实现施加约束。其次，描述了中国社会基于全国高考英语考试的结果对教师和学校的评价。第三，讨论了考试的三大功能与高三英语教学和学习之间的关系，以求揭示许多预期的反拨效应未能实现的潜在原因。最后，给出一个总结。

---

① 测试的指导功能以如下方式影响选拔功能：如果前者如此消极以至于社会不接受它，则测试本身可能被取消。评估功能间接影响选拔功能。它可能驱动教师和学生以可能导致考试分数污染的方式准备考试——对效度和信度构成威胁，从而降低其准确选拔的能力。由于本书的重点是测试的指导功能，因此将集中讨论其他两个功能如何影响指导功能。

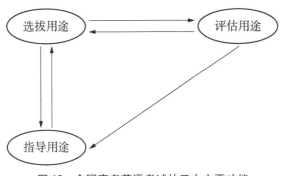

图 12　全国高考英语考试的三大主要功能

6.1 　选拔功能阻碍指导功能

全国高考英语考试的主要功能是根据候选人的英语水平对候选人进行区分和排名,以便选拔他们中的一部分接受高等教育,并据此决定学生是否可以进入名牌大学或普通大学。考试成绩事关重大,任何高三的学生或老师都不能忽视考试。正是选拔功能赋予了考试权力,并使其有可能影响学校的教与学。因此,选拔功能是主要的,指导功能是附属的。这是测试的两个功能关系的一个重要特征。

选拔功能和指导功能之间关系的另一个特点是前者约束后者。选拔功能带来的后果事关重大,这就要求测试具备较高的信度、较强的区分度以及极强的公平性,而这些要求却以牺牲指导功能的充分实现为代价。具体而言,为了使测试选拔得当,考试命题人采用了能够产生可靠和有区分度的分数的测试形式和评分系统,从而对实现以预期方式指导教与学的目标施加了限制。换句话说,这两个功能之间关系的这一特征在很大程度上削弱了预期的反拨效应。要了解这是如何发生的,有必要了解考试命题人在设计和开发全国高考英语考试时所考虑的预期反拨效应。

因为在第四章中已经详细讨论了全国高考英语考试的预期反拨效应,所以在这里可以说,考试命题人的总体意图是使中国中学的英语教学实践从关注语言形式转变为针对运用英语交流进行教学和练习。为此目的采取的一项措施是减少测试的知识成分并增加其运用成分。另一项措施是在考试中构建交际功能,其中包括关注意义、将语言元素情境化以及模拟现实生活中的语言运用。不幸的是,由于考试选拔功能的限制,考试命题人的总体意图并没有在试卷中得到充分体现。此类限制有三:①选拔功能叠加了庞大的测试群体因素,限制了测试题型的选择;②选拔功能使常模参照考试成为必须;③选拔功能引起社会对考试公平性的关注,从而限制了考试中出现的词汇范围。

6.1.1　考试题型限制

虽然信度是考试的基本考虑因素之一,但全国高考英语考试的选拔功能对其提出了极高的要求——它的分数必须高度可靠,并且将评分错误降至最低。"除了给 MET[①] 足够的长度以获得可量化的信度之外,85％的 MET 问题都是以单项选择形式编写的,这使得测试的大部分内容可由机器评分,无需人工评分。"(Li,1990:395)在我看来,过度使用单项选择形式使得考试无法模拟真实世界的语言运用,而后者是考试命题人的意图。事实上,考试命题人自己充分意识到他们为实现信度所做的努力与他们产生积极反拨的愿望之间的冲突。他们中有两人在访谈中表示,尽管单项选择形式可以用于测量目的,但它不应该用于学习活动(CA,L.295;CE,L.297)。

虽然对写作的主观评分可能对信度构成威胁(CB,L.128),但全国高考英语考试还是包括了书面表达任务,因为它被认为是测试中最具交际性的任务,并且有可能带来预期的反拨效应(CA,L165)。然而,这项书面表达任务的一个特点使它不像真正的语言运用,即写作内容受到控制,这降低了其引起预期反拨效应的可能性,如第五章所述。同样,这个决定是基于对信度的考虑,而不是良好的反拨效应。命题人的假设是,当内容相同或相似时,比较写作文本变得更容易,从而减少了评分的主观性并增加了信度。毕竟,在决定题型时,由于测试的主要功能是选拔功能,命题人必须优先考虑信度而不是预期的反拨功能。

必须指出的是,庞大的测试人群和有限的可用测试资源是两个额外的干扰因素,它们与测试的选拔功能相互作用,使测试无法使用更直接和主观的项目。被试人数连续多年超过 300 万,2001 年增加到 450 万(《高考试题分析》,2002)。

除了信度外,为了实现选拔目的,还强调了测试的区分度。例如,短文改错项目于 1992 年推出,出于信度和区分度原因,至今仍被允许保留在测试中。这种测试形式被认为比直接测试写作更可靠(CG,L.141;CC,L.148),并且已被

---

① 早些年,考试被命名为高考英语考试(MET),里面只有一道主观题。自 1992 年以来,它在中国各地使用,并更名为全国高考英语考试(NMET)。增加了一个主观项目,即短文改错,使主观项目占 23％。

证明能够比测试中的其他项目更好地区分应试者,特别是区分那些英语水平高于平均水平的应试者(参与者的信息)。但是,全国高考英语考试改错项目不可能类似于真实校对。它由一个大约十行的短文本构成,除了一个正确的行之外,每行包含一个且只有一个错误。错误分为三类:要纠正的错误词、要划掉的多余词、需要插入词以使其正确的短语或句子。在现实生活中,没有人能以如此系统的方式写作和犯错。测试之所以采用这个项目,主要是因为要注意测试的区分度和信度。

由于上述选拔功能和实际限制,全国高考英语考试的题型——单项选择题、短文改错和受控写作——不能充分体现考试命题人将测试项目用于实际语言运用的意图。事实上,正如已经指出的那样,考试命题人完全意识到了全国高考英语考试的题型和预期的反拨效应之间的差距,他们反对学习活动中的单项选择题就证明了这一点。对当前测试题型的坚持证明选拔功能已优先于指导功能,尽管考试命题人已尝试在确保良好选拔和诱导预期反拨效应之间保持平衡。

在语言测试的文献中,有人提出,为了达到积极的反拨效应,最好测试"正在学习的语言的听、说、读、写的交际行为。理想情况下,从学习练习到测试练习的转变应该是无缝的"(Messick,1996:241)。然而,就全国高考英语考试而言,考试准备练习与预期的课堂活动之间存在很大差距。全国高考英语考试并不是一个能够为教与学模仿提供清晰而具体的目标和方法的理想模型。

6.1.2　常模参照测试的必要性

尽管考试命题人已经认识到需要设置标准来实现测试的指导功能,但选拔功能使常模参照测试成为必要。引用其中一位考试设计者的话来说,"MET主要是一种常模参照测试,但由于它在教育改革,特别是学校的英语教学实践中发挥作用,它也是一种标准参照和诊断测试"(Li,1990:398)。全国高考英语考试采用的标准是语法和词汇的语言知识部分以及听、说、读、写的使用部分。[①] 虽然考试大纲列出了考试的知识成分和技能,但过于模糊和简单,无法作为明确的教与学目标来遵循。例如,教学大纲包含一个词汇表和所需的技能,但没有描述标准级别(《1996年普通高等学校招生全国统一考试说明》,1996)。

---

① 全国高考英语考试不测试口语。但口语在高考英语的第二次考试中有所测试,这是一项已经参加过全国高考英语考试并想在大学主修外语的人必须参加的考试。该测试的候选人要少得多。

更重要的是,分数是根据测试人群的常模而不是测试大纲中的标准来解释和使用的。例如,广东省采用了标准分数,这是常模参照考试的一个重要特征,它表明了考生相对于他或她的同龄人的表现。尽管在全国高考英语考试的早期(桂诗春等人,1988),关于考生在测试的每个部分的表现的报告就已经公布,但近年来教师和学生已经可以收到考生个人的总分和班级、学校甚至地区的平均分。这些分数可以让教师和学习者了解候选人相对于他或她的同龄人的位置,而对于诊断学习者的优势和劣势以改善教学和学习几乎没有帮助。

一些研究人员(例如 Hughes,1989;Messick,1996;Bailey,1996)认为,使测试参照标准会产生测试的正面反拨效应。然而,在全国高考英语考试实施的情况下,常模参照被给予优先的地位,而标准参照只有一个象征性的位置。在没有明确标准的情况下,语言测试作为一种非常粗略的教学实践模式,难以达到预期的效果。

6.1.3 词汇限制

全国高考英语真题试卷中使用的词汇有一条不成文的规则。全国高考英语试卷仅限于测试大纲中列出的 2 003 个单词和 356 个短语(《1999 年普通高等学校招生全国统一考试说明》,1999)。否则,考试将被批评为对考生不公平。由于全国高考英语考试是大学入学考试之一,中国社会认为它是一种公平的手段,为高中毕业生提供了平等的机会来竞争高等教育,无论他们的家庭背景和社会关系如何。高考英语考试大纲中的词汇表用于保证公平和平等。教师、学习者和英语教研员都希望高考英语考试试题的编写在词汇表的范围内。据广东一位老师介绍:

> 如果使用词汇表之外的单词,则知道它们的人将受益,而不会的人将处于不利地位。这不公平。我们不认为那些知道碰巧在一次测试中出现的超纲单词的人更好地掌握了英语,并且应该得到更高的分数。那些不知道该特定测试中出现的这些"生词"的学生可能知道其他"生词"。他们的词汇量可能比那些知道碰巧被测试到的超纲单词的人还要大(后续访谈)。

全国高考英语考试的学科秘书曾接到一些电话,抱怨不在词汇表上但出现在全国高考英语试卷中的词(私人交流)。在教育部考试中心举办的全国高考英语考试评估会议上,代表们还抱怨考试组织者使用了不在词汇表上的词(1994

年，参会者的信息）。

考试命题人本身似乎已经接受了这个默认规则。当必须使用词汇表之外的单词时，其含义在括号中以中文给出。对于每张试卷，这样的单词通常不超过十个。由于这条规则，使用真实的材料是不可能的，尽管考试命题人认为纳入在中国出版的英文报纸和杂志的原文可能会鼓励课外阅读，因为这是一种促进语言学习的活动。但事实上，为了摆脱"生词"，考试命题人必须重写所有材料，包括简化阅读文章。这种做法破坏了文本的原始风格或自然性（参与者的信息）。词汇表本意是作为考试词汇知识的衡量标准，已成为公平、平等的象征，成为考试制作和积极反拨效应的紧身衣。

总而言之，全国高考英语考试的选拔功能和指导功能之间存在矛盾的关系。指导功能依赖于选拔功能，同时又受其限制，使得考试命题人难以使测试有效地服务于指导目的。

6.2　选拔功能引发评估功能

全国高考英语考试的评估功能是社会（包括各级教育部门）对考试结果的滥用。学生、家长和教育部门经常根据毕业生在考试中的表现，对教师和学校进行正式或非正式的评估。那些在教育部门工作的人也由他们的上级根据他们所监督的学校的全国高考英语考试平均分进行评估。这主要是因为选拔功能使测试变得如此强大，以至于它被认为是对学生英语水平的客观公正的衡量。此外，考试的标准化分数使公众可以根据毕业生在考试结果中的位置来比较毕业生。发生这种情况可能是因为教育系统中缺乏其他评估手段，而必须使用全国高考英语考试来作为替代方法。因此，有理由相信测试的评估使用依赖于选拔的主要功能。这种使用，或者更确切地说是滥用，超出了考试命题人的控制范围，并且不会直接影响他们为实现预期反拨效应所做的努力。但由于这种评估给教师带来了很大的压力，预期的效果受到了影响。这个问题稍后会讨论。

6.3　全国高考英语考试的三大功能与高三英语教与学的关系

高三英语教与学有两个目标。首先是获得英语知识，培养在听、说、读、写中运用英语的能力。这一目标体现在中学英语教学实践的目标中（全日制普通高级中学英语教学大纲，1996）。第二个目标是在即将到来的全国高考英语考试中提高分数。关于这两种类型的目标,贝利(Bailey,1996:269)曾这样说:"学生的直接目标通常是达到给定的考试成绩,或超过以前的成绩。但据推测,学生的长期目标是他们与语言教师共同的目标,即提高他们的语言能力。"这两个目标在访谈中被教师和学生线人(TF,L. 132;SD,L. 173)提及,并得到大多数完成问卷的教师和学生的确认,如表 34 所示。

表 34　中学英语教学的两个目标
(基于从"完全不同意"到"完全同意"的 5 级量表)

项　　目	案例数	平均值	标准差
2. 高三学生学英语的近期目标是在高考中取得高分。	1 347	4. 11	0. 98
7. 中学生学英语的最终目标是用英语交际。	1 347	4. 08	1. 01

注意:这些项目在学生问卷的第二部分(见附录 G)和教师问卷的第三部分(见附录 F)中。

表 34 显示,学生和教师整体倾向于同意他们在英语学习和教学中的近期目标是提高全国高考英语分数,而他们的长期目标是发展语言运用能力。当我们研究全国高考英语考试的功能和高三英语教学实践之间的关系时,应考虑这两个目标。这些关系如图 13 所示。

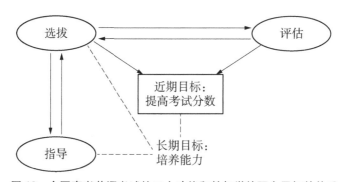

图 13　全国高考英语考试的三大功能和教与学的两大目标的关系

图 13 表明,由于选拔和评估功能,在高三年级英语教学和学习中强调提高分数的近期目标,而与课程设定的目标一致的长期目标被边缘化。下面将一一讨论这三个功能和两个目标之间的关系。

6.3.1　全国高考英语考试的选拔功能强化了提高分数的目标

严格来说,全国高考英语考试的选拔功能直接关系到教与学的长期目标。

语言测试涉及对应试者的语言表现进行抽样,从而推断他们的语言能力。全国高考英语考试在中学教育的最后一年结束时进行,作为学习成果的衡量标准。其目的是根据学生的英语水平对学生进行排名,以便可以对学习者与同龄人的分数进行比较来做出决定。如果教师和学生这些年来一直在努力培养学校英语教学实践的长期目标所要求的运用英语的能力,那么学生应该已经准备好了接受考试评估,而无需太多的备考。然而,这似乎更像是一种幻想而不是现实。全国高考英语考试的选拔功能与高三英语教学实践的长期目标之间的关系并不那么直接和简单。针对考试的密集练习总是会发生,这可能会削弱考试有效衡量学习成果的能力。因此,在图 13 中画了一条虚线来表示选拔功能与英语教与学的长期目标之间存在的一种微弱且间接的关系。

另一方面,考试的选拔功能与教与学的近期目标之间存在着密切的关系。提高全国高考英语分数的教学是响应测试选拔功能而出现的近期目标。老师和学生不遗余力地通过任何看似可行的方式,尽可能获得每一分①。这是因为对分数线的武断使用意味着一分的差异可能导致这场战斗的成功或失败。一位考试命题人评论了这种做法的不公平性。

> 大学入学考试[包括全国高考英语考试]的一个严重问题是决定是根据分数线做出的。比如总分 650 就可以上大学,649 就不能上大学。649 的考生有很多,如果你接受这个分数,那 648 呢?很多人也得到了这个分数。必须有一个分数线。一切都是因为实际需要。现在,全国高考英语考试中有一个书面表达的分数。由于主观原因,评分人难免会给一篇文章多打一分或少打一分。这对书面表达分数来说不重要。但是,当它被加进做出决定的总分时,它就变得很重要了。(CB, L. 137)

这就是教师和学生努力确保抓住每一分的原因之一。对于学习者来说,考试中一分之差可能决定他们是否会上大学,因此这也与大多数受访者所反映的其他利益和关注点有关。

---

① 我区分了"mark"(分)和"score"(分数)这两个词。前者是指在考试中给予正确答案的分值,而后者是表示应试者在考试中的表现好坏的分数。所以本章中的"分数"是"分"的总和。

表 35　学生接受高等教育的原因

（基于从"完全不同意"到"完全同意"的 5 级量表）

问　　题	案例数	平均值	标准差
你努力学英语,争取考上大学是为了:			
1. 有更好的前途	968	4.46	0.72
2. 给家庭争光	942	3.61	0.94
3. 对得起父母	962	3.96	0.9
4. 对得起老师	944	3.58	0.99
5. 实现自身价值	960	4.48	0.71
6. 将来找个好工作	946	4.24	0.81

注：这些项目在学生问卷第二部分的问题 4 下（见附录 G）。

从表 35 可以看出,诸如一份好工作和美好未来这样的直观利益是学生上大学的动力背后的原因,因为三个相关陈述（第 1、5、6 项）均获得超过 4 分的平均分。与家人和老师相关的利益也会影响学生升学的动力（第 2、3、4 项）,尽管相关项目的平均评分略低于代表学生直接利益的项目。上述证据表明,高三学生往往忘记了自己学习英语的长期目标,而将目光投向了在高考中取得更高分数的近期目标。

6.3.2　全国高考英语考试的评估功能强化了提高分数的目标

从图 13 可以看出,考试的评估功能与提高全国高考英语考试分数的直接目标之间存在着密切的关系,而前者激发了后者。事实上,通过全国高考英语考试分数对教学和学校的评估是在每个省内进行的,因为考试是省级管理的,大学招生工作也是如此。例如,在广东省,其 22 个地区的教学质量评估是由省教育厅非正式地进行的。招生办每年都会计算出 22 个地区考生的平均分,分发给各地区教育部门。虽然在分数榜上没有出现对其教学质量的评价,但各地区教育部门自己也相互比较,争夺更高的名次。排名靠前的地区会努力保持,而排名较低的地区会努力向上。据一名英语教研员和两名教师（后续联络人）称,有关教育部门会对学生取得高分的学校和教师予以表扬。根据学生的平均分数和大学入学率,他们也会获得奖金。

各市、县教育部门也以全国高考英语考试分数评价其辖区内的教学和学校。他们公布每所学校或学区的全国高考英语考试平均分数、大学入学率、全国高考英语考试得高分的考生人数等。这种评估引发了各级教育部门和市、区学校之间的竞争。这种做法类似于美国许多地方的评估,在美国,媒体会根据标准化考试分数发布学区排名列表(Nolen 等人,1992)。

在一些市县,会根据学生在全国高考英语考试的表现给予教师奖励或处罚。一位教师线人说,他的一位同事被分配到学校图书馆工作,因为她的学生的平均分数低于学校管理人员的预期(TF,后续访谈,1999)。这种现象类似于以色列的一个案例——一名教师因为她的学生在公开考试中不及格而被剥夺了教学权利(Shohamy,1993:13)。

家长还根据学生在考试中的表现来评估教师和学校。据一位教师线人透露,以知道如何提高学生成绩而闻名的老师将比不知道如何提高学生分数的老师有更多的私人辅导机会和更高的薪水(TJ,后续联系)。再比如,家长根据大学入学率和包括全国高考英语考试在内的考试平均分来为孩子选择高中。当父母帮助他们的孩子选择高中时,使用的主要标准之一是学校毕业生在大学入学考试中的平均成绩(私人交流)。

当有关教育部门评估一所学校是否有可能被提升为重点学校时,会根据全国高考英语考试分数进行更正式和明确的评估。据一位英语教研员介绍,当一所学校晋升为市或省重点学校时,一个指标就是该校每年的大学升学率(IC,后续联系)。

一些英语教师自己会根据学生在全国高考英语考试中的表现来评估自己的工作。一位教师线人表示,如果他所在班级的全国高考英语考试平均分高于另一个班级或他上一年教过的班级,他会有成就感(TE,后续联系)。

可见,考试的评估功能与教师、学校管理者、教育部门的利益密切相关。在问卷中,包含一个问题,以了解教师是否认为他们在根据学生在测试中的表现评估自己或被评估。结果总结在表 36 中。

表 36 学生全国高考英语考试成绩对教师职业生涯的影响
(基于从"完全不同意"到"完全同意"的 5 级量表)

问　　题	案例数	平均值	标准差
学生的高考成绩对任课教师在下述几个方面有影响:			
1. 在学生中的声望	375	4.30	0.63
2. 工作成就感	374	4.38	0.68

（续表）

问　　题	案例数	平均值	标准差
3. 奖金	369	3.85	0.97
4. 在同事中的声望	374	4.10	0.83
5. 在家长中的声望	368	4.13	0.77
6. 在领导心目中的地位	370	4.26	0.80
7. 教学能力的自我评价	375	4.21	0.76
8. 晋升	362	3.82	1.01

注：这些项目在教师问卷第三部分的问题 4 下（见附录 F）。

从表 36 可以看出，教师受访者倾向于同意学生的全国高考英语考试的分数影响他们职业生活的不同方面，因为 8 项平均分数中有 6 项高于 4，另外两项高于 3。这证明了教师会根据学生的全国高考英语分数评估自己的工作并受到评估，因为大多数教师认为他们职业生活的不同方面都受到考试成绩的影响。因此，全国高考英语考试成绩的评估使用是另一个迫使教师和教研员全力以赴帮助学生提高考试成绩的因素。

6.3.3　全国高考英语考试的指导功能被削弱

全国高考英语考试的指导使用是由考试命题人和决策者做出的决定。这源于考试命题人认为，在 1985 年全国高考英语考试引入之前，中学的英语教学实践基本上是传统的。他们希望向学校传达这样一个信息，即英语教学实践应该以培养学生运用英语进行交际的能力为中心，而不是简单地学习语言的形式。这一目标与 1997 年生效的英语课程目标一致（Liang，Milanovic & Taylor，1999）。因此，全国高考英语考试的预期反拨效应与课程目标或教与学的长期目标相匹配。

然而，由于考试的选拔和评估功能过于强大，在高三英语课程中，长期目标在很大程度上被忽视了，这种匹配被削弱了。因此，高三英语教学最重要的任务不是培养学生运用英语的能力并让考试成绩自然提高，而是尽一切可能提高全国高考英语考试分数。大部分完成问卷的教师和学生认为，这个目标可以通过备考或应试教学来实现。他们中的许多人怀疑，如果他们专注于为长期目标而努力，考试的表现是否能自然提高。

表 37　为了获得高分进行应试教学
(基于从"完全不同意"到"完全同意"的 5 级量表)

项　　　目	案例数	平均值	标准差
5. 备考训练(指针对高考题型进行复习)对提高学生的高考成绩有帮助。	1 347	4.25	.78
13. 高三教师有责任帮助学生提高高考成绩。	1 348	4.24	.85
6. 高三教学应以高三课本为重点,提高学生的英语水平。	1 349	3.00	1.03
11. 如果学生的英语水平高,不参加备考训练(指针对高考题型进行复习),也能考高分。	1 328	2.84	1.15

注:这些项目在学生问卷的第二部分(见附录 G)和教师问卷的第三部分(见附录 F)中。

表 37 表明,与对近期目标的信念相关的两项(第 5 项和第 13 项)获得了相当高的评分,而与长期目标有关的两项(第 6 项和第 11 项)获得了相对较低的评分。因此,在学生和老师的眼中,通过应试教学来提高分数是合理的。正是这种做法阻碍了预期反拨效应的实现。换句话说,过分强调提高分数的近期目标已经削弱了全国高考英语考试的指导功能。以下部分将说明这是如何发生的。

6.4　应试教学和预期反拨效应

针对全国高考英语考试的教学涉及对考试构念的实施。教师可能会提出不同的解释,从而导致一些教学行为,例如针对考试内容的教学、针对考试题型的教学以及使得应试行为变得自动化。正是在这个过程中,大部分预期的反拨效应被过滤掉了。

6.4.1　测试构念的实施

为了进行应试教学,教师需要理解考试构念(可能是正确地也可能是错误地),并使其在课堂上可教。他们对测试构念的实施的解释是他们在英语教学实践中强调语言知识的动机。十位老师在访谈中经常使用的一个术语是"基础"或其变体——"基本的东西""基础知识"和"语言点"。当被要求澄清这些术语的含义时,教师们说他们指的是语法和词汇(TI,L.58;TH,L.219;TJ,L.105;TF,L.181)。他们认为基础是由全国高考英语考试测量的构念。例如,在访谈中,四位老师说:

如果你说全国高考英语考试中没有纯语法项目，那你就错了。语法测试在短文改错中体现得淋漓尽致。(TE，L. 476)

大多数学生[在写作中]会犯语法错误。由于语法错误，他们无法表达自己。(TD，L. 65)

阅读等技能取决于基本的东西。(TI，L. 222)

我们的学生未能在高一和高二给基础知识打下坚实的基础。我们没有系统地讲授语法。如果我们不帮助他们系统地复习[语法]，他们将无法应对全国高考英语考试。(TJ，L. 46)

这些引用表明，老师们认为全国高考英语考试考的是语法和词汇，因为"改错是对纯语法的测试""学生因为语法错误而无法完成写作任务""阅读、听力、写作技能取决于语法和词汇"，以及"学生无法应付全国高考英语考试，因为老师没有系统地教授语法"。对考试构念或测试要测试什么的解释与考试命题人的解释不同。对于考试命题人来说，语言知识仅占全国高考英语考试的一小部分，而测试的大部分内容与听力、阅读和写作形式的语言运用有关(Li，1990)。对于教师来说，他们自己所理解的构念可以通过测试大纲中提供的词汇表和语法书中的语法规则来教授。这可以解释为什么死记硬背词汇表和解释语法规则和语言点占课堂时间的很大一部分(见表 17)。这也可以解释为什么考试命题人淡化孤立语言成分教学的意图未能实现。

到此为止，要问的一个相关问题是，"全国高考英语考试到底测量的是什么，是语言知识还是语言运用？"语言测试或子测试有可能挖掘非预期的知识或能力，而且并不罕见。例如，奥尔德森(Alderson，1990)进行了一项研究，调查语法在英语语言测试服务的阅读子测试中的作用，并发现语法测试和阅读测试之间存在高度重叠。他指出，"该测试可能测量了相当普遍的，甚至是总体的语法能力"(Alderson，1990：217)。

由于语法项目仅占当前全国高考英语考试的 10%(见表 12)，是否有可能像阅读、完形填空、校对等部分实际上衡量的是"广义语法能力"，并且这种能力可以通过反复让学习者接触来训练单词和语言点列表？如果答案是肯定的，考试命题人将不得不重新考虑测试的设计和构念。改革是必要的，因为考试未能使学校的英语教学实践从强调孤立的语言知识转向语言运用，尽管这种变化是考试的主要意图(Li，1990)。鉴于本研究的局限性，该问题必须留待未来研究加以解决。

　　然而,写作任务构念的可操作性是另一个例子,它可以说明预期的反拨效应如何未能发生。尽管在引入全国高考英语考试后对写作进行的练习本身(Li,1990)构成了一些预期的反拨效应的证据,但实际写作的方式揭示了预期效果的一个关键因素的缺失,即带着交际语境进行写作,从而实现得体性。教师们没有将交际目的这一元素融入写作任务中,而是将全国高考英语考试任务衡量的特征解释为从所提供的输入中获得规定内容并以语法正确的英语句子整齐地写下来的能力。与修辞语境相关的得体性不是教师和学习者所理解的构念的组成部分(有关这一现象的更详细讨论,请参见第五章)。

　　关键是为什么写作的得体性和写作语境被忽视了。是因为它们在全国高考英语考试真题中没有正确地突出显示吗?使用检查清单对全国高考英语考试过去的真题进行的检查表明情况并非如此。真题中提供了修辞语境(见第 5.1.1节)。它被轻描淡写主要是因为得体性不会显著影响全国高考英语考试的书面表达分数。研究中出现了支持这一观点的证据。在过去的几年中,评分标准中对得体性的要求并不一致。从 1985 年到 1990 年,评分标准是分析性的,得体性在列出的标准中。从 1991 年到 1998 年,评分标准采用描述写作能力水平的形式,没有提及得体性。最新版本的评分标准(1999 年至 2001 年)没有说明得体性的要求,尽管它要求写作"达到对目标读者的预期效果"(全国高考英语考试评分标准,2001)。鉴于评分标准中对得体性的要求反复无常且含糊不清,教师和学习者会忽视得体性和相关的写作交际语境也就不足为奇了。

　　此外,一些业内人士的经验也促使教师和学习者对写作任务的构念做出特定的理解。参与过全国高考英语考试书面表达作文评分的中学教师被视为"知情人",[1]为备考提供了宝贵的信息。他们被邀请在会议上就他们的经历发表演讲。在一次这样的会议上,一位演讲者谈到了全国高考英语考试书面表达的要求。她没有介绍评分细则,而是提出了一些标准,她认为,评分人根据这些标准对一篇文章进行评估以给出分数。该标准包括四个方面:①字数限制,②字迹,③涵盖规定的要点,以及④语言的流畅性和准确性。对得体性只字未提(非参与者观察)。

　　除了讲述他们从全国高考英语考试评分经验中学到的知识外,这些教师还

---

① 全国高考英语考试书面表达的评分人大多数是大学教师。其中少数是中学教师。这些老师愿意参与这项工作,以加深对评分的了解,从而更好地为学生准备考试。

在专为针对中学教师的期刊上发表了文章。在一篇这样的文章中,一位老师建议,为了帮助学生在全国高考英语考试书面表达任务中取得好成绩,教师应该训练学生从输入中准确得出关键点,快速决定所需的写作类型(一封信、一个故事,或其他东西),以达到语言准确性,并以良好的字迹书写。他甚至建议候选人用斜体书写。他也没有提到写作的得体性和修辞语境(Niu,1996)。

如此看来,对得体性要求的前后不一以及"知情人"的演讲和发表的文章共同影响了教师对全国高考英语考试书面表达任务的理解。许多教师可能认为他们的所见所闻是理所当然的。很少有人质疑"内部观察"是否准确和可靠。这解释了为什么在高三的写作练习中忽略了写作任务的交际特征,以及为什么强调像字迹这样的机械性的技巧。提高分数的动机而不是考试命题人的努力塑造了教与学。

另一个不容忽视的原因是教师自身在运用英语进行交流方面的经验和能力不足。据观察,一名教师试图教授得体性,但未成功(见第5.4.2.1节)。这次失败是由于她缺乏在真实的英语环境中的写作经验(后续访谈)。事实上,97.8%的教师受访者在问卷中表示他们从未在英语国家学习或生活过(教师问卷第一部分第12项),92.4%的教师表示他们学校没有以英语为母语的教师(教师问卷第一部分第9项)。可以肯定地说,大多数教师自己几乎没有机会运用英语进行真正的交流。当对得体性的教学需要了解风俗和文化时,他们是否能够教授得体性是值得怀疑的。因此,教师自身的语言运用经验和交际能力在写作练习中起着一定的作用。

总之,为了通过应试教学以获得高分,教师们努力实施全国高考英语考试的构念。这种努力与教师在语言学习中的信念和经验相互作用,以削弱考试命题人试图淡化孤立的语言知识并引入带有修辞语境的写作实践以进行交流的尝试。

6.4.2 针对考试内容的应试教学

以考试内容为中心的教学是指教学内容以考试似乎衡量的内容为中心进行应试准备。在教学内容与预期内容之间存在差距的情况下,引入新测试或更改现有测试的内容可能会以理想方式影响教授的内容。因此预期的反拨效应可能可以实现。沃尔和奥尔德森(Wall & Alderson,1993)在斯里兰卡的影响研究中发现,新测试促使教师教授教科书内容,从而产生了预期的反拨效应。程李颖(Cheng,1998)观察到,当香港的公共英语考试发生变化时,受到最大反拨效应的领域是教学内容。

对于全国高考英语考试而言,反拨的性质随着时间而改变。在考试的早期,针对考试内容的应试教学引起了一些预期的教学变化。由于 1985 年全国高考英语考试的引入,教师开始教授阅读和写作,尽管当时使用的教科书对这些技能没有要求(佚名,1981;李筱菊等人,1990)。与以前单独教授孤立语言形式的做法相比,教授全国高考英语考试的内容是向技能教学迈出的可喜一步。如今,针对全国高考英语考试内容的教学已经缩小了规定四项技能教学的课程范围。据观察,由于在全国高考英语考试中没有测试口语(见第四章),因此在高三课堂内没有练习口语。因此,在所教授的内容和课程中规定的内容方面,语言测试既可能会导致预期的反拨效应,也可能导致不理想的做法。无论课程和使用的教科书如何,教师都会根据考试内容进行教学。[①]

按考试内容进行教学意味着考试的每个部分都被视为一种需要练习和学习的技能。具体而言,诸如完形填空、短文改错等在现实生活中通常不使用的测试方法被视为教学中需要涵盖的内容或技能,从而鼓励了不理想的做法。全国高考英语考试中的改错项目就是一个相关的例子。考试命题人将改错视为写作的一个阶段,因此希望将其纳入写作实践,因为学生在现实生活中需要给自己的草稿改错,但是考试命题人不鼓励单独进行改错练习(CE,L. 44;CC,L. 186)。为了在试卷中体现这一理念,如前所述,考试命题人编写了类似于普通高三学生作文的文章,并以中国学生的典型错误作为考点。然而,当改错被视为一种技能时,课堂实践与预期相差甚远。改错已经在与作文写作孤立的情况下被反复练习,使用的是用标准英语写作、写得较好的文本,其中插入不自然的错误供学生识别和纠正。一个例子是北京师范大学在英文期刊上提供的练习,其中把错误插入从教科书改编的阅读短文中供学生纠正(佚名,1998)。

这种做法与试题设计者的本意背道而驰,但迎合了教师的需要,即针对试题内容进行应试教学。

简而言之,由于"针对考试内容进行应试教学",出现了一些预期的反拨效应,而有的预期反拨效应没有出现,且出现了意想不到的效果。

6.4.3 针对考试题型的应试教学

除了通过显式或隐式操作考试构念来教授考试内容外,针对考试题型的教

---

① 中国中学英语课程介绍见第一章。

学也是备考的一个显著趋势。针对考试题型进行教学是指,当存在多种方法来教授某个内容领域或练习某项技能时,往往是考试形式决定了教学方法或学习活动的最终选择。例如,在调查的高三课程中,阅读和听力几乎总是以选择题形式进行练习,而教科书中用于练习这些技能的各种交际活动被简单地排除在外(见第四章)。这种做法与考试命题人"教授技能但不以单项选择题形式练习"的意图相冲突(CA,L.295;CE,L.297)。尽管这些技能得到了练习,但并没有按照预期的方式进行练习。"交际技巧"以类似于测试的"死"的形式①进行训练。这一实践体现了两个因素如何相互作用,即决定考试形式的考试选拔功能和决定教学方法的教师/学习者提高分数的目标,如何相互作用以形成全国高考英语考试的实际反拨效应。

观察到教学活动几乎完全以测试形式为模型,这意味着有必要按照梅西克(Messick,1996)的建议从学习练习无缝过渡到测试练习。问题是是否有可能在以选拔功能为主要目标的大规模考试中无缝过渡。在进行针对测试题型的教学时,如果不存在经过微调的模型,即使不是不可能,也很难获得预期的反拨效应。

6.4.4 自动化的考试表现

应试教学通常旨在使考试表现自动化。这主要通过两种方式完成:①通过模拟测试让学生熟悉测试;②猜测可能的内容和题型以增强学生的信心。研究中观察到使用模拟测试让学生熟悉测试的所有内容——测试内容和题型、答题纸、时间表以及涂黑选项的正确方法。据报道,在高三英语课程中练习模拟考试是一种常见现象(见表26和第4.3.2.2节),通过这种方式,学生的应试技巧变得自动化,考试成绩就不足为虑了。H老师说:"要给学生足够的模拟考试,把每一个当作真题,这样才能把真题当做课堂练习,才能做好。"(后续联系)也就是说,经过反复训练,学生在参加目标考试时会变得熟练,不会因为粗心或焦虑而失分。

猜测可能的测试内容和题型是基于对历年真题的分析。全国高考英语考试是一种标准化的测试,题型稳定,无需猜测。但测试内容在一定程度上可供猜测。教师试图猜测的一个领域是可能在即将到来的考试中测试的语法成分。在

---

① 全国高考英语考试命题人将单项选择题型称为"死"的题型,将技能称为"活"的能力(参见 Li,1990:397)。

一次教师会议上,笔者的一位同事注意到,根据他自己对过去真题的分析,一位教师预测了语法项目的内容。他做出的一个具体预测是,过去完成时将出现在即将到来的测试中,因为它在过去两年中没有被测试过(私人交流)。预测的语法点因此受到过度关注。

猜题策略已被发明并尽可能采用。一个典型的例子是对书面表达任务输入的猜测。一位英语教研员(IB)描述了她所在城市的教研员如何成功猜测到书面表达任务的输入模式:

> 去年我市的一些教研员到北京拜访了全国高考英语考试的学科秘书。他们故意抱怨多年来一直使用图片作为书面表达任务内容的提示。他们还说这不是一个好的题型。学科秘书努力为这种题型辩护,列举了它的几个优点。然后,我们的教研员猜测图片将继续用于去年的测试。当他们带着这些信息从北京回来时,我们告诉我们的老师,在剩下的学期里,他们只在写作练习中使用图片。我们是对的。因此,当我们的学生参加考试时,他们已经做好了充分的准备。他们对考场充满信心,感觉老师们为考试做好了充分的准备。我敢肯定这有帮助。

上面引用的案例一定是罕见的,因为没有多少教研员认识这位学科秘书并可以接触到他。不过,这说明聪明的教研员和老师们并没有胡乱猜测。相反,他们使用技巧来获取相关信息,这些信息不会被视为真题的泄漏。

另一个猜题的例子来自商业备考材料的出版商,他们声称他们的材料是基于对真题的内容和题型的猜测,尽管他们拒绝透露他们是如何猜测的。据称成功率为50%。如果他们的猜测不起作用,他们将给客户退款。因此,猜题不仅会缩小课程范围,还会缩小备考活动的范围。

考试命题人和决策者反对模拟测试和猜题。事实上,使用标准测试题型的动机是消除过多的模拟测试和猜题行为。这些是引入全国高考英语考试之前的常见做法,因为以前的考试的内容和题型每年都在变化(桂诗春等人,1988;Li,1990)。

简而言之,密集的备考或应试教学涉及测试构念的实施、针对考试内容的教学、模仿考试形式以及使学生的考试表现自动化。所有这些活动旨在增强学生的信心并帮助他们获得更高的分数,从而扭曲和阻碍预期的反拨。

6.5 总结

选拔的首要目标和滥用考试成绩来评价教师和学校,迫使教师和学生为眼前的目标而努力,即提高分数。因此,大部分预期的反拨效应都没有发生。当一些反拨效应确实发生时(如在教学内容中),教学和学习方法几乎总是以测试题型为标准,这不是考试命题人的意图。与提高分数的首要目标相互作用的因素是教师自己的语言学习经验和信念,它们会影响如何解释测试构念以及如何实施针对测试内容的教学。虽然考试设计者认为"考试灌输给教学的目的应该超越考试本身"(Li,1990:430),但为了获得更高的分数,教师们选择了应试教学作为高三英语的终极目标。这种以考试为导向的实践已经把教室变成了永久的考试大厅,学生变成了经常参加考试的人。分数就是一切。教与学的长期教育目标被遗忘了。因此,该测试未能达到诱导理想变化的目标也就不足为奇了。由于考试的选拔和指导功能之间的矛盾,这种结果在很大程度上是不可避免的。

第七章

讨论与结论

本章首先介绍了本研究的局限性，然后是关于全国高考英语考试的预期反拨效应的讨论和结论。在此之后，讨论了理论和实践意义，并谈到了研究的贡献。最后，就进一步研究提出了建议。

7.1 本研究的局限性

与许多其他实证研究一样，本研究在普遍性方面存在局限性。本研究的结果仅限于广东省三个地区和四川省一市的约 180 所学校，而中国是一个幅员辽阔的国家，南北之间、沿海和内陆之间以及城市和农村地区之间存在经济和教育资源的差异。

影响普遍性的一个因素与描述数据所涉及的大量工作有关。本研究采用定性和定量两种方法获取数据。使用的工具包括访谈、观察和问卷调查。抽样了八所学校作为收集定性数据的场所。结果，很难对它们中的每一个进行详细的描述。这影响了研究结果的普遍性，因为在定性研究中，研究人员通常对研究的背景进行详尽的描述，以便将研究结果逐个应用于其他情况(Brown，2001)。

对于问卷调查，普遍性与选择受访者的抽样程序有很大关系(Babbie，2001)。在这项研究中，由于第三章讨论的实际限制，学生和教师参与者都是便利样本。因此，尽管全国高考英语考试是一项国家考试，但研究结果充其量反映了中国一些地区和城市的中学的高三英语教学实践的总体趋势，可能不能代表中国所有学校的英语教学的实践。

影响研究普遍性的另一个因素是中国已经发生和正在发生的巨大变化。自从改革开放以来,中国几乎在社会的方方面面都在快速变化,包括教育。例如,据《羊城晚报》报道,大学入学率从 1999 年开始增加。高中毕业生的入学率从 1999 年的 36％ 上升到 2002 年的 58％。此外,近年来,越来越多的中国学生出国接受高等教育。大学入学考试不再像过去那样成为成功的唯一途径。这些事件可能带来了人们对全国高考英语考试态度的改变,减轻了成功的压力,并给学校带来了不同的备考实践。在解释研究结果时应考虑这些变化。

另一个不足是,目前的研究人员已经参与全国高考英语考试的研发多年。尽管已尽最大努力做到客观,但对数据的解释可能会在潜意识中受到研究者过去经验的影响,并且存在一些不可避免的主观性。

还有一个不足是,由于时间和空间的限制,本研究侧重于学校英语教学实践的一般趋势,没有充分分析和讨论个人参与者之间以及收集数据的学校和地区之间的差异。如果在这项任务上花费更多的时间和精力,对变化的进一步探索可能会揭示更多的反拨本质。

最后一个不足与缺乏基线数据有关。在本研究中,将观察到的学校实践与全国高考英语考试的命题人预期的实践进行了比较,没有将观察到的情况与在十多年前引入全国高考英语考试之前学校中发生的情况进行比较。一些被认为是由测试引起的做法可能在全国高考英语考试之前就已经存在。例如,正在调查的高三课程中,口语被淡化了,这被认为是全国高考英语考试的意外影响,因为它不测试口语。如果没有基线数据,我们无法得出一个站得住脚的结论,即如果全国高考英语考试没有对教学和学习施加压力,口语会在课堂上得到应有的重视。

上述不足是本研究的内在弱点,克服它们是困难的,甚至可能是不可能的。尽管如此,本研究得出的发现对语言测试理论以及教育,特别是英语教学实践具有深刻的洞见。这些发现将在以下各节中详细讨论。

7.2 讨论

7.2.1 全国高考英语考试的预期效果

本研究旨在寻求研究问题的答案:全国高考英语考试是否以考试命题人预期的方式影响教学和学习? 如果是,是什么导致这种情况发生? 如果没有,为什么它没有发生?

研究结果表明，全国高考英语考试在很大程度上未能按照考试命题人的预期方式影响教学。造成这种失败的最重要的原因在于考试的两种用途之间的冲突，一是选拔学生，二是影响英语教与学的变化。正是后一种用途使反拨问题对本研究产生了影响。

全国高考英语考试的命题人的总体意图是使学校英语教学实践从关注语言知识转向强调语言运用。尽管该测试已经运行了 15 年，但本研究还是观察到孤立语言成分的教学在高三英语课程中占据了中心位置。这是因为教师认为语言知识，即单词的字典含义和语法规则的知识，是学生在全国高考英语考试中取得高分的基础。因此，尽管考试命题人努力减少语言知识的权重，但全国高考英语考试未能使教师和学习者在教学和学习中不再强调孤立的语言形式。

就语言运用而言，考试命题人指的是通过以交流为目的的听、说、读、写以及在模拟的现实生活情境中学习使用英语。但这种意图在测试中没有得到很好的体现。虽然听力、阅读和写作都得到了测试，但口语没有。此外，由于需要确保测试具有较高的信度和公平性（这取决于其选拔功能和庞大的测试人群），全国高考英语考试对其大部分项目采用了单项选择题型。书面表达任务被认为比测试中的其他项目更能体现考试命题人的意图，与真实写作的不同之处在于其内容是为了提高测试信度而规定的。

因此，在课堂上，单项选择题被认为是听力和阅读练习不可分割的一部分，写作被简化为将规定的内容变成一个短文，包裹在一些语法正确的句子中。尽管在练习写作时总是会使用类似于全国高考英语考试书面表达的任务，但写作的修辞语境被忽略了，因为它对获得更高的分数没有帮助。口语被忽略了，因为它没有受到测试。这种进行"应试教学"而不是练习语言运用的做法不能作为实现预期反拨的证据。

本研究的结果与那些在不同背景下对反拨的实证研究的结果是一致的。也就是说，高风险测试影响教学内容和分配给所教内容的时间，但不影响教学方法或学习方法（Andrews，1994；Cheng，1997；Wall & Alderson，1993）。

考虑到引入全国高考英语考试之前中国英语教学实践的现状，有人可能会认为全国高考英语考试已经实现了预期的反拨。从某种意义上说，这是真的。听力和写作曾经不被教授。阅读曾经不是一种技能，而是一种练习（精读），通过它可以学习语言知识（佚名，1981；李筱菊，1988）。正是全国高考英语考试使教师和学习者开始练习阅读和写作（Li，1990）。因此，一些预期的反拨效应确实发生在全国高考英语考试的早期，因为教学内容被扩大到涵盖一些语言技能。

这是测试对教学内容的影响的一个例子。

然而,如果从现在的角度来看反拨问题,则全国高考英语考试的上述效果并不完全符合考试命题人的意图。目前的英语课程自 1997 年起在全国范围内实施(Liang 等人,1999),要求通过各种交际练习和活动来练习四种语言技能。其中一些练习和活动可以在新版教科书中找到。然而,在全国高考英语考试的压力下,这些练习和活动中的大部分都被忽略了,口语被淡化了,学习活动在很大程度上被塑造成全国高考英语考试题型的样子。这不能被视为考试命题人所期望的反拨效应。因此,不管使用的课程和教科书是怎样的,测试足以扩展或缩小课程内容。肖哈密和她的同事正确地指出,反拨随时间而变化(Shohamy 等人,1996)。

简而言之,与其他一些高风险测试(例如 Cheng,1998)一样,全国高考英语考试实现了相当有限的预期反拨效应。它没有让教学和学习集中在理想的学习目标上,而是引发了应试教学或延长的备考活动。

7.2.2 非预期的长时间的备考活动

有人可能会争辩说,在本研究中观察到的是备考活动,而不是正常的教学。因此,所看到的不能被视为对教学和学习产生的有意或无意的反拨。确实,所观察到的这种教与学是紧张备考的一个例子。在所有被观察的八所学校中,这种备考方式持续了整整一个学年,在此期间,大部分时间都花在了模拟考试、复习以前学过的语言知识、练习全国高考英语考试的各个题型和需要测试的技能上。高三英语教科书的课程教学是高度选择性的,专注于阅读和那些被认为有助于提高分数的附加练习和活动。可以毫不夸张地说,为期一年的高三英语课程只是一门备考课程。一切教与学活动以考试为中心。有助于提高考试成绩的就被视为好的教学方法。

紧张的备考或应试教学不是全国高考英语考试命题人的意图。在他们看来,帮助学生熟悉全国高考英语考试题型的两到三个模拟测试就足以备考(私人交流)。我相信,在采用高风险测试来引发教学变革的情况下,政策制定者和考试设计者都同意这种观点。我想指出的是,这种观点的背后是这样一种假设,即教师充分意识到教学和学习与测试之间的区别。这种观点还假设他们意识到教学的重点应该放在培养学生运用语言的能力上,这样在考场中就会自然而然地有相应的考试成绩。比格斯提到的一些"专家"化学教师也是如此:"专家教师认为他们的工作是为了让学生最大限度地理解、应用和喜欢这门学科而教学;如果

他们在这方面取得成功,他们相信考试成绩会水到渠成。"(Biggs,1996:18)

然而,参与本研究的大多数教师并不是比格斯意义上的"专家教师"。学生也不是"专家学生"。对他们来说,考虑到像全国高考英语考试这样的考试的重要性,出于应试目的的教学和学习实在是太正常了。他们非常积极地进行应试教学和学习,因为高分意味着有益的回报。否则,他们的未来会受到影响。因此,正如在本研究中观察到的那样,高三的英语教学和学习仅旨在提高全国高考英语考试分数。发展语言运用能力的长期目标,即预期的反拨效应的目标,必须为备考让路。事实上,在高考的压力下,物理等其他学校学科的教学中也发现了类似的情况。高凌飚(Gao,1998:316)发现"备考是广东学校物理教师乃至全国教师普遍接受的最为重要的教学目标之一,甚至可能是唯一最重要的教学目标"。因此,从教师和学生的角度来看,备考是正常的教学。鉴于中国的这种情况,有人可能会问:是否可以将考试设计为微调模型,使备考成为良好的教学实践?下一节将涉及这个问题。

7.2.3　微调模型下的测试与教学

当密集的备考或应试教学变得不可避免时,似乎可以预测为教学提供微调模型的考试类型会产生预期的反拨效应。这是因为一般说来,这样的测试采用了可以直接转移到课堂教学中的测试项目和任务。换句话说,如果只用测试来控制教学和课程,那么教学和测试应该是相同的。不幸的是,今天不存在这样的测试,对于将来是否可能实现我也持怀疑态度(另见第 2.2.2.1 节)。教学和测试本质上是不同的。测试是通过抽样来衡量学习者知识或能力,或者是其他需要衡量的东西的一种方式。教学是培养这种知识或能力的一种方式。一个好的测试题型之所以好,是因为它有助于提高测试的信度和效度。它可能不是一种好的教学方法、适当的学习活动或教育上理想的实践。一个典型的例子是单项选择测试题型。即使设计了其他题型的交际性测试活动,测试也可能并不总是具有预期的反拨效果。问题是在一项测试中只能包含有限数量的此类项目。与教学不同,测试必须基于抽样。如果教学模仿并因此仅限于此类测试,则教学方法或学习活动的类型可能是可取的,但可能仅限于测试中包含的内容。

事实上,使用测试来控制教与学,或将测试构建成用于教学模仿的微调模型,都以测试以良好的教与学和整体教育实践为模型为前提。这种模式似乎是一项不可能完成的任务。测试,尤其是选拔测试,是为了区分,而好的教学是为了教育。正如比格斯(Biggs,1996:18)所说,"考试理论认为,好的考试应该产生'良好的跨度',也就是说,表现最好和最差的人之间的分数应该相差很大。教学理论恰恰相反。好的教学应该缩小学生之间的差异。对一位好老师的挑战是让以前表现不佳的学生与表现最好的学生并驾齐驱。"测试不可能以这样一种方式开发,即它们不仅可以很好地区分候选人,而且可以复制良好的教学和学习方法,从而为所有学习者提供充分发展他们的知识和能力的空间。因此,在我看来,只有当测试旨在引起教与学的变化时,考试命题人才能产出令人满意的教学模型。我所说的令人满意的教学模型是指那些在很大程度上反映了考试命题人意图的测试。

尽管如此,即使测试人员设法创建了一个能够令人满意的教学模式,一些预期的效果仍然可能在教学过程中丢失,因为针对考试的应试教学需要超越对考试内容和形式的单纯模仿。除了模拟测试任务开展学习活动外,教师和学习者还可能会想办法调整一些任务以提高分数。这种观察的证据可以在教师训练学生完成全国高考英语考试书面表达任务的方式中找到。猜测真题的内容和题型是另一个例子。这些例子表明,备考可能不仅仅是按照考试进行的应试教学。在某些情况下,他们可能会成为搅乱考试的教学,即寻求务实的方法来增加高分段考生和低分段考生的分数,从而导致考试的区分度降低。尽管令人满意的模型可能会在一定程度上将教学引导到预期的方向,但它们不能保证在教学过程中达到预期的反拨作用。

7.2.4 阻碍预期反拨效应的高风险

事实上,正如第六章的分析所揭示的那样,应试教学或搅乱考试的教学会干扰预期的考试反拨。应试教学在很大程度上取决于与考试相关的高风险,绝不是教师和学习者可以自由选择的。当根据测试结果做出重要决定时,当一个人的利益受到严重影响时,谁能不教或不学习测试呢?当评估教育过程成功与否的唯一衡量标准仅限于考试成绩时,尤其如此。因此,在全国高考英语考试存在的情况下,与测试的选拔功能直接相关的高风险是导致未能诱导预期反拨效应发生的根深蒂固的因果因素之一。

研究中还发现了其他因素。过往研究已经发现,即使教学旨在让学生为语言测试做好准备,教师的教育背景和观念等教师因素也会影响课堂上发生的事情(Alderson & Hamp-Lyons,1996;Wall & Alderson,1993;Watanabe,1996)。在本研究中,教师对语言学习的信念和他们自己的学习经历也被发现可以发挥作用。例如,尽管全国高考英语命题人打算淡化孤立语言成分的教学,但一些教师仍然专注于此,认为语言知识在语言学习中是最重要的(参见第4.3. 2.1节和第6.4.1节)。

同样重要的是学生相信高三英语的目标是在全国高考英语考试中取得更高的分数(见表34)。事实上,他们已经把为考试而学习等同于教育,把在考试中获得高分作为教育成果卓著的证据。有些学生甚至会认为"越多越好",即他们花在这些机械练习和任务上的时间越多,他们的分数就会越高,而丝毫不考虑他们学习质量的低劣。

在本研究中已经确定的其他因素包括庞大的测试人群和社会滥用测试结果来评估教师和学校(见第6.3.2节)。这种评估功能的发展产生了严重的反作用力,不仅对考试命题人的目标,而且对几乎所有与测试相关的课堂实践都产生了反作用。

然而,上述因素并不是孤立地起作用的。它们与测试的选拔功能相互作用以影响教学和学习。出于备考目的对全国高考英语考试的构念的有意实施和解释强化了教师对语言知识重要性的信念。强大的选拔功能促使社会利用考生在全国高考英语考试的表现来评价学校和教师。尽管缺乏用英语进行真实交流的经验似乎是教师未能教授语言运用的直接原因,但在本研究中发现,在写作课上被观察的那位老师强调的是全国高考英语考试书面表达任务作文的评分者,而不是潜在读者的预期偏好(参见第5.4.2.1节)。因此,与内部因素,即测试的选拔使用和教学导向的使用之间的冲突相比,所有这些因素似乎都是次要的和间接的(见第6.1节和第6.3.1节)。这就是为什么内部因素是阻碍全国高考英语考试的预期反拨效应实现的主要原因。选拔功能不仅限制了考试命题人将测试构建成令人满意的教学模型的努力,而且使教师和学习者想尽一切办法争取更高的分数。因此,此功能是提高测试风险的驱动力。高风险使测试在许多方面都变得强大,但不幸的是,它对于以期望的方式指导教学和学习无效。鉴于测试的高风险会干扰预期的反拨而不是促进它,因此有必要重新概念化这个问题,这将在下一节中讨论。

7.2.5 重新定义测试的风险

测试文献中对测试风险的定义达成了普遍共识。测试风险被认为是由考试的用户所感知的考试结果的使用决定的。例如,马道斯(Madaus,1988:87)将高风险测试定义为"学生、教师、管理人员、家长或公众正确或错误地认为其结果被用来做出重要决定的测试,这些决定会立即和直接影响他们"。在这里,决定高风险的重要决定是指那些与毕业、晋升、评估或奖励教师或管理人员、向学校或学区分配资源等有关的决定(Madaus，1988)。这种测试的一个例子是雅思(国际英语语言测试系统)。该测试被英国、澳大利亚和新西兰的大学用于选拔海外学生和颁发奖学金。它还充当移民到后两个国家的门槛。

低风险测试被定义为"被认为没有与测试表现直接相关的重要奖励或制裁"的测试(Madaus，1988：87)。此类测试的示例包括 Dialang 系统，它是对 14 种欧洲语言的一系列诊断性语言测试(www. dialang. org)，以及在以色列引入的主要用于反拨目的的阿拉伯语测试(Shohamy，1993)。

因此，根据考试成绩做出的决定的重要性构成了考试风险的一个重要方面。当决定对应试者和其他利益相关者造成严重后果时，所涉及的测试是高风险的。否则，这就是一个低风险的测试。马道斯(Madaus)对测试风险的定义可以看作一种二分法：重要的决定导致高风险，而不重要的决定带来低风险。此外，利害关系的重要性需要从受决策影响的人的角度以及从公众的角度来看。

然而，还有另一个维度会影响测试的风险高低，并且在很大程度上被忽视了，那就是涉及的关键利益相关者的数量。这里的"关键利益相关者"是指利益直接受测试结果影响的那类人。他们是应试者、教师、学校管理人员和教育部门的工作人员。其他利益相关者，例如测试设计者、考试试题的编写者和教材编写者，不被视为关键利益相关者，因为通常不会使用个人测试分数或平均分数来做出直接影响他们利益的决定，尽管测试可能会以某种方式间接地影响他们的利益。重要的是，一项测试涉及的关键利益相关者的类别越多，利益受到明显影响的人就越多，因此测试的风险就越高。表 38 展示了本书中讨论的各种测试与关键利益相关者类别相关的风险级别。

表 38 不同测试的风险

考试	关键利益相关者的类型			
	应试人	教师	学校管理人员	教育部门的人员
1. 凯拉吉汉(Kellaghan)的标准测试				
2. 以色列的阿拉伯语测试				
3. 土耳其海峡大学的英语考试	+			

（续表）

考试	关键利益相关者的类型			
	应试人	教师	学校管理人员	教育部门的人员
4. 美国的一些成就测试	＋	＋	＋	＋
5. 以色列的阅读理解测试	＋	＋	＋	
6. 中国的全国高考英语考试	＋	＋	＋	＋
7. 托福	＋	？	？	？
8. 雅思	＋	？	？	？

注：符号＋表示受相关测试或测试结果影响的人群。问号表示这组人可能会或可能不会受到测试结果的影响。

表 38 显示了八项测试与受这些测试直接影响的主要利益相关者或利益群体的类别之间的关系。如加号所示，关键利益相关者的类别越多，风险越高。可以看出两个测试的风险最低。一种是凯拉吉汉和他的同事在他们的测试影响研究中使用的标准化测试，另一种是以色列的阿拉伯语测试，它主要是为了反拨效应而引入的，对任何利益相关者都没有实际影响（Kellaghan 等人，1982；Shohamy 等人，1996）。土耳其的海峡大学英语考试风险适中，因为只有一组人直接受到考试结果的影响（Hughes，1988）。全国高考英语考试是一项风险非常高的测试，因为它的结果会影响列出的所有四组人。也就是说，受影响的不仅是考生、教师和学校管理人员，还有中国教育部门的工作人员，如英语教研员。后者由公众及其上级通过其管辖学校学生的全国高考英语考试的平均分数进行评估。出于问责目的使用测试结果来评估教师和学校管理人员也导致美国的各种标准化成就测试显示出非常高的风险，例如高中州会考、加州成就测试和爱荷华州基本技能测试（Kilian，1992；Mehrens ＆ Kaminski，1989；Smith，1991b；Smith ＆ Rottenberg，1991）。尽管决策可能对他们没有直接影响，但学生们同样受到这些考试的影响，因为他们必须参加考试并承受通过老师和学校传递给他们的压力。因此，与高风险考试的其他关键利益相关者相比，受影响最大的始终是应试者。请注意，虽然考生的父母也会受到考试的影响，但他们并不被视为关键的利益相关者，因为考试对他们的影响只是间接的，而且是通过他们的孩子来影响的。

在表 38 中列出的测试中，托福和雅思的表现似乎完全不同。与根植于单一社会背景的其他测试相比，这两个测试旨在满足不同社会文化背景下的国际使用。因此,托福和雅思的关键利益相关者可能会因环境而异,考试风险水平也会相应变化。按道理,他们应该仅限于潜在的应试者。然而,在某些情况下,关键利益相关者的类型可能会增加,因为不止一组人的利益直接受到测试结果的影响。例如,对负责备考课程的教师的评估可能会以学生在考试中的成绩,甚至是学校的模拟考试成绩为依据。如果发生这种情况,教师将成为关键的利益相关者。为学生备考的商业学校总是由市场根据他们提高学生考试成绩的能力来评判。以中国的新东方学校为例,它于九年前在北京开始小规模开设托福、雅思等大型考试的备考课程。这所学校现已在广州、上海等中国几个大城市扩大到七个分支机构。仅北京新东方的学生人数在 2002 年就达到了大约 13 000 人。这主要是因为他们的学生认为这些课程可以帮助他们有效地提高分数,并将这些信息传递给了其他潜在的应试者(私人交流)。因此,托福在中国至少涉及两组关键利益相关者:应试者和开设商业托福备考课程的人。这表明附加到测试的风险级别是可变的,具体取决于使用测试的环境。

基于上述观察,即测试的风险随着关键利益相关者类型的增加而增加,与测试相关的风险最好被视为一个连续体,这与马道斯(Madaus,1988)的二分法观点相反,即测试的风险或低或高。根据这个连续统一体,并根据有关测试用途的决定,测试的用途越多,测试涉及的关键利益相关者的类型就越多,那么测试的风险就越高。就全国高考英语考试而言,教师、学校管理人员和英语教研员都直接受到考试成绩的影响,主要是因为考试的评估使用。以这种方式来看,测试可以根据其在风险连续体中的地位进行分类,根据所涉及的关键利益相关者的数量,范围从 0 级到 n 级。0 级测试是指所有那些其使用不影响重要决定的测试。从级别 1 开始,测试用于做出重要决策,其风险取决于所涉及的关键利益相关者的数量,如图 14 所示。

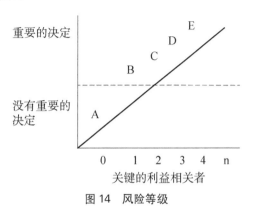

图 14　风险等级

图 14 显示测试 A 的风险级别为零,因为没有做出影响任何关键利益相关者的重要决策。相比之下,测试 B、C、D 和 E 都用于根据其测试结果做出重要决策(纵轴),但由于涉及的关键利益相关者类型的数量不同(横轴),它们所附加的风险级别不同。与测试 E 相关的风险高于与测试 B 相关的风险,因为前者涉及并影响更多的关键利益相关者。将此系统应用于本书讨论的测试,如果我们将全国高考英语考试解释为 4 级高风险测试,那么海峡大学的测试就其风险而言将落在 1 级。托福和雅思在某些情况下可能是 1 级风险测试,而在其他情况下可能是 2 级或 3 级风险测试。因此,将关键利益相关者类型作为变量引入测试风险的概念,使得进行定量分析并加深我们对风险性质的理解成为可能,如下两节所示。

7.2.6 测试风险与反拨强度之间线性关系的假设[①]

当测试的风险是简单地根据基于测试分数的决定来定义时,测试的反拨强度和附加到测试的风险之间似乎存在线性关系,前者可以被后者预测。风险越高,反拨效应越强。这种看似线性的关系或多或少地体现在一些测试专家的讨论中。例如,奥尔德森和沃尔(Alderson & Wall,1993:120)假设,"具有重要后果的测试将产生反拨;相反,没有重要后果的测试将没有反拨效应"。奥尔德森和汉普-莱昂斯(Alderson & Hamp-Lyons,1996:296)指出"反拨的数量和类型会根据测试的状态(风险的水平)而有所不同……"。肖哈密和她的同事(Shohamy 等人,1996)获得的经验证据表明,与测试相关的风险是决定测试施加的反拨强度的关键因素之一。

有趣的是,到目前为止,对利益相关者产生重要影响的测试会产生反拨效应,而没有影响的测试不会产生反拨效应,这一点被认为是理所当然的。反拨和测试风险之间的关系以前没有得到详细解释或受到严重质疑,尽管专家的观点暗示了线性关系的存在。本研究为阐明这个问题做了很多工作。

请注意,测试专家讨论的反拨被认为是指测试对教学和学习的影响(Wall,1997),文献中对此几乎没有分歧(Bailey,1996)。在这种观点中,反拨被视为"中性",反拨效应可能是正面的或负面的(Hamp-Lyons,1997:295)。

当特指与"中性"反拨有别的预期反拨效应时,测试的风险和预期效果之间将显示存在曲线关系,如下两节所述。

[①] 程李颖(Cheng,1997)使用术语"反拨强度"来指代对教育系统不同方面的反拨的不同程度。

7.2.7 测试预期反拨效应的三个条件

正如本研究中所定义的,预期反拨是指考试命题人试图通过测试对教学和学习施加的影响(见第1.4节)。它既包含考试命题人的意图,也包含已实现的预期效果。从理论上讲,从考试命题人的角度来看,任何测试的预期反拨效应都应该是积极的,因为从逻辑上讲,没有考试命题人会希望他们的测试对教学和学习产生负面的反拨效应。预期的测试反拨效应强度可以沿着弱-强连续体变化。

为了达到预期的反拨效应,必须满足三个条件。首先,测试结果必须用于做出重要决定。它构成了任何类型的反拨的必要条件。如果不满足这一条件,测试将没有能力施加反拨,更不用说预期的反拨。而当满足这一条件时,反拨是不可避免的。

第二个条件是考试必须提供令人满意的教学模型。这种条件是基于这样的观点,即为了进行预期的反拨,测试必须在很大程度上反映考试命题人的意图。人们普遍认为,旨在产生正反拨的测试应是标准参照并尽可能真实的(Messick,1996;Bailey,1996)。这是因为标准参照测试被认为反映了理想的教学目标(Hughes,1988),而真实性被认为是当前良好教学的一个显著特征(Messick,1996,Bailey,1996)。换言之,这种测试必须向教师和学习者清楚地展示考试命题人认为理想的教学目标、内容和方法。因此,通过考试树立一个令人满意的教与学模型是达到预期反拨效应的必要条件。

本研究的结果支持将第二个条件纳入标准中,根据该标准可以衡量测试实现预期反拨的潜力。由于考试开发受到一些不可避免的限制,全国高考英语考试的命题人不得不对大部分考试项目采取选择题的形式,这无法将他们喜欢的教学实践的理念传达给教师和学习者。此外,经验数据表明,这种测试题型在教学和学习中被如此广泛地采用和过度使用,以至于它带来了考试命题人不希望的结果(参见第6.4.3节)。

第三个条件是备考不能代替教与学。这种条件是基于全国高考英语考试导致高强度的备考活动或"应试教学"的发现。学校教与学的最终目标变成了不择手段地提高考试成绩。因此,像教授孤立的语言知识这样的传统做法被保留下来,因为它们被认为有助于提高分数。人们还发现,模拟测试的开展如此频繁,以至于正常的教学和学习都被测试所取代。此外,书面表达任务中的交际特征被忽略了,因为教师认为这些特征不会影响评分者的评分决定。总而言之,当一项考试引发以提高分数为目的的高强度的应试教学时,教学和学习实践就会以考试为导向。这大大缩小了课程、教学方法和学习活动的范围,因为"任何测试——尤其是外部测试——都只能代表一个学科的有限知识体系"(Shohamy,1993:17)。因此,任何明智的考试命题人都不能接受应试教学作为预期的反拨作用。必要的考试准备可以在相对较短的时间内完成,目的是让准考生熟悉考试要求和题型。

满足上述三个条件的测试很可能成功地产生预期的反拨效应。当一个测试满足第一个条件时,它就有可能引起教师和学习者对体现测试设计者意图的测试设计和构念的关注。它也可能引发教师和学习者的反应行动,他们可能会改变他们的行为其至是对测试的信念。但是,对预期的反拨效应有直接影响的是第二和第三个条件。当满足第二个条件时,考试命题人的意图在很大程度上能在测试中实现。或者更确切地说,测试能引发考试命题人认为理想的教学内容和学习活动。当满足第三个条件时,考试不会妨碍教与学,也不会将教与学转变为紧张而漫长的备考。当所有三个条件都满足时,测试将实现其预期的反拨。因此,这三个条件可以作为标准来评估一个测试诱导预期反拨效应发生的能力可能有多大。表 39 说明了与不同级别的风险相关的测试潜在预期反拨评估。

表 39　不同风险水平的测试实现预期反拨效应的能力

	条件一	条件二	条件三
0 级风险测试	－		
1 级高风险测试	＋	＋	＋
2 级或更高级别的高风险测试	＋	－	－

注:加号表示满足相关条件,减号表示不满足。

表 39 显示,具有 0 级风险或低风险的测试由于无法满足第一个条件而具有较弱的预期反拨效应。由于测试结果对重要决定没有影响,教师和学生不太可能对测试给予足够的关注。他们不关心考试命题人的意图。一级风险的测试有可能产生强烈的预期反拨效应,因为它们很容易满足所有三个条件,这在三个方面很明显。首先,这些测试非常重要,足以引起学生和教师对测试所传达信息的关注,并促使教师和学生采取相应的行动。其次,由于风险只是中等偏高,考生、教师或整个社会都不会对考试命题人施加压力,要求他们让考试显得极其公平和客观。因此,考试命题人可以在更少的约束下设计和开发测试,从而可以更自由地选择最能体现其预期目标和首选教学方式的测试题型和方法。换句话说,

考试命题人可能更容易地在测试中实现他们的意图。第三,由于考试结果不会直接影响除考生以外的其他关键利益相关者(例如教师和学校管理人员)的利益,因此教学不太可能变成应试教学。因此,一级测试可以满足所有三个条件并实现命题人的意图。显然,正确的风险水平是促成强烈预期反拨效应的关键因素。

　　具有极高风险的测试(如 2 级到 4 级测试)产生预期反拨效应的能力较弱,因为此类测试可以满足条件一,但不能满足条件二和三。当考试的风险太高时,考生、教师和公众都会对其信度和公平性抱有很高的期望。这些期望对考试命题人施加了限制,他们会发现即使不是不可能,也很难在测试中实现他们的意图。因此,要求测试为教学提供令人满意的模型的条件二不会轻易满足。此外,极高的风险会给教师、学生、教研员、学校管理人员等关键利益相关者带来巨大的压力。随着这些人相互传递压力,压力会越来越大。例如,老师可能会尝试让他们的学生为高风险的考试付出极大的努力,学生可能会要求他们的老师教他们提高分数的捷径。在这种情况下,预期的考试会干扰正常的教学,从而导致应试教学。老师将制定策略、开发技巧,以最大限度地提高学生的应试能力,从而在相对短的时间内提高他们的分数。因此,不能满足要求备考不能代替教与学的条件三。

7.2.8　测试风险与预期反拨效应之间关系的倒 U 曲线

　　上述分析使我们有理由相信,测试的风险与其预期的反拨之间的关系不可能是线性关系。低风险和极高风险的测试都无法产生预期的效果。最有可能成功指导教学和学习的测试是那些风险很高但又不会太高的测试。图 15 展示了测试的风险与其成功实现预期反拨效应的可能性之间的关系。

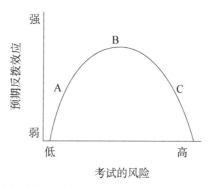

图 15　与测试相关的风险与其诱导预期反拨效应的潜力之间的关系

从图 15 可以看出,测试的风险与其引起预期反拨效应的可能性之间的关系呈倒 U 形曲线,其中 A 代表 0 级风险测试,B 代表 1 级高风险测试,C 代表风险在 2 级或以上的测试。

上述概念不仅得到了本研究的支持,也得到了其他反拨研究的支持。例如,以色列的阿拉伯语测试在早期取得了预期的效果,主要是因为老师们认为它会带来一些后果。随着时间的推移,测试的影响逐渐减弱,因为他们意识到结果并没有被用来做出重要的决定(Shohamy,1993:5;Shohamy 等人,1996)。此类测试在风险较低时无法达到预期效果(如图 15 中的 A)。相比之下,由于相反的原因,全国高考英语考试未能产生大部分预期的反拨效应:它的风险太高(如图 15 中的 C)。这是因为全国高考英语考试结果不仅影响考生,还影响他们的教师、英语教研员和中国教育部门的其他工作人员。

据我所知,唯一成功获得预期反拨效应的语言测试(如图 15 中的 B)是海峡大学英语测试(Hughes,1988),这里值得特别讨论。

海峡大学英语测试有两个目的。首先,结果被用来决定学生是否会在海峡大学学习,这是一所以英语为教学语言的著名大学。那些未能通过考试的人将不得不转到不太知名的土耳其中等大学。其次,该测试用于提升语言学校的教学和学习——学生在通过大学入学考试后,会在语言学校学习英语,为大学本科学习做准备。当时学校的教学计划和考试系统被认为效率低下,因为在完成课程并通过考试后,学生的英语没有达到他们应该能够参加英语课程的标准。事实上,学生们的英语水平实在是太差了,以至于大学里的很多学科老师都不得不用母语授课。

海峡大学英语测试在实施一年后达到了第二个目的。学生的英语水平有了很大的提高,这表现在英语水平测试分数的提高,更重要的是,还表现在学科教师对用于了解学生英语水平的问卷的积极回应。因此,考试命题人认为该测试在很大程度上达到了预期的反拨效应(Hughes,1988)。

在我看来,海峡大学英语考试之所以能取得这样的成绩,是因为它的风险水平合适。这是一个高风险的考试,因为它的分数有助于做出重要的决定,这使得学生在英语方面更加努力地学习;但考试的风险并不算太高,因为考试成绩只影响学生,而不影响他们的英语老师或教育界的其他人。因此,老师们并没有千方百计地提高分数或通过教学搅乱考试。此外,测试正确的风险水平使考试命题人可以设计一个标准参照测试,并将标准基于学生的实际语言需求。因此,该测试可以作为一种令人满意的教学模型。相比之下,由于风险极高,全国高考英语考试对其设计和开发施加了限制(参见第6.1节),因此不是理想的教学模型。因此,正确的测试风险水平有助于实现预期的反拨效应。

此外,其他因素也促成了海峡大学英语考试的强烈的预期效果。测试人群相对小,因为它仅限于一所大学。试卷的评分并没有造成太大的问题,因此使用更耗时的交际项目变得可行,从而可以设计出一个提供相当令人满意的教学模型的考试。此外,由于地理上的便利,考试组织者相对容易将考试目标传达给师生,这有助于避免紧张和冗长的备考。

尽管像上述例子这样为倒U形曲线提供证据的案例数量很少,其中一些听起来可能是轶事,但它们仍然令人信服地证明测试达到其预期反拨的程度与测试相关的风险有很大关系。当其风险较低时,测试将很少引起教师、学习者和其他用户的关注,因此也不会引发相应的行动。相反,当它的风险太高时,考试会将教学和学习引导到紧张的备考中,甚至鼓励通过教学搅乱考试。此外,考试命题人将在约束下工作,无法将考试构建成令人满意的教学模型。可能达到预期反拨效应的测试应该风险足够高,以使用户关注考试命题人在测试中实现的意图,但又不会太高,以致以牺牲教学和学习目标为代价,引发根据考试大纲设定的目标而进行的高强度应试教学。

7.2.9 雅思、托福在三个条件下的反拨分析

为了更好地了解三个条件对反拨效应评估的适用性,这里讨论了两个有影响的测试,即雅思和托福的反拨效应,并根据需要与全国高考英语考试进行比较,因为这两个测试通常被认为具有很强的对教学和学习的反拨效应。讨论主要基于两项实证研究,这些研究旨在探索一般意义上的测试反拨,而不是这些测试的具体预期反拨效应。[①] 雅思研究由新西兰的海斯和里德(Hayes & Read,2004;Read & Hayes,2000)进行,托福研究由美国的奥尔德森和汉普-莱昂斯(Alderson & Hamp-Lyons,1996)进行。在讨论过程中,将参考全国高考英语考试作为基线,以证明这三个条件有助于预期反拨。

7.2.9.1 雅思和托福设计者的意图

剑桥大学考试委员会(UCLES)的考试设计人员声称,取得积极反拨效应是

---

① 应该注意的是,雅思和托福从来没有期望像全国高考英语考试和以色列的阿拉伯语测试那样,在特定社会文化环境中改变语言课程。

他们考试的主要目标，雅思考试也是如此。[①] 为此，他们的英语测试是通过借鉴反映当时教学和评估标准的模型来设计的，其中包括欧洲共同语言参考标准、卡纳尔和斯温（Canale & Swain，1980）的交际能力模型和巴赫曼（Bachman，1990）的交际语言能力模型。有了这些模型为测试开发提供基本原理，UCLES测试采用直接评估程序来测试各种语言技能，例如听力、阅读、口语、写作以及语言知识（Milanovic & Saville，1996；Saville & Hawkey，2004）。从这种说法可以看出，雅思设计者希望受雅思影响的培训班采取交际语言教学（CLT）的方法。

相比之下，托福纸笔考试的设计者似乎对考试对教学和学习的影响持有不太明显的看法。据我所知，直到最近为止，他们还没有明确讨论过他们打算通过测试对教学和学习施加的影响。然而，TOEFL - 2000委员会致力于在基于计算机的托福中实现理想的反拨效应。他们声称新考试不仅是为了服务于美国和加拿大大学招生人员的利益，也是为了英语作为第二语言的教学群体的利益（ETS，1991，引自Peirce，1992）。在重新设计测试时，正向的反拨效应是一个重要的考虑因素。据推测，包含口语和写作部分以及整合阅读和写作等语言技能的测试任务将鼓励在现实生活中教授更多的交际语言技能。去语境化的语言任务，例如句子填空，将被通过扩展阅读、听力、写作和口语实现的语境化语言运用所取代（Chyn，2002）。显然，通过借鉴语言能力的交际模型，委员会尝试在新托福的设计中产生积极的反拨效应（Jamieson等人，2000）。

总之，雅思和新托福的设计者都希望他们的考试鼓励采用交际方法来进行英语教学实践，尽管前者的意图更明确地表达了出来。

7.2.9.2 为什么一门雅思备考课程比另一门更具交际性？

如第2.4.2节所述，海斯和里德（Hayes & Read，2004；Read & Hayes，2000）在新西兰奥克兰两所高等教育机构的语言学校提供的两门备考课程中研究了雅思的反拨效应。他们发现这两门课程彼此不同，尽管它们都受到相同测试的影响，并且在相同的制度和社会文化背景下运行。课程A更注重应试，课程B更具交际性，因为它更以学生为中心，让师生有更多的互动，涵盖更广泛的交际技巧，并涉及更真实的学习活动。换句话说，课程B更接近雅思设计者的意图。然而，雅思似乎并没有像测试设计者所期望的那样，对课程A产生积极的反拨效应（Hayes & Read，2004）。值得注意的是，同一考试对两门课程的反拨

---

① 雅思现在由UCLES、英国文化教育协会和澳大利亚教育国际开发署共同管理（Saville & Hawkey，即将出版）。它的设计符合UCLES的考试传统。

效果不同,尽管两门课程均被指定为雅思备考课程。

为了说明明显的差异,下面根据预期反拨效应的三个条件并参考全国高考英语考试的反拨效应来讨论这两门课程。

必须使用测试结果做出重要决定的第一个条件不适用于两个课程的差异,因为它们受到相同测试的影响。考试必须提供令人满意的教学和学习模型的第二个条件也没有直接影响差异,因为两者都是为同一考试准备的课程。考虑到备考的目标,无论考试是否是令人满意的教学模型,反拨效应应该保持不变是理所当然的。

在我们转向条件 3 进行解释之前,有必要在雅思和全国高考英语考试之间进行一下比较。前者似乎比后者提供了更令人满意的教学模型。雅思评价听力、阅读、口语和写作技能,而全国高考英语考试只测试其中三个,口语除外。此外,雅思采用多种题型,而全国高考英语考试主要采用单项选择题型。以阅读测试为例,四项选一的选择题是全国高考英语考试唯一采用的题型,而雅思采用的题型范围更广,包括选择题、简答题、句子填空、笔记/摘要/图表/流程图/表格填空、作者观点的识别等(有关雅思的更多信息,请参见 www.ielts.org)。因此,尽管新西兰的课程 A 和中国的高三课程分别以雅思和全国高考英语考试为教学模型,但课程 A 应该更接近交际的教学方式(参见 Hayes & Read,2004 和 Read & Hayes,2000 中对课程 A 的描述;以及本书第四章中对高三英语课程的讨论)。

预期反拨效应的第三个条件是备考不能代替教与学。当代替确实发生时,反拨效应将被视为非预期的。这个条件可以说明两个雅思备考课程的不同之处。在课程 B 中,雅思备考并没有取代正常的教学。B 老师[①]根据课程规定的主题进行教学。雅思备考被纳入发展学生总体和学术语言技能的更广泛目标中(Read & Hayes,2000)。这种做法与以测试为导向的课程 A 形成鲜明对比。这就是为什么课程 B 似乎比课程 A 更具交际性。

就高强度的备考而言,课程 A 与本研究中调查的高三课程相似。这些课程的参与者在考试环境下进行模拟测试,并经常参与那些以测试任务或项目为模型的学习活动。然而,在课程 A 和高三课程中这些做法的根本原因并不相同。就高三课程而言,教师通过全国高考英语考试分数受到评估,并成为测试的利益相关者。如此密集的备考是不可避免的,并且会干扰教学和学习,否则教学和学

---

① 根据海斯和里德(2004)的提法,教授 A 课程的老师被称为 A 老师,教授 B 课程的老师被称为 B 老师。

习本应专注于中国英语学科全国统一课程中规定的目标。这可能解释了为什么全国高考英语考试的预期反拨效应在很大程度上未能实现。

相比之下,A课程的老师对学生的雅思成绩不承担任何责任。她甚至不知道考试后学生的分数。高强度的备考被老师归因于为学生准备考试而设计的为期一个月的强化课程(Read & Hayes,2000)。显然,无论出于何种原因,当进行高强度的备考时,所涉及的课程都无法保持交际性,因此相关实践将违背考试设计者对应该教授内容的期望。

相反,B老师不像高三老师那样是关键的利益相关者。他的课程也没有A老师讲的那么高强度,因此不需要高强度的备考。他有能力采用符合交际教学模式的教学策略。即使这门课程中的交际型实践与雅思考试之间无法建立因果关系,我们至少可以说雅思备考并没有对课程B造成意料之外的影响。因此,课程B具有符合雅思预期反拨的特点,这至少部分是因为备考没有影响正常教学和学习。

有人可能会争辩说,课程A和B之间的差异可以归因于教师因素。然而,研究结果并未揭示似乎直接影响差异的具体教师因素。相反,访谈数据显示,A老师和B老师都赞同交际教学法。当B老师教词汇时,"他使用了诸如同伴教学之类的练习来使词汇学习成为一种更具交流性的活动"(Hayes & Read,2004)。当A老师对她在课程中必须采用的方法表示不满时,她告诉研究人员"以交际的方式教授这样一门高强度的课程非常困难,更多的是因为时间限制而不是她的教学理念"(Read & Hayes,2000:35)。所有这些话都表明,教师因素似乎不是造成课程A和课程B之间差异的原因,因此唯一可能的解释是,紧张的备考使课程A的交际性不如课程B。换句话说,未能满足条件3造成了差异。

有趣的是,当这三个条件应用于托福基础培训课程时,会出现不同的模式,这将在下一节中讨论。

7.2.9.3 为什么托福课程的交际性不如非托福课程?

如前所述,考试设计者并没有明确声称他们打算用托福纸笔考试来鼓励交际教学。尽管如此,对考试负面影响的批评表明,旧托福的用户和批评者根据交际方法的原则评估其反拨效应。例如,托福纸笔考试被指责导致教学不正常,它提高了分数,却没有为学生提供他们在现实生活中需要的那种英语(引自Alderson & Hamp-Lyons,1996;Hamp-Lyons,1999;Raimes,1990)。奥尔德森和汉普-莱昂斯进行的研究(Alderson & Hamp-Lyons,1996)是少数为这种对托福的批评提供实证证据的研究之一。

如第 2.4.2.1 节所述,奥尔德森和汉普-莱昂斯(Alderson & Hamp-Lyons, 1996)通过检查同样的两位教师教授的托福备考班和非托福班的实际情况来研究托福的反拨效应。对两种类型的课程进行的比较表明,托福会影响教师的教学内容和教学方式,尽管教学经验和风格等教师因素也有一定的影响。更重要的是,托福课程的交际性不如非托福课程。在托福课上,老师们讲得更多,学生们交谈或进行两人对练的时间更少,考试更普遍,轮流说话和笑声更少(Alderson & Hamp-Lyons, 1996:288)。此外,接受访谈的教师认为托福的句子结构与文字表达部分的教学问题最大。它被描述为"碎片化且没有学习流程"。奥尔德森和汉普-莱昂斯怀疑"在小型讲座中以教师为中心对语法点的解释……除了造成焦虑和困惑之外,是否对学习者产生任何实际影响"(Alderson & Hamp-Lyons, 1996:294)。这些发现可以用预期反拨效应的三个条件来解释。

首先,托福对教师的教学内容和教学方式都有影响,因为它是一项高风险的考试,其结果用于做出重要决定,因此符合条件一。

其次,托福笔试无法鼓励交际教学。旧的托福纸笔考试以选择题形式为主,只考听力和阅读,没有体现出交际英语教学的原则和特点。因此,它不符合条件二,即测试必须为教学和学习提供令人满意的模型。在这方面,托福和全国高考英语考试有着相同的问题。也就是说,奥尔德森和汉普-莱昂斯(Alderson & Hamp-Lyons, 1996)研究的托福备考班的教师和负责高三课程的教师(见第四章)都被发现以传统的以教师为中心的方式教授碎片化的语法点。这种做法不可能是测试设计者的意图,也不可能是英语教学的专家所希望的。

第三,托福课程的交际性不如非托福课程,因为它们不满足条件三,即像海斯和里德研究的雅思课程 A 一样,它们涉及高强度的备考。当高强度的备考被放在首位时,课程无法以交际方式教授,因此无法达到预期或理想的反拨效果。应试教学本质上不同于根据课程中规定的教学目标和教学方法进行的常规教学(参见第 7.2.2 节和第 7.2.3 节)。

7.2.9.4 总结

前面的讨论演示了如何使用这三个条件来解释托福和雅思的反拨效应。雅思和托福都对教学和学习产生影响的事实证明了条件一,即当测试结果被用于做出重要决定时,肯定会发生反拨。条件二可以解释为什么在专注于托福考试内容的托福备考课程中以传统方式教授零散的语法点。这表明,当测试不能提供令人满意的教学模型时,课堂上可能会出现不良做法。此外,已经发现高强度的备考会导致不具备交际性特点的教学（Alderson & Hamp-Lyons，1996；Hayes & Read，2004；Read & Hayes，2000）。这一发现证实了条件三，即备考不应取代教与学。当一门课程以备考为主时，其以交际方式进行教学和学习的目标很可能会落空。因此，这三个条件在讨论语言测试的反拨效应时被证明是有用的。

7.3　结论

根据前面的讨论，我们可以得出结论，全国高考英语考试在很大程度上未能达到预期的反拨效果。这种失败主要归因于考试的三个功能的冲突：选拔、评估和指导，尽管教师的信念和学习经验等其他因素也起了一定的作用。选拔功能对测试设计和开发施加了约束，这使得考试命题人很难将测试打造成令人满意的教与学模型，并将其信息传递给教师和学习者。评估功能增加了考试的风险，激发了高强度的备考，这严重干扰了正常的教学和学习。因此，由考试的高风险引起的高强度备考在很大程度上导致了全国高考英语考试以及其他一些大型语言考试（如托福、雅思和以色列的阅读理解考试）的意外或不受欢迎的反拨效应。上述发现使我们有理由相信，高风险的考试是一种强大的刺激，能够引发以"应试教学"为形式的教学反应，但它往往无法带来被认为促进教育所需的知识和能力发展的深刻变化。因此，风险太大的测试将无法发挥预期的反拨效应，尽管高风险测试有这样的潜力。

7.4　意义

7.4.1　理论意义

本研究的结果具有理论和实践意义。从理论上讲，将预期的反拨效应纳入效度概念是可取的，因为对相关文献的搜索表明，世界各地都在把测试作为教育改革的动力（见第2.2节），并且研究中收集的数据表明，全国高考英语考试的命题人确实对测试可以在教学和学习中引发的具体变化抱有期望（参见第4.1.1节）。当一项测试用于特定目的时，有必要调查并查明该测试是否以及在何种程度上达到了这一目的。正如丘尔顿（Cureton，1951：621）所指出的那样，"测试的效度的基本问题是测试在多大程度上完成了它所被用来实现的目的。同一个测试可以用于多种不同的目的,其效度可能对一个高,对另一个适中,对第三个低。"梅西克(Messick,1989)和林恩(Linn,1997)正确地将测试的效果定义为后效效度,因此保证了在教育测量中反拨的合法位置。

基于对预期反拨效应这样的定义,我建议区分预期的效果和非预期的后果(参见第1.4节)。在文献中,反拨效应指的是对教学和学习的影响,无论它是预期的还是副作用(Alderson & Wall,1993;Bailey,1996;Wall,1997)。一旦预期的反拨效应被解释为效度的一个方面,在两者之间进行区分就变得可取,因为测试设计的目的在于预期的效果,而不是非预期的效果。因此,它应该是后效效度的焦点。这类似于传统的和狭义的效度概念,它关注测试旨在测量的内容,而不是它可能作为副作用测量的内容。

此外,基于之前讨论的倒U形曲线以及文献中对教师和学习者因素的讨论(例如,Alderson & Hamp-Lyons,1996;Watanabe,1996),我提出了预期反拨效应或后效效度的基本模型(图16)。

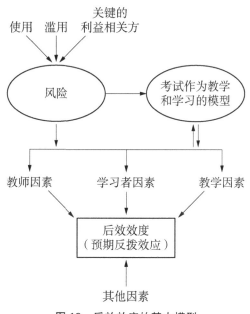

图 16　后效效度的基本模型

图16表明,有许多因素会影响后效效度,或测试达到其预期反拨效应的程度。最重要的因素是测试的风险,它由风险的性质和水平决定,如第7.2.5节所述。风险的高低对将考试打造为教学和学习的模型起到了很大作用,这继而又

影响了考试的后效效度。它还决定了教师和学习者对考试的投入程度，以及他们是否会改变自己的行为，以使考试主导教与学。因此，测试的风险是后效效度的关键因素。

教师因素、学习者因素、教学因素等因素与测试的风险相互作用，以确定预期反拨能否实现。教师因素，包括教师的教学目标和对语言学习的信念，在预期反拨效应的实现中发挥着作用。学习者因素涉及学习者的学习目标和他们对语言学习方式的信念。教学因素是指正在使用的课程和教科书，以及由教师或商业材料作者设计的其他教学材料。其他因素包括统筹安排因素，例如候选人的规模以及可用于测试和教学的资源。

这个基本模型还强调了这些因素的相互作用，这些因素可以被视为确定预期反拨或测试的后效效度的潜在力量或机制。

将反拨纳入效度概念后，测试设计者和政策制定者应相应地验证测试，承担责任，尽其所能促进预期的反拨效应并减少不良影响。这是因为测试对教学和学习的影响的重要性绝不低于衡量它要衡量的构念的重要性，尤其是当测试被视为"根植于教育、社会和政治背景"时（Shohamy，2001：4）。同时，我们必须意识到，仅凭测试设计者和政策制定者的努力并不足以确保测试的预期用途。正如沃尔（Wall，1997；Wall，2000）所建议的那样，教育领域的其他各方应该联合起来调查和提高反拨效应的质量。

7.4.2　实际意义

本研究对中国的全国高考英语考试的测试设计者和政策制定者也有一些实际意义。首先，由于与测试相关的极高风险阻碍了预期的反拨效应，全国高考英语考试的风险应该在一定程度上降低。这样做的一种方法是将教师、学校管理人员和各个教育部门的工作人员从考试的压力中解放出来。应允许学生中学毕业后在中国任何地方的当地招生办公室以个人身份报名全国高考英语考试。在这样的操作方式下，就无法计算班级、学校和学区的全国高考英语考试平均分数。任何使用该测试来评估学校和教师的尝试都会遭到挫败。作为替代方案，可以通过其他方式对教师和学校进行较小规模的评估。例如，学区可以对本区域内的学校和教师进行定量和定性评估。这样一来，考生的全国高考英语考试表现只会影响他们自己，而不会影响教师和学校管理人员。摆脱考试压力后，教师和学校将能够专注于在课程指导下培养学生的语言能力。学生必须努力提高自己的能力，才能在毕业后的考试中取得好成绩。

其次,全国高考英语考试需要重新设计,以更好地传达考试命题人的意图,并提供更令人满意的教与学模型。根据这些目的,口语评估应包括在测试中。在中国的许多省份,目前只有在通过全国高考英语考试后打算进入大学外语专业的应试者才需要参加口语考试。口语考试由省级教育部门制定和管理。在一些省份,口语考试的题型过于草率,要求考生大声朗读一段短文,然后相应地回答一些问题。此类测试不足以激发实际交流中口语技能的教学和学习。因此,针对所有考生的更真实的口语测试应该包含在全国高考英语考试中,这至少有助于防止像本研究中观察到的那样,在高三教学中忽视口语练习(见第四章)。

此外,除了目前在全国高考英语考试中占主导地位的单项选择题之外,还应考虑采用其他测试题型。例如,阅读和听力理解可以通过各种方法进行测试,例如雅思中使用的方法,包括简答题或判断题,或根据从阅读或听力中获得的信息填写流程图。总之,全国高考英语考试需要以更真实和综合的方式测试所有四种语言技能,才能将学校英语教学实践引导到更具交际性的教学模式。

然而,上述建议涉及的改变需要时间才能发生,因为在新版本的全国高考英语考试投入使用之前,需要进行扎实的研究和试测。但是,可以尽快对全国高考英语考试进行一些小的微调。例如,可以通过改变引出写作内容的方式来改进书面表达任务。考生或许可以自由选择写作内容,而不是只能写规定内容。考核标准应以相关内容为重点,而不是以提供要点的形式对内容进行控制。另一个需要改进的地方与旨在测试语法知识的项目有关。应该为这些项目提供更多的上下文。可以使用短文或较长的对话代替单句或单轮对话,这可能使教师和学生意识到记忆孤立的语法规则是不可取的。然而,鉴于测试能够引发学校的相应行动,任何改革都应谨慎处理,并充分考虑潜在的反拨效应。

第三,应为教师提供培训和支持,以增强预期的反拨效应,减少非预期的反拨效应。也就是说,教师应该熟悉指导考试命题的原则。多年来,负责研发和实施全国高考英语考试的教育部考试中心对教师的支持不足。这是因为有一条规定是,任何参与全国高考英语考试命题的人都不能编写备考材料或指导教师如何为学生准备全国高考英语考试。几乎每次考试命题会议都会宣布此规则(参与者知识)。因此,教师必须在很大程度上依赖商业备考材料的开发商来获取备考材料和指导。然而,商业材料开发商关心的是盈利,而不是考试的预期反拨或学校的英语教学实践。更糟糕的是,市场上的商业化备考材料缺乏质量控制,误导了消费者。一位老师抱怨她曾经使用的备考材料充满了错误,其中包括印刷错误(私人交流)。

为了帮助教师更好地了解全国高考英语考试命题人的意图，并找到更有效、更合适的方法让学生为考试做好准备，考试命题人和教师之间的更多沟通是非常必要的。沟通可以采取这样一种形式，即教育部考试中心可以组织试题编写者或其他语言测试专业人员为全国高考英语考试备考编写指南和练习材料，并本着相同目的为教师讲课。同时，应邀请教师告知考试命题人他们的教学实践和工作中出现的问题。他们还应该有机会就如何改革全国高考英语考试命题发表意见。随着向教师提供更多支持以及扩大教师与考试组织者之间的互动，非预期和不受欢迎的备考教学活动可能会减少，预期的反拨效应会增加。

最后，本研究中使用的预期反拨的基本模型和工具可用于对全国高考英语考试的后效效度进行进一步调查。如果我们仍然期望测试对教学和学习产生教育上理想的反拨作用，那么这些研究是必不可少的，应该成为负责设计和制作测试的教育部考试中心的日常工作的一部分。

7.5　本研究的贡献

本研究已经确定并明确了测试的多种用途之间以及教师的教学计划与测试设计者的测试预期功能之间迄今为止未入文献的冲突。测试的选拔、评估和指导功能之间的冲突导致指导功能减弱，即测试引发预期反拨的能力受到阻碍。正如本研究报告的那样，教师和学生的评论以及教育系统中其他人和公众的行为都说明了教师的教学计划中存在的其他压力。教师的潜在的教学目标是让所有学生以尽可能高的分数通过考试。这种强烈的反差与测试的选拔功能发生了激烈的冲突，测试的选拔功能是根据学生的能力从高技能到低技能进行排名。它还干扰了测试的指导功能，即引导教与学朝着教育上理想的学习目标和更有效的学习方式发展。这些内在的竞争和分歧力量必须被纳入任何未来的语言评估反拨理论或模型中。

7.6　进一步研究

研究结果为反拨的复杂性提供了新的视角，表明社会背景、课堂因素，甚至测试题型本身都会影响测试作为变革推动者的有效性。对这些因素的进一步研究应该是未来反拨研究的重点。

首先，需要对政策制定者和考试命题人的总体和具体意图进行更深入的调查,解决以下问题：政策制定者、测试设计者和试题编写者对其测试的反拨是否有明确和具体的期望？如果有,它们是什么？已采取哪些措施使测试具有产生预期反拨的潜力？上述这些人是否在限制条件下工作？如果是,限制是什么？对此类问题的回答可以帮助我们更好地理解预期反拨的性质或使用测试来激发教育变革的实践。

其次,需要进一步明确测试的不同功能之间的关系。在本研究中,已发现全国高考英语考试的选拔功能与指导功能之间的内部冲突是未能实现预期反拨的主要原因。这在一定程度上与中国社会对考试的高度重视有关(见 1.2.5 节)。需要进行跨文化研究,以了解在其他国家采用的测试中是否存在这种内部冲突。例如,斯里兰卡的英语测试也用于选拔考生和促进正向的反拨效应(Wall & Alderson, 1993)。是否会产生类似的内部冲突？对这个问题的回答将有助于澄清冲突是否普遍存在并且总是导致预期反拨的失败。

第三,社会对考试的关注度、家庭对学生考试成功的压力、教师教学和帮助学生备考时受到的约束等外部因素也可能间接影响考试的反拨效应。这些因素没有得到充分研究,也没有得到很好的理解。需要沿着这条路线进行更多的研究。

第四,文化因素是一个值得探讨的领域。中国等具有儒家传统的国家非常重视正规教育。这种传统可能是误用测试和测试结果的一个重要原因,这很可能会产生意想不到的反拨效应。在这方面需要进行跨文化比较。

最后,需要研究来证明这样的假设,即应试教学只会提高分数,而不会同时提高所需的技能和能力(Madaus,1988；Nolen 等人,1992；M. L. Smith & Rottenberg,1991)。据我所知,没有可靠的经验证据表明这一假设成立。应采用单独的测量方法来验证,在一段时间的针对高分目标进行的备考或培训后,应试者考试分数提高的同时,能力是否有所提高。对这个问题的研究非常符合奥尔德森和沃尔的论点,即"需要研究和理解反拨效应,而不是对其进行断言"(Alderson & Wall,1993：68)。

附录 A

访谈指南

考试命题人访谈

介绍性声明：

谢谢您同意和我交流。我的研究目的是调查测试和教学之间的关系。我想听听您对全国高考英语考试和学校英语教学的看法。我们谈话的内容将是保密的，仅用于研究。

问题：

（1）我听说英语老师使用两种方法来帮助学生准备全国高考英语考试书面表达任务。一是放弃书面表达任务，专心做单项选择题。二是训练学生快速判断输入中的要点，并用简单的句子表达这些要点。学生被告知不要使用复杂的句子，从而保证稳妥。您如何看待这些策略？

（2）您觉得短文改错试题怎么样？既然已经有书面表达任务了，改错试题还有必要吗？

（3）除了书面表达和短文改错，其他题目都是单项选择题形式，您觉得这个测试题型怎么样？

（4）您对测试语音的五道题有什么看法？

（5）您觉得拼写试题怎么样？哪个更好，现在的还是 1996 年以前使用的？

（6）广东采用了新版考试。听力部分的实施有很多意想不到的问题。您认为应该增加听力部分吗？为什么应该？（为什么不应该？）

（7）关于全国高考英语考试的影响，您有什么想补充的吗？

结束语：

非常感谢您与我分享您的观点。如果您有什么要补充或澄清的，我们可以再谈。欢迎联系我。真的非常感谢！

（两份全国高考英语考试往年真题，一份全国版，一份广东版，供参考。）

教师访谈

介绍性声明：

谢谢您同意和我交流。我正在做的这个项目叫做"全国高考英语考试和高三英语"。我听说在本课程中，您会帮学生准备全国高考英语考试。您能通过回答我的问题告诉我您是怎么做到的吗？您告诉我的将仅用于该项目。我不会让其他人听录音或看文字稿。在我提问之前，您能简单介绍一下您的课程教学计划吗？

问题：

（1）您如何训练您的学生完成书面表达任务？

（2）您如何训练您的学生完成短文改错任务？

（3）您觉得单项选择题的题型怎么样？

（4）您觉得考试的前五题(语音题)怎么样？

（5）您觉得拼写测试怎么样？您认为哪个更好？现在的还是1996年以前使用的？

（6）您认为有必要在考试中设置听力部分吗？为什么必要？（为什么不必要？）

（7）关于全国高考英语考试的影响，您有什么想补充的吗？

结束语：

非常感谢您与我分享您的观点。如果您有什么要补充或澄清的，我们可以再谈。我可能还有更多问题要问您。我们到时候再看，是否需要再谈一次，什么时候再谈。真的非常感谢！

（两份全国高考英语考试往年真题，一份全国版，一份广东版，供参考。）

学生访谈

介绍性声明：

谢谢你同意和我交流。我正在做的这个项目叫做"全国高考英语考试和高三英语"。我听说你在本课程中备考全国高考英语考试。你能通过回答我的问题告诉我你是怎么做的吗？你告诉我的将仅用于该项目。我不会让其他人听录音或看文字稿。在我提问之前，你能简单介绍一下你的英语学习情况吗？

问题：

（1）你是如何练习写作的？

（2）你是如何练习改错的？

（3）你觉得单项选择题型怎么样？

（4）你觉得考试的前五题（语音题）怎么样？

（5）你觉得拼写测试怎么样？你认为哪个更好？现在的还是 1996 年以前使用的？

（6）你认为有必要在考试中设置听力部分吗？为什么必要？（为什么不必要？）

（7）关于全国高考英语考试的影响，你有什么想补充的吗？

结束语：

非常感谢你与我分享你的观点。如果你有什么要补充或澄清的，我们可以再谈。我可能还有更多问题要问你。我们到时候再看，是否需要再谈一次，什么时候再谈。真的非常感谢！

（两份全国高考英语考试往年真题，一份全国版，一份广东版，供参考。）

附录 B

高三英语课观察方案

A 和 B 部分

内容\活动	时间	语言知识	全国高考英语考试技能					语言运用					其他
			听力	阅读	写作	完形	改错	听力	阅读	口语	写作	综合	
总时长													
百分比													
计数		形式：	应试策略：					意义：					
百分比													

C 部分

材料来源 内容和练习类型	课本	商业性质			全国高考英语考试			教师设计		其他
		备考书籍	模拟测试卷	模拟测试试题集	往年真题	词汇表	其他	模拟测试卷	语法词汇试题	
语法和词汇 -单项选择题 -填空 -翻译 -判断对错 -改错(单句) 完形填空 短文改错 阅读理解 -单项选择题 -判断对错 -开放性 听力 -单项选择题 -判断对错 -开放性 -信息识别 写作 -全国高考英语考试题型 -自由写作 -回信 -没有固定内容的指导性写作 口语 -讲故事 -两人对练 综合 -记笔记 -小组讨论 -两人对练 -阅读和概要写作 -阅读和编对话										

高三英语课观察方案：类别定义

高三英语课观察方案分为三个部分。

A 部分在活动和活动的组成情节的层次上描述了在班级中进行的活动。例如，复习所学语法被认为是课堂活动之一。它的情节包括"教师讲授语言点""学生做语法练习""学生读出他们的答案供老师检查"。这部分是开放式的。在编码过程中不必检查预定的描述符。相反，所有观察到的活动都被记录下来，每个活动所花费的时间也有所记录。

B 部分有两个层次，每个层次有三个类别。

层次一：语言知识、语言运用和全国高考英语考试技能。

语言运用——通过听力、阅读、口语和写作来教授英语，以交流为目的，参与者的注意力主要集中在意义上。

语言知识——在不提及其语用功能或意义的情况下解释语法结构；解释一个词的字典含义，而不参考它在语境中的使用。

全国高考英语考试技能——以全国高考英语考试阅读和听力部分的形式练习听力和阅读，即使用长度和风格与全国高考英语考试材料相似的听力和阅读文本，并仅通过全国高考英语考试题型测量理解力。其他练习，如语法单项选择题、单项选择的完形填空和短文改错也应在此类别下编码。

层次二：意义、形式和应试策略。

在这个层次上，教师和学生对上述类别的显性注意被编码。显性注意是指对这些类别的明确关注，反映在教师和学习者的语言表达中。它由学生和老师所说或谈论的内容决定。如果一个老师告诉他或她的学生如何通过逐一排除选项来获得单项选择题的正确答案，这种言语行为将被归入应试策略的范畴。当教师和学生的话语与语法或孤立的单词和短语有关，而不涉及其含义和用途时，使用代码"形式"。代码"意义"仅用于以下情况：话语集中在阅读或书面内容的内容上，或者当用英语讨论某事而没有明显注意所用语言的形式时。

C 部分记录了课堂中使用的材料类型以及它们是如何被纳入课堂的，即这些材料中的哪些类型的练习或任务是在课堂上完成的。

附录 C

写作课观察方案

A 和 B 部分

活动	时间	内容		组织		准确性					技巧		语境/得体性				其他
		要点	细节	开头和结尾	连贯性	语法	词汇	标点符号	大小写	没有汉式英语	卷面整洁	字数限制	目的	作者	读者	得体性	
计数																	
百分比																	

C 部分

特征 来源	写作目的	读者	作者	输入形式			字数限制	提供生词
				图片	要点	其他		
过往全国高考英语真题								
商业备考材料								
模拟测试								
教师自编材料								
其他								

写作课观察方案：类别定义

全国高考英语考试写作课观察方案分为三个部分。A 部分在活动和活动组成情节的层次上描述了全国高考英语考试写作课上进行的活动。例如，"使用范文"被认为是全国高考英语考试写作课中的一项活动。它的情节包括"老师给出范文""学生记下范文""老师解释或评论范文"。该参数是开放式的。在编码过程中不必检查预定的描述符。相反，所有观察到的活动都被记录下来，每个活动所花费的时间也有所记录。

B 部分描述了教师和学生关注的写作的不同方面。这些方面包括内容、组织、准确性、技巧和语境/得体性。

内容是根据关键点和细节来定义的。

组织是指开头、结尾和连贯性。

准确性意味着正确的语法和词汇使用以及正确的标点符号和大小写。而"没有中式英语"的意思是"没有将中文逐字翻译成英文"。

技巧是指卷面整洁、字写得好、遵守写作任务规定的字数限制等事项。"卷面整洁"是指答卷或书写纸干净，字迹工整。

得体性是指所使用的语言对于写作任务中给出的写作目的以及文章的假定作者和读者来说是得体的。

本研究中提到的关注焦点取决于教师和学生在课堂上进行活动时所说或讨论的内容。具体来说，当他们提到或询问观察方案中列出的写作的特定方面时，它将被记录在该类别下。例如,当学生抄写黑板上一段作为范文的文字时,老师可能会要求学生在开始抄写范文之前在白纸上画一些线,这样他们的抄写就会看起来整齐。这记录在"卷面整洁"下。但是,当学生们抄写范文时,就无法得知他们关注的内容了。一位学生可能会考虑范文中的句子结构。另一个人可能会将他或她的注意力集中在所使用的话语标记上。这是不可观察的,因此不会相应地记录任何内容。

C部分描述了与课堂活动相关的材料。类别一用于描述所用材料的来源。类别二旨在捕捉材料中写作任务的特征。它有六个子类别。子类别 A、B 和 C 反映了应纳入全国高考英语考试书面表达任务的现实生活写作特征,子类别 D、E 和 F 是全国高考英语考试书面表达任务的其他特征,将其表征为测试任务。下面对这些类别进行详细说明。

一、材料来源

• 全国高考英语真题(全国高考英语考试往年真题)

• 商业(商业备考材料)

• 老师自己的(老师自己编写的材料)

• 模拟考试(模拟考试不是由老师设计的,而是由其他人设计的,如区或市教育局的英语教研员)

• 其他(其他来源的材料)

二、任务的特点

• 写作目的(任务说明中给出的写作目的)

• 读者(任务说明中给出的写作的假定读者)

• 作者(任务说明中给出的假定写作者)

• 输入形式(提供写作任务内容的图片或列出的点)

• 字数限制(任务要求的写作规定长度。全国高考英语考试字数限制为 80 到 100 字。)

• 提供生词(在全国高考英语考试中,任何生词,即不在考试大纲中的词表上的词,必须给出中文解释。)

• 其他(全国高考英语考试书面表达任务所没有的特征)

附录 D

教师调查问卷的英文版本

Questionnaire

Dear colleagues:

We are making a study on English teaching and learning in Senior III. Could you please help us by completing this questionnaire? All information will be treated in the strictest confidence and please do **NOT** write down your name on the questionnaire. Thank you very much!

Part One: *Please choose the appropriate option and put a circle around your choice or write the relevant information as required. Choose only ONE option unless it is specified that more than one choice may be necessary.*

1. Your gender:

(1) Male　　(2) Female

2. Your age:

(1) below 25　　(2) 26 - 35　　(3) 36 - 45　　(4) 46 - 55

(5) 56 or above

3. Your academic qualifications:

(1) Diploma　　(2) Diploma plus BA　　(3) BA

(4) MA　　(5) Other _____ (Please specify.)

4. Type of university or college you graduated from:

(1) normal university　　(2) teachers' college　　(3) foreign languages

(4) institute of foreign languages　　(5) university teachers' college

5. Your school type:

(1) provincial or city key school　　(2) regional key school

(3) city or suburb ordinary school　(4) county key school

(5) county ordinary school　　(6) other (please specify) _____

6. Number of years you have taught Senior III students:

(1) less than 1 year　(2) 1 - 3　(3) 4 - 5　(4) 6 or more

7. Average number of hours you spend in teaching and coaching the students of one class per week (including formal classes, morning reading hours, students' self-study hours but excluding tutoring individual students):

(1) less than 8　(2) 9 - 11　(3) 12 - 14　(4) 15 or more

8. The occasions on which you write in English:

(1) writing teaching plan　(2) writing on the blackboard

(3) marking students' work

(4) designing exercises for students (including mock NMET items)

(5) writing academic papers

(6) writing letters to friends and acquaintances (including e-mail messages)

(7) other (please specify) _____

9. Are there any native speaker teachers of English in your school?

(1) Yes (Then please do Item 10)　(2) No (Then please skip Item 10)

10. Do you talk in English to the native speaker teachers of English?

(1) Never　(2) Occasionally　(3) Sometimes　(4) Often　(5) Always

11. How many students do you teach this term? (Please write in number.) _____

12. Have you ever spent three months or more studying or living in an English speaking country such as Britain, U. S. , and Australia?

(1) Yes (Specify how long you stayed there. _____)　(2) No

Part Two: *This section investigates the general practices in the Senior III English course. There are no "right" or "wrong" answers. Please tell us what you actually do but not what you think should be done. Please circle your choice or fill in the blank as required. According to what you actually do or do not do, you may need to circle more than one option for Item 1 and Item 2.*

1. Which of the following is used in the Senior III English course at your school?

(1) Junior III Textbooks　　　　(2) Senior I Textbooks

(3) Senior II Textbooks　　　　(4) Senior III Textbook One

(5) Senior III Textbook Two　　(6) NMET past papers

(7) Self-compiled materials

(8) Test preparation materials (If yes, give the title of at least one such set of materials or books) _____

2. In the school year of Senior III most of the time students:

(1) study the lessons in the new textbooks

(2) review grammar　　(3) review vocabulary　　(4) practice reading

(5) practice listening　　(6) practice translation　　(7) practice writing

(8) practice speaking　　(9) do mock items　　　(10) take mock tests

(Please choose only ONE option for the rest of the items.)

3. In Senior III how many mock tests do your students take?

(1) 0 - 9　(2) 10 - 19　(3) 20 - 29　(4) 30 - 39　(5) 40 or more

4. In Senior III how many short passages do you require your students to read?

(1) 0 - 99　　(2) 100 - 199　(3) 200 - 299　(4) 300 - 399　(5) 400 - 499

(6) 500 - 599　(7) 600 or more

5. In Senior III how many sets of listening items do your students listen to? (A set is made up of ten passages and 20 MC items like those in the NMET.)

(1) 0 - 19　(2) 20 - 39　(3) 40 - 59　(4) 60 - 79　(5) 80 or more

6. In Senior III how many short passages do your students write?

(1) 0 - 19　(2) 20 - 39　(3) 40 - 59　(4) 60 - 79　(5) 80 - 99

(6) 100 or more

7. How often do you do the following in class?

	Never	Occasionally	Sometimes	Often	Always
(1) Making students practice writing	1	2	3	4	5
(2) Summarizing grammar rules	1	2	3	4	5

(3) Making students practice cloze

	1	2	3	4	5

（4）Making students do pair-work

	1	2	3	4	5

（5）Explaining answers to exercises

	1	2	3	4	5

（6）Making students practice listening

	1	2	3	4	5

（7）Making students practice proofreading

	1	2	3	4	5

（8）Lecturing on vocabulary

	1	2	3	4	5

（9）Lecturing on test-taking strategies

	1	2	3	4	5

（10）Making students discuss in groups

	1	2	3	4	5

（11）Making students practice speaking

	1	2	3	4	5

（12）Lecturing on language points

	1	2	3	4	5

（13）Making students practice reading

	1	2	3	4	5

（14）Making students do multiple-choice grammar items

	1	2	3	4	5

8. How often do you make your students do the following after class as homework?

	Never	Occasionally	Sometimes	Often	Always
（1）Grammar exercises	1	2	3	4	5
（2）Vocabulary exercises					
	1	2	3	4	5
（3）Listening	1	2	3	4	5
（4）Reading	1	2	3	4	5
（5）Writing	1	2	3	4	5

(6) Speaking	1	2	3	4	5
(7) Proofreading	1	2	3	4	5
(8) Cloze	1	2	3	4	5

9. How do your students practice the following?

Yes　No

(1) Do most of your reading comprehension items take the MC format?

1　　2

(2) Do most of your listening comprehension items take the MC format?

1　　2

(3) Do most of your writing exercises resemble the NMET writing task?

1　　2

10. How many phases do you divide your course into?

(1) One　(2) Two　(3) Three　(4) Four　(5) Five or more

11. How important do you think the following suggestions are concerning writing practice?

1＝Not important at all　　2＝Not important

3＝Neutral　　　　　　　　4＝Important

5＝Very important　　　　　?＝I don't know

(1) Write about 100 words，no more no less.

1　　2　　3　　4　　5　　?

(2) Think about the supposed writer before starting the task.

1　　2　　3　　4　　5　　?

(3) Write accurately. Try not to make grammatical and vocabulary errors.

1　　2　　3　　4　　5　　?

(4) Use link words to make the writing cohesive.

1　　2　　3　　4　　5　　?

(5) Get the capitals and punctuation right.

1　　2　　3　　4　　5　　?

(6) Write in appropriate language.

1　　2　　3　　4　　5　　?

(7) Make handwriting look nice and keep answer sheets clean and tidy.

| | | 1 | 2 | 3 | 4 | 5 | ? |

(8) Make the writing complete with an opening and an ending.

| | | 1 | 2 | 3 | 4 | 5 | ? |

(9) Include all the necessary points. Do not add or leave out any.

| | | 1 | 2 | 3 | 4 | 5 | ? |

(10) Think about the supposed audience before starting the task.

| | | 1 | 2 | 3 | 4 | 5 | ? |

(11) Think about the supposed purpose of writing before starting the task.

| | | 1 | 2 | 3 | 4 | 5 | ? |

(12) Use idiomatic English. Try not to write in Chinglish.

| | | 1 | 2 | 3 | 4 | 5 | ? |

(13) Add necessary details to make the content complete.

| | | 1 | 2 | 3 | 4 | 5 | ? |

Part Three: *The following are some sayings about teaching and learning English in Senior III. Please express your opinion of the sayings by choosing one of the five levels of agreement.*

1＝Strongly disagree   2＝Disagree

3＝Neutral   4＝Agree

5＝Strongly agree   ?＝I don't know

1. If a teacher doesn't finish teaching the Senior III textbooks quickly and start the review lessons the following people will complain.

(1) Some school administrators   1　2　3　4　5　?

(2) Some students   1　2　3　4　5　?

(3) Some parents   1　2　3　4　5　?

2. The immediate goal of English learning at secondary schools is to obtain high scores in the NMET.   1　2　3　4　5　?

3. Senior III English teaching is affected by the NMET.

1　2　3　4　5　?

4. Students' NMET scores will affect you in the following aspects:

(1) Popularity with students   1　2　3　4　5　?

(2) Sense of achievement   1　2　3　4　5　?

（3）Bonus   1   2   3   4   5   ?

（4）Status in the eyes of colleagues   1   2   3   4   5   ?

（5）Popularity with parents   1   2   3   4   5   ?

（6）Status in the eyes of school administrators

                                           1   2   3   4   5   ?

（7）Self-evaluation   1   2   3   4   5   ?

（8）Promotion   1   2   3   4   5   ?

5. Teaching to the test helps to raise test scores.

                                           1   2   3   4   5   ?

6. The Senior III English course should focus on the textbooks to improve students' English proficiency.   1   2   3   4   5   ?

7. The long-term goal of English learning at secondary schools is to develop the ability to use the language.   1   2   3   4   5   ?

8. Your teaching of Senior III Textbooks is different from that of the Senior II textbooks in the lower grade. The major differences are：

（1）Less time is spent on each unit.   1   2   3   4   5   ?

（2）The focus is on reading.   1   2   3   4   5   ?

（4）The other tasks are only rushed through.

                                         1   2   3   4   5   ?

9. Your teaching of Senior III Textbooks is the same as that of the Senior II textbooks in the lower grade.   1   2   3   4   5   ?

10. The NMET is the baton to Senior III English teaching and learning.

                                           1   2   3   4   5   ?

11. If a student has high proficiency of English he or she will be able to get a high score without test preparations.   1   2   3   4   5   ?

12. The teacher has to teach what is tested in the NMET.

                                           1   2   3   4   5   ?

13. It is teachers' responsibility to help students raise scores.

                                           1   2   3   4   5   ?

Please check to see whether you have answered all the questions.

Thank you very much for your help!

附录 E

学生调查问卷的英文版本

Questionnaire

Dear students:

We are making a study on English teaching and learning in Senior III. Could you please help us by completing this questionnaire? All information will be treated in the strictest confidence and please do **NOT** write down your name on the questionnaire. Thank you very much!

Part One: *Please choose the appropriate option and put a circle around your choice or write the relevant information as required. Choose only ONE option.*

1. Your gender:

(1) Male   (2) Female

2. Your school type:

(1) provincial or city key school   (2) regional key school

(3) city or suburb ordinary school   (4) county key school

(5) county ordinary school   (6) other (please specify) _____

3. Are there any native speaker teachers of English at your school?

(1) Yes (Then please do Item 4)   (2) No (Then please skip Item 4)

4. Do you talk in English to the native speaker teachers of English?

(1) Never   (2) Occasionally   (3) Sometimes

(4) Often   (5) Always

5. The type of university or college you plan to go to:

(1) national key universities   (2) provincial key universities

(3) ordinary universities   (4) colleges

(5) overseas universities

6. In Senior III how often do you do the following in class?

	Never	Occasionally	Sometimes	Often	Always
(1) Practice writing	1	2	3	4	5
(2) Listen to the teacher who summarizes grammar rules					
	1	2	3	4	5
(3) Practice cloze	1	2	3	4	5
(4) Work in pairs	1	2	3	4	5
(5) Listen to the teacher who explains answers to exercises					
	1	2	3	4	5
(6) Practice listening	1	2	3	4	5
(7) Practice proofreading					
	1	2	3	4	5
(8) Listen to the teacher who lectures on vocabulary					
	1	2	3	4	5
(9) Listen to the teacher who lectures on test-taking strategies					
	1	2	3	4	5
(10) Discuss in groups	1	2	3	4	5
(11) Practice speaking	1	2	3	4	5
(12) Listen to the teacher who lectures on language points					
	1	2	3	4	5
(13) Practice reading	1	2	3	4	5
(14) Do multiple-choice grammar items					
	1	2	3	4	5

7. How often do you do the following after class as homework?

	Never	Occasionally	Sometimes	Often	Always
(1) Grammar exercises	1	2	3	4	5
(2) Vocabulary exercises					
	1	2	3	4	5
(3) Listening	1	2	3	4	5

(4) Reading　　　　1　　　　2　　　　3　　　　4　　　　5

(5) Writing　　　　1　　　　2　　　　3　　　　4　　　　5

(6) Speaking　　　　1　　　　2　　　　3　　　　4　　　　5

(7) Proofreading　　　1　　　　2　　　　3　　　　4　　　　5

(8) Cloze　　　　1　　　　2　　　　3　　　　4　　　　5

8. How do you practice the following?

Yes　No

(1) Do most of your reading comprehension items take the MC format?

1　　2

(2) Do most of your listening comprehension items take the MC format?

1　　2

(3) Do most of your writing exercises resemble the NMET writing task?

1　　2

9. How important do you think the following suggestions are concerning writing practice?

1＝Not important at all　　　2＝Not important

3＝Neutral　　　　　　　　4＝Important

5＝Very important　　　　　？＝I don't know

(1) Write about 100 words，no more no less.

1　　2　　3　　4　　5　　？

(2) Think about the supposed writer before starting the task.

1　　2　　3　　4　　5　　？

(3) Write accurately. Try not to make grammatical and vocabulary errors.

1　　2　　3　　4　　5　　？

(4) Use link words to make the writing cohesive.

1　　2　　3　　4　　5　　？

(5) Get the capitals and punctuation right. 1　　2　　3　　4　　5　　？

(6) Write in appropriate language.　　　1　　2　　3　　4　　5　　？

(7) Make handwriting look nice and keep answer sheets clean and tidy.

1　　2　　3　　4　　5　　？

(8) Make the writing complete with an opening and an ending.

1　　2　　3　　4　　5　　?

(9) Include all the necessary points. Do not add or leave out any.

1　　2　　3　　4　　5　　?

(10) Think about the supposed audience before starting the task.

1　　2　　3　　4　　5　　?

(11) Think about the supposed purpose of writing before starting the task.

1　　2　　3　　4　　5　　?

(12) Use idiomatic English. Try not to write in Chinglish.

1　　2　　3　　4　　5　　?

(13) Add necessary details to make the content complete.

1　　2　　3　　4　　5　　?

Part Two：*The following are some sayings about teaching and learning English in Senior III. Please express your opinion of the sayings by choosing one of the five levels of agreement.*

1＝Strongly disagree　　2＝Disagree

3＝Neutral　　4＝Agree

5＝Strongly agree　　?＝I don't know

1. If your teacher doesn't finish teaching the Senior III textbooks quickly and start the review lessons you will complain.　1　　2　　3　　4　　5　　?

2. The immediate goal of English learning at secondary schools is to obtain high scores in the NMET.　1　　2　　3　　4　　5　　?

3. Senior III English teaching is affected by the NMET.

1　　2　　3　　4　　5　　?

4. You want to go to university in order to

(1) seek a bright future.　1　　2　　3　　4　　5　　?

(2) bring honor to your family.　1　　2　　3　　4　　5　　?

(3) live up to your parents' expectations.　1　　2　　3　　4　　5　　?

(4) live up to your teachers' expectations.　1　　2　　3　　4　　5　　?

(5) achieve self-realization.　1　　2　　3　　4　　5　　?

(6) find a good job.　1　　2　　3　　4　　5　　?

5. Teaching to the test helps to raise test scores.

                                              1   2   3   4   5   ?

6. The Senior III English course should focus on textbooks to improve students' English proficiency.   1   2   3   4   5   ?

7. The long-term goal of English learning at secondary schools is to develop the ability to use the language.   1   2   3   4   5   ?

8. Senior III Textbooks are used differently from the Senior II textbooks in the lower grade. The major differences are:

(1) Less time is spent on each unit.   1   2   3   4   5   ?

(2) The focus is on reading.   1   2   3   4   5   ?

(3) The other tasks are only rushed through.

                                              1   2   3   4   5   ?

9. Senior III Textbooks are used in the same way as the Senior II textbooks in the lower grade.

                                              1   2   3   4   5   ?

10. The NMET is the baton to Senior III English teaching and learning.

                                              1   2   3   4   5   ?

11. If a student has high proficiency of English he or she will be able to get a high score without test preparations.   1   2   3   4   5   ?

12. The teacher has to teach what is tested in the NMET.

                                              1   2   3   4   5   ?

13. It is teachers' responsibility to help students raise scores.

                                              1   2   3   4   5   ?

Please check to see whether you have answered all the questions.

Thank you very much for your help!

附录 F

教师调查问卷的中文版本

问卷

老师,您好! 我们正在进行一项调查,目的是了解高三英语教学方面的情况,希望您能帮助我们填写下列问卷。请您根据自己的真实想法和实际做法答题,对您提供的情况我们会保密。勿需填写姓名,不必有任何顾忌。**多谢合作!**

第一部分

下面每道题至少有两个选项,请您挑选其中一个,并圈上相应的数字,或根据要求填写有关情况。**除非注明可以多选,每题请只圈一个选项。**

1. 您的性别: 　　(1)男　　　(2)女

2. 您的年龄:

(1)25以下　　(2)26—35　　(3)36—45　　(4)46—55　　(5)56以上

3. 您的学历或学位:

(1)大专文凭　　　(2)大专文凭加本科学士学位

(3)本科学士学位　　(4)硕士学位

(5)其他(请说明):＿＿＿＿＿

4. 您毕业于:

(1)普通师大　　　(2)普通师专　　　(3)外语师专

(4)外语学院/大学　(5)非师范类综合性大学

(6)其他(请说明):＿＿＿＿＿

5. 您所在的中学属于:

(1)省、市重点　　　　　(2)区重点　　　　　(3)县重点

（4）市区或郊区普通中学　　　（5）县城普通中学

（6）其他（请说明）：＿＿＿＿＿＿＿

6. 您教高三的时间：

（1）不到 1 年　（2）1—3 年　（3）4—5 年　（4）6 年以上

7. 每周您为**一个班**学生上课和辅导的时间为（包括早读、自习课、周六周日补课，但**不包括**为个别学生单独辅导）：

（1）8 小时以下　（2）9—11 小时　（3）12—14 小时　（4）15 小时以上

8. 您**写英语**的场合包括（**可圈多个选项**）：

（1）写教案　　　（2）写黑板　　　（3）批改学生作业

（4）编写练习材料（包括高考模拟题）　（5）写教学论文

（6）与熟人朋友写信（包括电子邮件）　（7）其他（请说明）：＿＿＿＿＿＿＿

9. 您所在的中学是否有说英语的外籍教师？

（1）是（如选"是"请回答第 10 题）　（2）否（如选"否"请跳到第 11 题）

10. 您与外教是否用英语交谈？

（1）从不　（2）偶尔　（3）有时　（4）经常　（5）总是

11. 这个学期您教多少名高三学生？请填写数字：＿＿＿＿＿＿＿名

12. 您是否在说英语的国家（如英国、美国、澳大利亚、加拿大等）学习或生活过？

（1）是（如选"是"请写明多长时间）：＿＿＿＿＿＿＿　　　（2）否

第二部分

下面的项目旨在了解**高三英语课的**一般情况，并无对错之分，请按照实际情况，而不是按照您认为理想的做法来答题。**根据实际情况，下面两题可以不选，或者选一个、多个，甚至全部选项。请圈上您所选项目之前的数字。**

1. 高三英语课采用的材料包括：

（1）初三英语课本　　　（2）高一英语课本　　　（3）高二英语课本

（4）高三英语课本上册　（5）高三英语课本下册　（6）往届高考试卷

（7）老师自己编辑的复习材料

（8）复习备考书或材料（请写出其中一种的名称）：＿＿＿＿＿＿＿＿＿

2. 在高三全年教学中**贯穿始终**的项目包括：

（1）用高三课本上下册上新课　（2）复习语法　（3）复习词汇

（4）练阅读　　　　　　　　　（5）练听力　（6）练翻译技巧

（7）练写作　　　　　　　　（8）练口语　　（9）做高考模拟题

（10）测验及模拟考

(下面各题请只选一项)

3. 高三这一年期间,您的学生一共会参加几次英语模拟考?（包括课堂测试、市、区或县模拟考等所有用高考题型进行的英语考试）

（1）0—9　　　（2）10—19　　　（3）20—29　　　（4）30—39

（5）40 以上

4. 在高三这一年期间,您要求学生课内课外大约一共读多少篇阅读材料?

（1）0—99　　　（2）100—199　　　（3）200—299　　　（4）300—399

（5）400—499　（6）500—599　　（7）600 以上

5. 在高三这一年期间,您的学生课内课外大约共听多少套高考模拟听力材料?（大约十段材料配二十道题为一套）

（1）0—19　（2）20—39　（3）40—59　（4）60—79　（5）80 以上

6. 在高三这一年期间,您的学生课内课外大约共写多少篇英语短文?

（1）0—19　（2）20—39　（3）40—59　（4）60—79　（5）80—99

（6）100 以上

7. 您在课堂上做下面各项的频率如何? **(每道题请只圈一个数字)**

	从不	偶尔	有时	经常	总是
（1）给学生练写作	1	2	3	4	5
（2）总结归纳语法规则	1	2	3	4	5
（3）给学生练完形填空	1	2	3	4	5
（4）组织学生用英语进行两人对练	1	2	3	4	5
（5）讲解题目答案	1	2	3	4	5
（6）给学生练听力	1	2	3	4	5
（7）给学生练短文改错	1	2	3	4	5
（8）讲词汇	1	2	3	4	5
（9）介绍高考英语各大题答题技巧	1	2	3	4	5
（10）组织学生用英语进行小组讨论	1	2	3	4	5
（11）给学生练口语(不包括朗读、操练对话等机械练习,专指以意义为主的英语会话练习)	1	2	3	4	5
（12）讲语言点	1	2	3	4	5

| (13) 给学生练阅读 | 1 | 2 | 3 | 4 | 5 |
| (14) 给学生练单项选择题 | 1 | 2 | 3 | 4 | 5 |

请检查是否按要求回答了此页上面的全部问题

8. 您布置高三学生在<u>正课以外</u>(指早读、自习课和学生自己支配的时间)练习下面各项的频率如何? **(每道题请只圈一个选项)**

	从不	偶尔	有时	经常	总是
(1) 语法	1	2	3	4	5
(2) 词汇	1	2	3	4	5
(3) 听力	1	2	3	4	5
(4) 阅读	1	2	3	4	5
(5) 书面表达	1	2	3	4	5
(6) 英语会话	1	2	3	4	5
(7) 短文改错	1	2	3	4	5
(8) 完形填空	1	2	3	4	5

9. 您的学生练习下面各项的方式如何? **(请圈上您所选项目下面的数字)**

是 否

(1) 阅读题大多是选择题　1　2

(2) 听力题大多是选择题　1　2

(3) 写作题大多数与高考英语书面表达题相似　1　2

10. 在**做教学计划时**您把全年的课分成几个阶段或几轮? **(请只圈一个选项)**

(1) 不分阶段　(2) 两轮　(3) 三轮　(4) 四轮　(5) 五轮或以上

11. 在训练高考**书面表达题**时,有些教师提醒学生注意下面各项内容。您对它们有什么看法?

请根据您认为的重要程度选择并**圈上相应的数字。(每道题请只圈一个数字)**

	完全 不重要	不重要	无所谓	重要	很重要	不了解 不想说
(1) 词数一百左右,不可太多或太少	1	2	3	4	5	?
(2) 答题之前需考虑谁是假设的短文作者	1	2	3	4	5	?
(3) 语言正确,避免语法词汇错误	1	2	3	4	5	?
(4) 运用连接词,使行文连贯	1	2	3	4	5	?

（5）大小写及标点符号正确　　　　　1　　2　　3　　4　　5　　?

（6）语言得体　　　　　　　　　　　1　　2　　3　　4　　5　　?

（7）字体工整，卷面整洁　　　　　　1　　2　　3　　4　　5　　?

（8）结构完整，有头有尾　　　　　　1　　2　　3　　4　　5　　?

（9）内容要点齐全，尽量不加不减　　1　　2　　3　　4　　5　　?

（10）答题之前需考虑谁是假设的短文读者　1　　2　　3　　4　　5　　?

（11）答题之前先考虑假设的短文目的　1　　2　　3　　4　　5　　?

（12）语言地道，不用汉式英语　　　　1　　2　　3　　4　　5　　?

（13）内容完整，酌情增减细节　　　　1　　2　　3　　4　　5　　?

请检查是否按要求回答了此页上面的全部问题

第三部分

下面是一些关于**高三英语教学**的说法，请根据五个等级来表达您的看法，并圈上相应的数字。（**每道题请只圈一个数字**）

	完全 不同意	不同意	一半同意 一半不同意	同意	完全 同意	不了解 不想说

1. 如果教师在高三不能及时完成新课教学而推迟复习和备考训练时间会遭到下述人士的反对：

（1）某些领导　　　　　　　　　　　1　　2　　3　　4　　5　　?

（2）部分学生　　　　　　　　　　　1　　2　　3　　4　　5　　?

（3）部分家长　　　　　　　　　　　1　　2　　3　　4　　5　　?

2. 高三学生学英语的近期目标是在高考中取得高分。

　　　　　　　　　　　　　　　　　　1　　2　　3　　4　　5　　?

3. 高三教学直接受高考影响。　　　　1　　2　　3　　4　　5　　?

4. 学生的高考成绩对**任课教师**在下述几个方面有影响：

（1）在学生中的声望　　　　　　　　1　　2　　3　　4　　5　　?

（2）工作成就感　　　　　　　　　　1　　2　　3　　4　　5　　?

（3）奖金　　　　　　　　　　　　　1　　2　　3　　4　　5　　?

（4）在同事中的声望　　　　　　　　1　　2　　3　　4　　5　　?

（5）在家长中的声望　　　　　　　　1　　2　　3　　4　　5　　?

（6）在领导心目中的地位　　　　　　1　　2　　3　　4　　5　　?

（7）教学能力的自我评价　　　　　　1　　2　　3　　4　　5　　?

(8) 晋升   1   2   3   4   5   ?

5. 备考训练(指针对高考题型进行复习)对提高学生的高考成绩有帮助。

          1   2   3   4   5   ?

6. 高三教学应以高三课本为重点,提高学生的英语水平。

          1   2   3   4   5   ?

7. 中学生学英语的最终目标是用英语交际(包括口头和书面交际)。

          1   2   3   4   5   ?

8. 高三英语课本的使用与高二英语课本使用**不同**。主要不同之处在于:

(1) 每个单元所用的时间比高二时少

          1   2   3   4   5   ?

(2) 重点是阅读训练   1   2   3   4   5   ?

(3) 对话、练习等只是很快过一遍

          1   2   3   4   5   ?

9. 高三英语课本的使用与高二英语课本的使用相同。

          1   2   3   4   5   ?

10. 高考是高三教学的指挥棒。

          1   2   3   4   5   ?

11. 如果学生的英语水平高,不参加备考训练(指针对高考题型进行复习),也能考高分。

          1   2   3   4   5   ?

12. 高考考什么,老师就得教什么。

          1   2   3   4   5   ?

13. 高三教师有责任帮助学生提高高考成绩。

          1   2   3   4   5   ?

请检查是否按要求回答了此页上面的全部问题

多谢合作!

附录 G

学生调查问卷的中文版本

问卷

同学，你好！我们正在进行一项调查，目的是了解**高三英语教学**的一般情况。希望你能帮助我们填写此问卷。请你根据自己真实的想法和实际做法答题，对你提供的情况我们会保密。勿需填写姓名，不必有任何顾忌，多谢合作！

第一部分

下面每道题至少有两个选项，请你挑选其中一个，并圈上相应的数字，或根据要求填写有关情况。**除非注明可以多选，每题请只圈一个选项。**

1. 你的性别： （1）男 （2）女

2. 你所在的中学属于：

（1）省重点或市重点 （2）区重点 （3）县重点

（4）市区或郊区普通中学 （5）县城普通中学 （6）其他（请说明）：____

3. 你所在的中学是否有说英语的外籍教师？

（1）是（如选"是"请回答第 4 题） （2）否（如选"否"请跳到第 5 题）

4. 你与外教是否用英语交谈？

（1）从不 （2）偶尔 （3）有时 （4）经常 （5）总是

5. 你打算报考哪一类大学？

（1）国家级重点大学 （2）省重点大学 （3）普通大学

（4）大专 （5）出国留学

6. 上高三以来，你在**课堂上**做下面各项的频率如何？（**每道题请只圈一个数字**）

	从不	偶尔	有时	经常	总是
（1）练写作	1	2	3	4	5
（2）听老师总结归纳学过的语法规则	1	2	3	4	5
（3）做完形填空题	1	2	3	4	5
（4）两人对练	1	2	3	4	5
（5）听老师讲解题目答案	1	2	3	4	5
（6）练听力	1	2	3	4	5
（7）做短文改错题	1	2	3	4	5
（8）听老师讲词汇	1	2	3	4	5
（9）听老师介绍高考英语各大题答题技巧	1	2	3	4	5
（10）用英语进行小组讨论	1	2	3	4	5

（11）练会话(不包括朗读、操练对话等机械练习,专指以意义为主的英语会话练习)

	从不	偶尔	有时	经常	总是
	1	2	3	4	5
（12）听老师讲语言点	1	2	3	4	5
（13）练阅读	1	2	3	4	5
（14）做单项选择题	1	2	3	4	5

请检查是否按要求回答了全部问题。

7. 高三以来你在<u>英语正课</u>以外的时间(指早读、自习课和你自己支配的时间)练习下面各项的频率如何? (<u>每道题请只圈一个数字</u>)

	从不	偶尔	有时	经常	总是
（1）语法	1	2	3	4	5
（2）词汇	1	2	3	4	5
（3）听力	1	2	3	4	5
（4）阅读	1	2	3	4	5
（5）书面表达	1	2	3	4	5
（6）英语会话	1	2	3	4	5
（7）短文改错	1	2	3	4	5
（8）完形填空	1	2	3	4	5

8. 你练习下面各项的方式如何? (<u>请圈上你选定的选项下面的数字</u>)

	是	否
（1）阅读题大多是选择题	1	2

（2）听力题大多是选择题　　　　　　　　　　　　　　　　　　1　2

（3）写作题大多数与高考英语书面表达题相似　　　　　　　　　1　2

9. 在训练高考**书面表达题**时，有些教师提醒学生注意下面各项内容。你对这些内容的看法如何？请根据你认为的重要程度选择并**圈上相应的数字**。（**每道题请只圈一个数字**）

	完全 不重要	不重要	无所谓	重要	很重要	不了解 不想说
（1）词数一百左右，不可太多或太少	1	2	3	4	5	?
（2）答题之前需考虑谁是假设的短文作者	1	2	3	4	5	?
（3）语言正确，避免语法词汇错误	1	2	3	4	5	?
（4）运用连接词，使行文连贯	1	2	3	4	5	?
（5）大小写及标点符号正确	1	2	3	4	5	?
（6）语言得体	1	2	3	4	5	?
（7）字体工整，卷面整洁	1	2	3	4	5	?
（8）结构完整，有头有尾	1	2	3	4	5	?
（9）内容要点齐全，尽量不加不减	1	2	3	4	5	?
（10）答题之前需考虑谁是假设的短文读者	1	2	3	4	5	?
（11）答题之前先考虑假设的短文目的	1	2	3	4	5	?
（12）语言地道，不用汉式英语	1	2	3	4	5	?
（13）内容完整，酌情增减细节	1	2	3	4	5	?

第二部分

下面是一些关于**高三英语教学**的说法，请根据五个等级来表达你的看法并圈上相应的数字。（**每道题请只圈一个数字**）

	完全 不同意	不同意	一半同意 一半不同意	同意	完全 同意	不了解 不想说
1. 进入高三后，如果老师不能及时完成新课教学而推迟复习和备考训练时间，你会有意见。	1	2	3	4	5	?
2. 高三学生学英语的近期目标是在高考中取得高分。	1	2	3	4	5	?

3. 高三教学直接受高考影响。　　　　　1　　2　　3　　4　　5　　?

4. 你努力学英语,争取考上大学是为了:

(1) 有更好的前途　　　　　　　　1　　2　　3　　4　　5　　?

(2) 给家庭争光　　　　　　　　　1　　2　　3　　4　　5　　?

(3) 对得起父母　　　　　　　　　1　　2　　3　　4　　5　　?

(4) 对得起老师　　　　　　　　　1　　2　　3　　4　　5　　?

(5) 实现自身价值　　　　　　　　1　　2　　3　　4　　5　　?

(6) 将来找个好工作　　　　　　　1　　2　　3　　4　　5　　?

5. 备考训练(指针对高考题型进行复习)对提高学生的高考成绩有帮助。

　　　　　　　　　　　　　　　　　1　　2　　3　　4　　5　　?

6. 高三教学应以高三课本为重点,提高学生的英语水平。

　　　　　　　　　　　　　　　　　1　　2　　3　　4　　5　　?

7. 中学生学英语的最终目标是用英语交际(包括口头和书面交际)。

　　　　　　　　　　　　　　　　　1　　2　　3　　4　　5　　?

8. 高三英语课本的使用与高二英语课本的使用**不同**,主要不同之处在于:

(1) 每个单元所用的时间比高二少　　1　　2　　3　　4　　5　　?

(2) 重点是阅读训练　　　　　　　　1　　2　　3　　4　　5　　?

(3) 对话、练习等只是很快过一遍　　1　　2　　3　　4　　5　　?

9. 高三英语课本的使用与高二英语课本的使用相同。

　　　　　　　　　　　　　　　　　1　　2　　3　　4　　5　　?

10. 高考是高三教学的指挥棒。　　　　1　　2　　3　　4　　5　　?

11. 如果学生的英语水平高,不参加备考训练(指针对高考题型进行复习),
也能考高分。

　　　　　　　　　　　　　　　　　1　　2　　3　　4　　5　　?

12. 高考考什么,学生就得学什么。　　1　　2　　3　　4　　5　　?

13. 高三教师有责任帮助学生提高高考成绩。

　　　　　　　　　　　　　　　　　1　　2　　3　　4　　5　　?

请检查是否按要求回答了此页上面的全部问题

多谢合作!

附录 H

全国高考英语考试试题设置
一般原则的应用检查清单

一般原则：

（1）尽可能将试题置于交际语境中。

（2）使意义成为所有项目的重要组成部分，包括考察孤立语法点的单项选择题。

（3）强调语言运用的得体性，而不仅仅是语法的正确性。

（4）使测试题型和任务尽可能接近现实生活中的语言运用。

检查的标准：

－如果测试点位于语篇而非句子级别，则认为已应用原则 1。

－如果在完成该题目时需要理解意义，则认为已应用原则 2。

－如果在完成该题目时需要考虑得体性，则认为已应用原则 3。

－如果提供了模拟的真实语言运用场合，则认为已应用原则 4。

全国高考英语考试试题设置原则应用检查清单 I：语法、完形填空和阅读

_____年全国高考英语真题	试题设置原则			
	语境	意义	得体性	模拟真实运用
题号				

（续表）

_____年全国高考英语真题	试题设置原则			
	语境	意义	得体性	模拟真实运用
总计				
百分比				

全国高考英语考试试题设置原则应用检查清单二：短文改错

短文改错试题设置原则：

（1）让试题看起来像一个英语水平高于平均水平的中学生写的内容。

（2）使用中国英语学习者常见的错误。

_____年全国高考英语真题	试题设置原则	
	原则 1	原则 2
题号		

（续表）

_____年全国高考英语真题	试题设置原则	
	原则 1	原则 2
总计		
百分比		

全国高考英语考试试题设置原则应用检查清单三：书面表达

原则：使测试项目和任务尽可能接近现实生活中的语言运用。

如果提供了由写作目的、假定的作者和假定的读者组成的修辞语境，并且该语境是中国语境中的一个可能场合，则认为已应用该原则。

全国高考英语真题	语境			可能的场合
	目的	作者	读者	

（续表）

全国高考英语真题	语境			可能的场合
	目的	作者	读者	

参考文献

Akoha, J. (1991). Curriculum Innovation and Examination Reform in Benin, West Africa. In J. C. Alderson & B. North (Eds.), *Language Testing in the 1990s: The Communicative Legacy.* (pp. 198 – 208): Modern English Publications in association with the British Council.

Alderson, J. C. (1986). Innovations in language testing? In M. Portal (Ed.), *Innovations in Language Testing* (pp. 93 – 105). Windsor: NFER-Nelson.

Alderson, J. C. (1990). The relationship between grammar and reading in an English for Academic Purposes Test Battery. In D. Douglas & C. Chapelle (Eds.), *A New Decade of Language Testing Research: Selected Papers from the Annual Language Testing Research Colloquium (12th, San Francisco, California, March 1990)* (pp. 203 – 219).

Alderson, C. (2002). *Conceptions of validity and validation.* Paper presented at the Postgraduate Research Seminar in Applied Linguistics, Department of English, The Hong Kong Polytechnic University.

Alderson, J. C. & Banerjee, J. (2001). Impact and washback research in language testing. In C. Elder, A. Brown, E. Grove, K. Hill, N. Iwashita, T. Lumley, T. McNamara & K. O'Loughlin (Eds.), *Experimenting with Uncertainty Essays in Honor of Alan Davies* (pp. 150 – 161). Cambridge: Cambridge University Press.

Alderson, J. C. & Hamp-Lyons, L. (1996). TOEFL Preparation Courses: A Study of Washback. *Language Testing, 13*(3), 280 – 297.

Alderson, J. C. & Wall, D. (1993). Does washback exist? *Applied Linguistics, 14*(2), 115 – 129.

Allan, A. (1995). Begging the questionnaire: Instrument effect on readers' responses to a self-report checklist. *Language Testing, 12*(2), 133 – 156.

Allan, A. (2001). Personal communication.

Allwright, D. (1988). *Observation in the Language Classroom.* London: Longman.

Allwright, D. & Bailey, K. M. (1991). *Focus on the Language Classroom.* Cambridge: Cambridge University Press.

Anastas, J. W. (1999). *Research Design for Social Work and the Human Services* (2nd ed.).

New York: Columbia University Press.

Andrews, S. (1994). Washback or washout? The relationship between examination reform and curriculum innovation. In D. Nunan, V. Berry & R. Berry (Eds.), *Bringing about Change in Language Education* (pp. 67 – 81). Hong Kong: Department of Curriculum Studies, University of Hong Kong.

Babbie, E. (1990). *Survey Research Methods* (2nd ed.). Belmont: Wadsworth Publishing Company.

Babbie, E. (2001). *The Practice of Social Research* (9th ed.). Belmont: Wadsworth.

Bachman, L. F. (1990). *Fundamental Considerations in Language Testing*. Oxford: Oxford University Press.

Bachman, L. F., & Palmer, A. S. (1996). *Language Testing in Practice*. Oxford: Oxford University Press.

Bailey, K. M. (1996). Working for washback: A review of the washback concept in language testing. *Language Testing*, 13(3),257 – 279.

Baker, D. (1989). *Language Testing*. London: Edward Arnold.

Barone, J. T., & Switzer, J. Y. (1995). *Interviewing Art and Skill*. Boston: Allyn and Bacon.

Biggs, J. (1992). The psychology of educational assessment and the Hong Kong scene. *Bulletin of the Hong Kong Psychological Society*, 28/29,5 – 26.

Biggs, J. (1996). The assessment scene in Hong Kong. In J. Biggs (Ed.), *Testing: To Educate or to Select? Education in Hong Kong at the Cross-roads*. (pp. 3 – 12). Hong Kong: Hong Kong Educational Publishing Co.

Bracey, G. W. (1987). Measurement-driven instruction: Catchy phrase, dangerous practice. *Phi Delta Kappan*, 68(9),683 – 686.

Brown, H. D. (1994). *Principles of Language Learning and Teaching* (3rd ed.). Englewood Cliffs, N. J. : Prentice Hall Regents.

Brown, J. D. (2001). *Using Surveys in Language Programs*. Cambridge: Cambridge University Press.

Bryman, A. , & Cramer, D. (1997). Quantitative Data Analysis with SPSS for Windows: A Guide for Social Scientists. London: Routledge.

Canale, M. , & Swain, M. (1980). Theoretical bases of communicative approaches to second language teaching and testing. *Applied Linguistics*, 1,1 – 47.

Cannell, J. J. (1987). Nationally Normed Elementary Achievement Testing in America's Public Schools: How All 50 States Are above the National Average (2nd ed.). Daniels, WV: Friends of Education.

Chaudron, C. (1988). *Second Language Classroom: Research on Teaching and Learning*. Cambridge: Cambridge University Press.

Cheng, L. (1997). How does washback influence teaching? Implications for Hong Kong. *Language and Education*, 11(1),38 – 54.

Cheng, L. (1998). The Washback Effect of Public Examination Change on Classroom Teaching: An Impact Study of the 1996 Hong Kong Certificate of Education in English on the Classroom Teaching of English in Hong Kong Secondary Schools. Unpublished Ph. D. Dissertation, University of Hong Kong, Hong Kong.

Chyn, S. (2002). Personal communication.

Cohen, A. D. (1994). *Assessing Language Ability in the Classroom* (2nd ed.). Boston: Heinle & Heinle Publishers.

Cohen, L., & Manion, L. (1994). *Research Methods in Education* (4th ed.). London: Routledge.

Cohen, S. A. (1987). Instructional alignment: Searching for a magic bullet. *Educational Researcher*, 16(8),16-20.

Cooley, W. (1991). State-wide student assessment. *Educational Measurement: Issues and Practice*, 10(4),3-6,15.

Cortazzi, M., & Jin, L. (1996). English teaching and learning in China. *Language Teaching*, 29,61-80.

Crooks, T. J. (1988). The impact of classroom evaluation practices on students. *Review of Educational Research*, 58(4),438-481.

Cureton, E. E. (1951). Validity. In E. F. Lindquist (Ed.), *Educational Measurement* (pp. 621-694). Washington, D. C. : American Council on Education.

Davies, A. (1968). Oral English testing in West Africa. In A. Davies (Ed.), *Language Testing Symposium: A Psycholinguistic Approach* (pp. 151-179). London: Oxford University Press.

Davies, A. (1977). The construction of language tests. In J. P. B. Allen & A. Davies (Eds.), *Testing and Experimental Methods*. Oxford: Oxford University Press.

Davies, A. (1990). *Principles of Language Testing*. Oxford: Blackwell.

Davis, K. A. (1992). Validity and reliability in qualitative research on second language acquisition and teaching: Another researcher comments. *TESOL Quarterly*, 26 (3), 605-608.

Davis, K. A. (1995). Qualitative theory and methods in applied linguistics research. *TESOL Quarterly*, 29(3),427-453.

Dzau, Y. F. (1990). *English in China*. Hong Kong: API Press Ltd.

Eckstein, M. A., & Noah, H. J. (1993). Secondary School Examinations: International Perspectives on Policies and Practice. New Haven: Yale University Press.

Fowler, H. W., & Fowler, F. G. (1976). *The Concise Oxford Dictionary of Current English* (6th ed.). Oxford: Oxford University Press.

Frederiksen, J. R., & Collins, A. (1989). A systems approach to educational testing. *Educational Researcher*, 18(9),27-32.

Frederiksen, N. (1984). The real test bias: Influences of testing on teaching and learning. *American Psychologist*, 39(3),193-202.

Frohlich, M., Spada, N., & Allen, P. (1985). Differences in the communicative orientation of L2 classrooms. *TESOL Quarterly*, 19(1),27-56.

Fullan, M. G. (1993). Change Forces: Probing the Depth of Educational Reform. New York: Palmer Press.

Galton, M. (1997). Classroom observation. In J. P. Keeves (Ed.), *Educational Research, Methodology, and Measurement: An International Handbook* (2nd ed., pp. 334 – 339). Oxford: Elsevier Science Ltd.

Gao, L. (1998). Conceptions of Teaching Held by School Physics Teachers in Guangdong China and their Relations to Student Learning. Unpublished Ph. D. Dissertation, University of Hong Kong, Hong Kong.

Gorden, R. L. (1998). *Basic Interviewing Skills*. Prospect Heights: Waveland Press, Inc.

Guralnik, D. B. (1968). *Webster's New World Dictionary of the American Language* (2nd ed.). New York: The World Publishing Company.

Haladyna, T. M., Nolen, S. B., & Haas, N. S. (1991). Raising standardized achievement test scores and the origins of test score pollution. *Educational Researcher, June-July 1991*, 2 – 7.

Hamp-Lyons, L. (1991). Pre-text: task-related influences on the writer. In L. Hamp-Lyons (Ed.), *Assessing Second Language Writing in Academic Contexts* (pp. 87 – 107). New Jersey: Ablex Publishing Corporation.

Hamp-Lyons, L. (1997). Washback, impact and validity: ethical concerns. *Language Testing*, 14(3), 295 – 303.

Hamp-Lyons, L. (1999). Ethical Test Preparation Practice: The Case of the TOEFL. *TESOL Quarterly*, 32(2), 329 – 337.

Harvey, P. (1990). A lesson to be learned: Chinese approach to language learning. In Y. F. Dzau (Ed.), *English in China* (pp. 168 – 174). Hong Kong: API Press Ltd.

Hayes, B., & Read, J. (2004). IELTS test preparation in New Zealand: Preparing students for the IELTS Academic Module. In L. Cheng & J. Watanabe (Eds.), *Washback in Language Testing: Research Contexts and Methods* (pp. 97 – 112). New Jersey: Lawrence Erlbaum Associates, Inc., Publishers.

Heaton, J. B. (1988). Writing English Language Tests: A Practical Guide for Teachers of English as a Second or Foreign Language (2nd ed.). London: Longman.

Heidi, A. R. (1993). China Learns English: Language Teaching and Social Change in the People's Republic. New Haven: Yale University Press.

Herman, J. L., & Golan, S. (1993). The effects of standardized testing on teaching and schools. *Educational Measurement: Issues and Practice*, 12(4), 20 – 25, 41 – 42.

Heyneman, S. P. (1987). Uses of examinations in developing countries: Selection, research, and education sector management. *International Journal of Educational Development*, 7(4), 251 – 263.

Hu, Y. (1990). Teaching English in Chinese secondary schools. In Y. F. Dzau (Ed.), *English in China* (pp. 59 – 67). Hong Kong: API Press Ltd.

Hughes, A. (1988). Introducing a needs-based test of English language proficiency into an English-medium university in Turkey. In A. Hughes (Ed.), *Testing English for University Study. ELT Document 127* (pp. 134 – 153). London: Modern English Publications.

Hughes, A. (1989). *Testing for Language Teachers*. Cambridge: Cambridge University Press.

Jacques, C., & Liu, D. (1994). *Senior English for China*. Beijing: People's Education Press (jointly with Longman).

Jamieson, J., Jones, S., Kirsch, I., Mosenthal, P., & Taylor, C. (2000). *TOEFL 2000 Framework: A Working Paper*. Retrieved 3 December, 2002, from http://www.toefl.org

Keats, J. A. (1997). Measurement in educational research. In J. P. Keeves (Ed.), *Educational Research, Methodology, and Measurement: An International Handbook* (2nd ed., pp. 754 – 762). Oxford: Pergamon.

Kellaghan, T., Madaus, G. F., & Airasian, P. W. (1982). *The Effects of Standardized Testing*. London: Kluwer-Nijhoff Publishing.

Kilian, L. J. (1992). A school district perspective on appropriate test-preparation practices: A reaction to Popham's proposals. *Educational Measurement: Issues and Practice*, 11(4), 13 – 15, 26.

Kirk, J., & Miller, L. M. (1986). *Reliability and Validity in Qualitative Research*. London: SAGE Publications.

Krashen, S. (1998). Comprehensible output? *System*, 26, 175 – 182.

Kuckartz, U. (1998). WinMax. Scientific text analysis for the social sciences: User's guide. Thousand oaks: SAGE Publications.

Kvale, S. (1996). Interviews: An Introduction to Qualitative Research Interviewing. Thousand Oaks: SAGE Publications.

Labovitz, S. (1970). The assignment of numbers to rank order categories. *American Sociological Review*, 35(3), 515 – 524.

Larsen-Freeman, D., & Long, M. H. (1991). *An Introduction to Second Language Acquisition Research*. London: Longman.

Li, X. (1990). How powerful can a language test be? The MET in China. *Journal of Multilingual and Multicultural Development*, 11(5), 393 – 404.

Liang, Y., Milanovic, M., & Taylor, L. (1999). Setting up a dynamic language testing system in national language test reform: the Public English Test System in China. *Foreign Languages* (3), 7 – 13.

Lincoln, Y. S., & Guba, E. G. (1985). *Naturalistic Inquiry*. Beverly Hills: SAGE Publications.

Linn, R. L. (1997). Evaluating the validity of assessments: The consequences of use. *Educational Measurement: Issues and Practice*, 16(2), 14 – 16.

Linn, R. L. (1998). Partitioning responsibility for the evaluation of the consequences of assessment programs. *Educational Measurement: Issues and Practice*, 17(2), 28 – 30.

Linn, R. L. (2000). Assessments and accountability. *Educational Researcher*, 29(2), 4 – 16.

Long, M. H. (1980). Inside the "Black Box": Methodological issues in classroom research on language learning. *Language Learning*, 30(1), 1 – 42.

Madaus, G. F. (1988). The influence of testing on the curriculum. In L. N. Tanner (Ed.), *Critical Issues in Curriculum: Eighty-Seventh Yearbook of the National Society for the Study of Education* (pp. 83 – 121). Chicago: University of Chicago Press.

Mason, J. (1996). *Qualitative Researching*. Thousand Oaks: SAGE Publications.

Mathews, J. C. (1985). *Examinations: A Commentary*. London: George Allen and Unwin.

Mehrens, W. A., & Kaminski, J. (1989). Methods for improving standardized test scores: fruitful, fruitless, or fraudulent? *Educational Measurement: Issues and Practice*, 8(1), 14-22.

Messick, S. (1989). Validity. In R. L. Linn (Ed.), *Educational Measurement* (pp. 13-103). New York: Macmillan.

Messick, S. (1996). Validity and washback in language testing. *Language Testing*, 13(3), 241-256.

Milanovic, M., & Saville, N. (1996). *Considering the impact of Cambridge EFL examinations*. Internal Report: University of Cambridge Local Examinations Syndicate.

Miles, M. B., & Huberman, A. M. (1994). *Qualitative Data Analysis*. Thousand Oaks: SAGE Publications.

Minichiello, V., Aroni, R., Timewell, E., & Alexander, L. (1995). *In-Depth Interviewing: Principles, Techniques, Analysis* (2nd ed.). Sydney: Longman.

Morris, N. (1961). An historian's view of examinations. In S. Wiseman (Ed.), *Examinations and English Education* (pp. 1-43). Manchester: Manchester University Press.

Morrow, K. (1986). The evaluation of tests of communicative performance. In M. Portal (Ed.), *Innovations in Language Testing* (pp. 1-13). Windsor: NFER-Nelson.

Moss, P. A. (1998). The role of consequences in validity theory. *Educational Measurement: Issues and Practice*, 17(2), 6-12.

Niu, T. (1996). *English for Primary and Middle Schools*, 8, 31-32.

Nolen, S. B., Haladyna, T. M., & Haas, N. S. (1992). Uses and abuses of achievement test scores. *Educational Measurement: Issues and Practice*, 11(2), 9-15.

Nunnally, J. C. (1978). *Psychometric Theory* (2nd ed.). New York: McGraw-Hill Book Company.

Oliver, R. A. C. (1961). Education and selection. In S. Wiseman (Ed.), *Examinations and English Education*. Manchester: Manchester University Press.

Ouyang, H. (2000). Remaking of Face and Community of Practices: An Ethnographic Study of What ELT Reform Means to Local and Expatriate Teachers in Today's China. Unpublished Ph. D. Thesis, City University of Hong Kong, Hong Kong.

Padgett, D. (1998). Qualitative Methods in Social Work Research: Challenges and Rewards. Thousand Oaks: SAGE Publications.

Paris, S. G., Lawton, T. A. Turner, J. C., & Roth, J. L. (1991). A developmental perspective on standardized achievement testing. *Educational Researcher*, 20(5), 12-20, 40.

Patton, M. Q. (1990). *Qualitative Evaluation and Research Methods* (2nd ed.). London: SAGE Publications.

Pearson, I. (1988). Tests as levers for change. In D. Chamberlain & R. J. Baumgardner (Eds.), *ESP in the Classroom: Practice and Evaluation* (pp. 98-107). London: Modern English Publications, in association with the British Council.

Peirce, B. (1992). Demystifying the TOEFL reading test. *TESOL Quarterly*, *26* (4), 665 – 691.

Popham, W. J. (1987). The merits of measurement-driven instruction. *Phi Delta Kappan*, *68*(9), 679 – 682.

Popham, W. J. (1997). Consequential validity: Right concern—wrong concept. *Educational Measurement: Issues and Practice*, *16*(2), 9 – 13.

Popham, W. J. , Cruse, K. L. , Rankin, S. C. , Sandifer, P. D. , & Williams, P. L. (1985). Measurement-driven instruction: It's on the road. *Phi Delta Kappan*, *66*(9), 628 – 634.

Raimes, A. (1990). The TOEFL test of written English: Causes for concern. *TESOL Quarterly*, *24*(3), 427 – 442.

Razel, C. (1991). The evaluation of a measurement-and-feedback-driven instruction system in Israel. *Studies in Educational Evaluation*, *17*, 51 – 65.

Read, J. , & Hayes, B. (2000). *The Impact of IELTS on Preparation for Academic Study in New Zealand*. Unpublished report submitted to IELTS Australia.

Richards, J. , & Rodgers, T. (1986). *Approaches and Methods in Language Teaching: A Description and Analysis*. Cambridge: Cambridge University Press.

Savignon, S. J. (1983). *Communicative Competence: Theory and Classroom Practice*. Massachusetts: Addison-Wesley Publishing Company.

Saville, N. , & Hawkey, R. (2004). The IELTS impact study: Investigating washback on teaching materials. In L. Cheng & J. Watanabe (Eds.), *Washback in Language Testing: Research Contexts and Methods* (pp. 73 – 96). New Jersey: Lawrence Erlbaum Associates, Inc. , Publishers.

Scollon, R. (1999). Personal communication.

Shepard, L. A. (1997). The centrality of test use and consequences for test validity. *Educational Measurement: Issues and Practice*, *16*(2), 5 – 8, 13, 24.

Sheskin, D. J. (1997). Handbook of Parametric and Nonparametric Statistical Procedures. Boston: CRC Press.

Shohamy, E. (1993). The power of tests: The impact of language tests on teaching and learning. *NFLC Occasional Papers*, *June 1993*.

Shohamy, E. (1994). The use of language tests for power and control. In J. E. Alatis (Ed.), *Educational Linguistics, Cross-Cultural Communication, and Global Interdependence* (pp. 57 – 72). Washington, D. C. : Georgetown University Press.

Shohamy, E. (2001). The Power of Tests: A Critical Perspective on the Uses of Language Tests. London: Pearson Education.

Shohamy, E. , Donitsa-Schmidt, S. , & Ferman, I. (1996). Test impact revisited: Washback effect over time. *Language Testing*, *13*(3), 299 – 317.

Sinclair, J. , Hanks, P. , Fox, G. , Moon, R. & Stock, P. (1987). *Collins Cobuild English Language Dictionary*. London: Harper Collins Publishers.

Sinclair, J. M. , & Coulthard, R. M. (1975). *Towards an Analysis of Discourse: The English Used by Teachers and Pupils*. Oxford: Oxford University Press.

Smith, M. L. (1991a). Meanings of test preparation. *American Educational Research*

Journal，28(3)，521－542.

Smith，M. L.（1991b）. Put to the test: The effects of external testing on teachers. *Educational Researcher*，20(5)，8－11.

Smith，M. L.，& Rottenberg，C.（1991）. Unintended consequences of external testing in elementary schools. *Educational Measurement: Issues and Practice*. 10(4)，7－11.

Smith，T.（1984）. Nonattitudes: A review and evaluation. In C. F. Turner & E. Martin（Eds.），*Surveying Subjective Phenomena 2*.（pp. 215－255）. New York: Russell Sage Foundation.

Spolsky，B.（1994）. The examination-classroom backwash cycle: Some historical cases. In D. Nunan，V. Berry & R. Berry（Eds.），*Bringing about Change in Language Education: Proceedings of the International Language in Education Conference 1994*（pp. 55－66）. Hong Kong: Department of Curriculum Studies，The University of Hong Kong.

Stake，R. E.（1991）. Impact of changes in assessment policy. In R. E. Stake（Ed.），*Advances in Program Evaluation: Using Assessment Policy to Reform Education*.（Vol. 1）. London: JAI Press Inc.

Strauss，A.，& Corbin，J.（1990）. Basics of Qualitative Research: Grounded Theory Procedures and Techniques. Newbury Park: SAGE Publications.

Swain，M.（1995）. Three functions of output in second language learning. In G. Cook & B. Seidlhofer（Eds.），*Principle and Practice in Applied Linguistics: Studies in Honor of J. G. Widdowson*.（pp. 125－144）. Oxford: Oxford University Press.

Swain，M.，& Lapkin，S.（1995）. Problems in output and the cognitive processes they generate: A step towards second language learning. *Applied Linguistics*，16(3)，371－391.

Tashakkori，A.，& Teddlie，C.（1998）. *Mixed Methodology: Combining Qualitative and Quantitative Approaches*. Thousand Oaks: SAGE Publications.

van Ek，J.，& Trim，J.（1991）. *Threshold Level*. Strasbourg: Council of Europe Press.

VanPatten，B.，& Sanz，C.（1995）. From input to output: Processing instruction and communicative tasks. In F. R. Eckman，D. Highland，P. W. Lee，J. Mileham & R. R. Weber（Eds.），*Second Language Acquisition: Theory and Pedagogy*（pp. 169－186）. Mahwah，New Jersey: Lawrence Erlbaum Associates，Publishers.

Wall，D.（1996）. Introducing new tests into traditional systems: Insights from general education and from innovation theory. *Language Testing*. 13(3)，334－354.

Wall，D.（1997）. Impact and washback in language testing. In C. Clapham & D. Corson（Eds.），*Language Testing and Assessment. Encyclopedia of Language and Education*（Vol. 7，pp. 291－302）. Netherlands: Kluwer Academic Publishers.

Wall，D.（2000）. The impact of high-stakes testing on teaching and learning: Can this be predicted or controlled? *System*，28(4)，499－509.

Wall，D.，& Alderson，J. C.（1993）. Examining washback: The Sri Lankan impact study. *Language Testing*，10(1)，41－69.

Watanabe，Y.（1996）. Does grammar translation come from the entrance examination? Preliminary findings from classroom-based research. *Language Testing*，13(3)，318－333.

Wesche，M.（1987）. Second language performance testing: The Ontario Test of ESL as an example. *Language Testing*，4(1)，28－47.

Widdowson，H. G. （1978）. *Teaching Language as Communication*. Oxford：Oxford University Press.

Widdowson，H. G. （1983）. *Learning Purpose and Language Use*. Oxford：Oxford University Press.

Wiley，D. E. (1991). Test validity and invalidity reconsidered. In R. E. Snow ＆ D. E. Wiley (Eds.)，*Improving Inquiry in Social Science：A Volume in Honor of Lee J. Cronbach* (pp. 75－107). Hillsdale：Lawrence Erlbaum Associates，Publishers.

Woods，D. (1996). Teacher Cognition in Language Teaching：Beliefs，Decision-Making and Classroom Practice. Cambridge：Cambridge University Press.

Wragg，E. C. (1994). *An Introduction to Classroom Observation*. London：Routledge.

Yen，W. M. (1998). Investigating the consequential aspects of validity：Who is responsible and what should they do? *Educational Measurement：Issues and Practice*，17(2)，5.

Zhu，J. (1996). 'I don't know' in public opinion surveys in China：Individual and contextual causes of item non-response. *Journal of Contemporary China*，5(12)，223－244.

高考试题分析(2002).北京：高等教育出版社.

关于进一步深化普通高校招生考试制度改革的意见(1999).北京：中华人民共和国教育部.

桂诗春、李筱菊、李葳(1988).关于尝试全国高考英语考试的反思.广东省高校招生办公室，华南师范大学考试研究中心主编.标准化考试的理论与实践(70－85页).广州：广东高等教育出版社.

郭齐家(1997).中国古代考试制度.北京：商务印书馆.

李筱菊(1987).交际英语教程.上海：上海外语教育出版社.

李筱菊(1988).为运用而教英语，在运用中教英语，通过运用考英语.萧惠云主编.英语标准化考试与中学英语教学(80－90页).广州：广东教育出版社.

李筱菊(1997).语言测试科学与艺术.长沙：湖南教育出版社.

李筱菊，桂诗春，李葳(1990).MET试题的设计与中学英语教学.中小学英语教学与研究(1)，1－27.

刘英杰主编(1993).中国教育大事典.杭州：浙江教育出版社.

1996年普通高等学校招生全国统一考试说明(1996).北京：高等教育出版社.

1999年普通高等学校招生全国统一考试说明(1999).北京：高等教育出版社.

全国高考英语试题编写人员指南(1998).北京：教育部考试中心.

全日制高级中学英语教学大纲(1993).北京：人民教育出版社.

全日制普通高级中学英语教学大纲(1996).北京：人民教育出版社.

全日制十年制中小学英语教学大纲(1980).北京：人民教育出版社.

佚名(1981).高中英语.北京：人民教育出版社.

佚名(1998).短文改错.中小学外语教学，21,17－18.

张道真(1979).实用英语语法.北京：商务印书馆.

中华人民共和国教育部(1997).中国教育事业统计年鉴.北京：人民教育出版社.

内容提要

本书译自亓鲁霞教授的专著《意愿与现实：中国高等院校统一招生考试的反拨作用研究》（英文版），原著作者采用国际上通用的研究方法，广泛抽样，收集数据，探究阻碍高考英语促学作用的因素，发现考试的选拔功能与促学功能发生冲突，导致命题人员与决策者的预期反拨作用难以实现。原著具有较高的学术价值，对高风险考试改革和深化反拨效应研究有启示意义。原著译成中文后，阅读群体更为广泛，对促进我国高等院校统一招生考试相关研究工作具有一定的参考价值。

图书在版编目（CIP）数据

意愿与现实：中国高等院校统一招生英语考试的反拨作用研究/徐良译.—上海：上海交通大学出版社，2023.6

ISBN 978-7-313-26911-9

Ⅰ.①意… Ⅱ.①徐… Ⅲ.①英语-测试-研究-高中 Ⅳ.①G633.413

中国版本图书馆 CIP 数据核字〔2022〕第 092941 号

意愿与现实：中国高等院校统一招生英语考试的反拨作用研究
YIYUAN YU XIANSHI：ZHONGGUO GAODENG YUANXIAO TONGYI ZHAOSHENG YINGYU KAOSHI DE FANBO ZUOYONG YANJIU

译　　者：徐　良
出版发行　上海交通大学出版社　　　　　　地　　址：上海市番禺路 951 号
邮政编码　200030　　　　　　　　　　　　电　　话：021-64071208
印　　制：上海万卷印刷股份有限公司　　　经　　销：全国新华书店
开　　本：710mm×1000mm　1/16　　　　印　　张：14.75
字　　数：254 千字
版　　次：2023 年 6 月第 1 版　　　　　　　印　　次：2023 年 6 月第 1 次印刷
书　　号：ISBN 978-7-313-26911-9
定　　价：98.00 元